복음서,
그 차이를
읽다

복음서,
그 차이를
읽다

지은이 | 장인식
펴낸이 | 원성삼
책임편집 | 홍순원
본문 및 표지디자인 | 한영애
펴낸곳 | 예영커뮤니케이션
초판 1쇄 발행 | 2017년 10월 18일
등록일 | 1992년 3월 1일 제 2-1349호
주소 | 04018 서울시 마포구 동교로 55 2층(망원동, 남양빌딩)
전화 | (02)766-8931
팩스 | (02)766-8934
홈페이지 | www.jeyoung.com
ISBN 978-89-8350-975-8 (03230)

값 12,000원

이 도서의 국립중앙도서관 출판예정도서목록(CIP)은 서지정보유통지원시스템 홈페이지
(http://seoji.nl.go.kr)와 국가자료공동목록시스템(http://www.nl.go.kr/kolisnet)
에서 이용하실 수 있습니다.(CIP제어번호: CIP2017025213)

 모든 인간은 하나님의 형상을 닮은 존엄한 존재입니다. 전 세계의 모든 사람들
은 인종, 민족, 피부색, 문화, 언어에 관계없이 존귀합니다. 예영커뮤니케이션은
이러한 정신에 근거해 모든 인간이 존귀한 삶을 사는 데 필요한 지식과 문화를 예수 그리
스도의 사랑으로 보급함으로써 우리가 속한 사회에 기여하고자 합니다.

복음서,
그 차이를
읽다

같은 이야기도 수직적·수평적으로 읽으면 새롭게 보인다

장인식 지음

예영커뮤니케이션

복음서와 복음서

"왜, 예수님은 네 번이나 십자가에서 죽으셨나요?" 사복음서를 처음으로 읽은 어떤 여인이 이렇게 물었다고 한다. 신앙생활을 오래 한 성도에게는 웃어넘길 일처럼 보이겠지만, 실은 의미심장한 질문이다. 물론 예수님이 네 번 죽으신 것이 아니라, 복음서의 저자들이 십자가 처형 장면을 각기 다른 관점에서 서술했기 때문이다. 그렇다면 그 메시지가 어떻게 다른지 생각해 보았는가? 예수님의 시험 이야기도 마찬가지다. 이 책은 바로 이러한 질문에서 시작한다.

신앙생활의 핵심은, 하나님이 의도하신 성경 말씀의 의미를 정확히 파악하고 그것을 삶에 적용하는 것이다. 따라서 그리스도인이 성경을 연구하고 그 의미를 찾아내어 실천하지 않는다면, 그것은 일종의 '직무 태만'이다. 그리고 성경에 담긴 저자의 의도를 찾아낼 생각은 하지 않고 자신의 그릇된 견해를 본문에 투사하여 해석한다면, 그것은 성경에 '폭력'을 가하는 행위와 같다. 이 책에서 저자는 복음서 이야기를 제대로 읽어 내려면 수직적, 수평적 읽기를 동시에 해야 한다고 역설한다. 정곡을 찌르는 말이다. 그런데 우리는 지금까지 대체로 차이점을 무시한 채 공통점에 초점을 두고, 사복음서 이야기를 '하나'로 통합하여 이해하려고 노력했다. 네 권의 복음서를 주신 하나님의 의도는 안중에 두지 않고 말이다. 그런데 이렇게 되면, 저자가 지적한 것처럼 복음서가 '볶음서'로 변질될 가능성이 있다.

복음서 연구에 있어서 '수직적', '수평적' 읽기가 꼭 필요하다는 주장은 그동안 몇몇 학자들에 의해 간혹 제기되어 왔다. 하지만 그 구체적인 예는 거의 찾아볼 수 없었다. 특히 흥미 있는 몇 편의 에피소드를 선정하여 한 절씩 분석한 사례는 내가 알기에 이 책이 유일하다. 신학을 공부한 영문학자이자 문학평론가인 저자는 문학과 신학, 그리고 다양한 영어 성경 역본을 접목하여 예리한 시각으로 본문의 원래 의미와 각 복음서의 차이점을 밝혀낸다. 마태복음과 누가복음에 기록된 '예수님의 시험 이야기'의 순서가 왜 다른지 이처럼 명쾌하게 설명한 책은 아마 국내외에 없을 것이다. 이런 점에서 한국 교계에 신선한 충격을 주며 복음서 연구의 새로운 지평을 여는 획기적인 책이 될 것이다. 종교개혁 500주년을 맞이한 이즈음, 이 책이 출간되었다는 것은 매우 큰 의미를 지닌다.

나는 목회자와 신학자 그리고 신학생들에게 이 책을 적극 추천하고 싶다. 상당수의 설교자가 수직적, 수평적 읽기가 무엇인지조차 모르고 복음서 텍스트를 강해하고, 그들의 메시지가 수많은 성도들에게 결정적인 영향을 미치기 때문이다. 아울러 어떤 식으로든 교인들을 가르치는 위치에 있는 교회 지도자들에게 일독을 권하고 싶다. 말씀 속에 담긴 보배를 캐내기 원하며, 성경을 깊이 있게 묵상하고 싶은 분들에게도 흔쾌히 이 책을 추천한다. 4차원의 흥미진진한 복음서 이야기 속으로, 말씀을 사랑하는 여러분 모두를 초대한다.

최대해 • 대신대학교 총장

읽기에 좋은 글

장인시 교수는 독특한 경력의 소유자다. 영문학자면서 신학을 공부한 배경을 가지고 있기 때문이다. 그 동안 장 교수는 영문학적 소양으로 성경을 해석하는 일에 관심을 기울여 왔다. 그가 이번에 저술한 『복음서, 그 차이를 읽다』는 이러한 특색을 잘 드러내고 있다.

이 책을 읽다 보면 많은 질문이 나온다. 저자는 평신도의 관점에서 성경에 대해 궁금한 점을 질문하고 스스로 연구하여 대답하는 형식을 취하고 있다. 이를 위해 저자는 본문에 대한 문맥적 관찰을 하고, 본문의 의미에 대한 해석을 하면서, 그동안 축적된 신학적 토론과 영어 성경의 번역문들을 비교하며 풀어 나간다. 이러한 방식을 통해 독자는 자연스럽게 평소에 가졌던 궁금증을 해소하고, 성경의 숨겨진 의미를 발견해 나가는 기쁨을 누릴 수 있게 된다. 저자는 중요한 성경 구절이나 영어 성경 번역 부분을 가능한 많이 인용하고 있어서, 독자들이 편하게 읽어나갈 수 있도록 친절을 베풀고 있다. 본문에 나오는 중요한 단어나 개념에 대해 원어(헬라어와 히브리어)에 기초해 설명해 주고, 또 영어에서 의미하는 바도 곁들여

보완해 주고 있다. 이러한 점들은 그의 책을 '읽기에 좋은 글(readerly text)'
이 되게 한다.

　그는 특히 공관복음서의 각 책을 수직적 읽기와 수평적 읽기를 통해
분석하고 해석하고 있다. 수직적 읽기는 각 복음서가 개별적 특성을 가진
것으로 파악하여 읽는 것이며, 수평적 읽기는 공관복음서의 병행 본문을
평행적으로 읽는 것을 가리킨다고 소개한다. 저자가 정의한 바대로, 이
러한 읽기는 독자반응비평이나 서사비평에서 강조하는 '자세히 읽기(close
reading)'에 해당한다. 본문을 자세히 들여다보면서 철저하게 질문하고, 따
져보고, 비교해 보는 과정을 통해 본문의 의미는 더욱 선명한 모습을 드
러내게 된다. 어떤 텍스트든지 독서 과정이 필요한데, 저자는 성경 본문
에 대한 읽기의 과정을 생생하게 보임으로써, 우리가 어떻게 성경을 읽어
야 할 것인지 구체적인 사례를 보여 주고 있다. 특히, 성경 해석을 우리의
삶에 적용시키기 위한 질문을 통해 성경의 이야기가 단지 지식의 대상이
아니라 신앙과 실천의 대상임을 보여 주려고 한다.

성경 해석은 누구에게나 열려 있다. 우리 모두는 성경의 독자이자 해석자다. 요즘 성서학계에서도 성경을 문학적으로 읽어 내려는 경향을 보여 주고 있는데, 영문학자인 저자의 이러한 노력은 성서학자들과 영문학자들의 학제적 연구를 활성화하는 데 기여하는 동시에, 한국 교회와 성도들에게도 성경의 이야기가 품고 있는 풍부한 의미를 발견할 수 있는 기회를 제공할 것이라고 확신한다.

이 달 • 한남대학교 기독교학과 신약학 교수

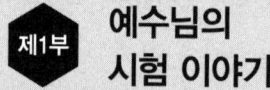

ALT, Analytical Literal Translation

AMP, Amplified Bible

AUV, An Understandable Version

BBE, Bible in Basic English

CEB, Common English Bible

CEV, Contemporary English Version

CLV, Concordant Literal Version

ERV, Easy-to-Read Version

ESV, English Standard Version

EXB, Expanded Bible

GNT, Good News Translation

GW, God's Word Translation

ICB, International Children's Bible

ISV, International Standard Version

JMNT, Jonathan Mitchell New Testament

KJV, King James Version

LEB, Lexham English Bible

MSG, The Message

NAS, New American Standard Bible

NCV, New Century Version

NET, New English Translation

NIRV, New International Reader's Version

NIV, New International Version

NJB, New Jerusalem Bible

NKJV, New King James Version

NLT, New Living Translation

NRSV, New Revised Standard Version

NSB, New Simplified Bible

PHILLIPS, J. B. Phillips New Testament

REB, Revised English Bible

Rotherham, Rotherham's Emphasized Bible

RSV, Revised Standard Version

TLB, Living Bible

VOICE, The Voice

WNT, Weymouth New Testament

YLT, Young's Literal Translation

/ 프롤로그 /

수직적, 수평적 읽기를 시작하며

· 왜, 하나님은 성경 안에 네 권의 복음서를 허락하셨을까?
· 공관복음은 중복되는 내용이 많은데, 정말로 같을까?
· 네 권의 복음서를 종합하여 하나로 만들면, 예수님의 생애를 훨씬 잘 이해할 수
 있지 않을까?

　　조금만 신경 써서 복음서를 읽은 사람이라면, 서로 비슷한 내용이 반
복되고 때로는 동일한 장면이 재현되는 것을 보면서 종종 위와 같은 질문
을 마음에 품게 된다. 특히 공관복음, 즉 마태복음, 마가복음, 누가복음
은 더욱 그렇다. 내용이나 단어의 일치도를 보면 이를 금방 확인할 수 있
다. 내용 면에서 마가복음의 678절 중 약 90%가 마태복음에, 50%가 누
가복음에 수록되어 있다. 그리고 단어의 일치도 면에서, 마가복음과 동일
한 사항을 담고 있는 마태복음의 단락에서 동일한 단어를 사용하는 비율
이 73%, 누가복음의 경우에는 약 66%에 이른다.[1] 이렇게 보면 공관복음

1　Keith F. Nickle, *The Synoptic Gospels: An Introduction* (Louisville: John Knox, 2001), 89-90.
　하지만 요한복음은 다른 복음서와 겹치는 부분이 그리 많지 않다. 앞의 세 복음서에 사용된 자
　료 중 요한복음에 기록된 내용은 10%도 채 되지 않는다. 리처드 A. 버릿지, 『복음서와 만나다:
　예수를 그린 네 편의 초상화』, 손승우 옮김(서울: 비아, 2017), 38.

은 약 70-80% 정도의 내용이 유사하다. 이 책에서 다루는 '예수님의 시험 이야기'도 마찬가지다. 마태복음과 누가복음에 기록된 자료를 비교하면 분량이나 내용이 엇비슷하다. 시험의 순서가 약간 바뀐 것만 제외하면 별 차이가 없는 것처럼 보인다.

그렇다면 사복음서에 수록된 예수님에 관한 각각의 이야기를 하나로 통합하면 좋지 않을까? 이렇게 하면 당연히 주님의 생애에 관한 정보가 서로 중복되지 않게 자료를 정리하여, 비교적 완벽한 하나의 스토리로 만들 수 있을 텐데 말이다. 실제로 주후 172년 무렵에 이러한 시도가 있었다. 시리아의 타티아누스가 만든 『디아테사론』이 바로 그것이다. 그는 네 권의 복음서를 다시 편집하여 하나로 만들며 그리스도의 삶과 가르침을 연대기로 엮었다. 하지만 이 저작은 정경으로 인정받지 못한 채 잠시 사용되다가 소멸하였다. 우리는 여기서 중요한 진리를 발견한다. 하나님이 성경 안에 네 권의 복음서를 두신 분명한 이유가 있다는 사실이다. 만약 복음서가 하나로 통합되기를 원하셨다면, 하나님은 디아테사론이 정경에 포함되게 하셨을 것이다.

우리는 복음서를 읽으며 통일성과 다양성을 함께 생각해야 한다. 다시 말하면 통일성을 전제로 한 '다양성'에 초점을 맞춰야 한다. 각 복음서가 겉보기에는 비슷하지만 실제로는 상당히 다르기 때문이다. 그럼에도 불구하고 오늘날 상당수의 설교자들이 복음서를 다룰 때, 각 복음서를 넘나들며 서로 부족한 내용을 메꾸어 하나로 만든 후, 메시지를 선포하는 현실은 너무나 안타깝다. 이러한 결과는 설교자 자신이 사복음서 사이에 존재하는 차이에 대해 거의 무지하고 그 차이점을 제대로 설명할 수 없어, 아예 네 권을 통합하여 읽는 것이 습관화되었기 때문이다.[2] 그런데 만약 이런 식으로 복음서를 이해하면 네 권의 복음서를 주신 하나님의 의도는 완전히 무시되고, 복음서는 그야말로 '볶음서'가 되어 버린다. 하나님이 성경 안에 네 권의 복음서를 허락하신 이유는, 예수님의 생애와 가르침을 각기 다른 네 개의 버전으로 읽으며, 각 복음서의 차이점과 거기에 나타난 저자의 의도를 찾아내라는 뜻이다.[3]

네 권의 복음서가 집필된 이유는 무엇일까? 그 까닭은 각 복음서의 인간 저자가 염두에 두고 있는 교회 공동체가 서로 다르기 때문이다. 복음서 저자들은 예수님에 관한 모든 사항을 다 서술하지 않았다. 그렇게 하려 해도 할 수 없었기 때문이다(요 21:25). 따라서 자신이 대상으로 하는 공동체의 문제점을 해결해 주고 그들에게 필요한 메시지를 전달하기 위해, 자료를 선별하고 재배열하며 필요한 경우에는 각색하였다. 이러한 작업으로 인해 복음서 간에 차이가 발생하게 되었고, 당연히 우리는 이 과정에서 성령이 역사하셨다고 믿는다. 각 복음서에서 드러나는 저자의 이러한 독특한 관점을 신학자들은 복음서 저자의 신학이라 일컫는다. 대체로 마태복음은 이방인 선교에 관심이 있는 유대인 그리스도인,[4] 마가복음

---

2 김경진, 『공관복음 어떻게 읽을 것인가』(서울: 솔로몬, 2012), 10.

3 Walter C. Kaiser, Jr. and others, *Hard Sayings of the Bible* (Downers Grove: IVP, 1996), 85.

4 마태가 염두에 두고 있는 교회 공동체는 주로 유대인 그리스도인으로 구성되어 있었으나, 이방인 개종자들이 배제된 것은 아니었다. 양용의, 『마태복음 어떻게 읽을 것인가』(서울: 성서유니온선교회, 2005), 37-38.

복음서, 그 차이를 읽다

은 고대 로마 인근에 있던 기독교 공동체, 누가복음은 헬라 문화권에 있던 이방인 그리스도인, 요한복음은 소아시아를 중심으로 한 기독교 공동체를 위해 쓰였다고 알려져 있다.

복음서를 읽는 독자는 성경의 저자가 원래의 독자들에게 들려주고 싶었던 메시지가 무엇인지를 찾는 데 심혈을 기울여야 한다. 하나님이 의도하신 본문의 의미를 파악해야 하기 때문이다. 따라서 자신을 고대 독자의 위치에 놓고, 예수님의 말씀을 들었던 청중의 자세로 그분의 말씀에 귀를 기울여야 한다. 그러고 나서 성경 독자와 우리 사이에 놓인 차이점을 발견하고, 거기서 신학적 원리를 찾아 우리에게 적용해야 한다.[5] 이렇게 하려면 당연히 문학적, 문화적, 역사적 문맥(배경)을 알아야 한다. 만일 이 과정을 거치지 않고 성경 본문을 곧바로 우리에게 적용하면, 성경 말씀을 왜곡하여 결국 저자의 메시지가 아닌 우리가 원하는 메시지를 도출해 낼 수 있다.

복음서의 통일성과 다양성, 그리고 본문에 나타난 저자의 의도를 제대로 파악하려면 '수직적 읽기'와 '수평적 읽기'를 동시에 해야 한다. 사실 이 방법이 복음서를 가장 잘 이해할 수 있는 방법이다. 아니 어떻게 보면, 하나님이 의도하신 대로 복음서를 읽는 방법이다. 그 이유는 예수님의 생애에 관한 복음서가 네 권이나 되고, 각 복음서의 저자들이 자신만의 메시지를 전달하기 위해 자료를 창조적으로 구성하였기 때문이다. 여기서

---

5   Craig S. Keener, *Bible Background Commentary* (Downers Grove: IVP, 2014), 41-42.

'수직적'으로 읽는다는 말은, 각 복음서를 하나의 문학 작품으로 보고 저자가 어떻게 내러티브를 구성하고 모티프들을 전개 혹은 발전시키는가에 초점을 두고 읽는 것을 뜻한다. '수평적'으로 읽는다는 말은, 본문과 동일한 내용을 담고 있는 다른 복음서의 구절, 즉 병행 본문을 의식하며 읽는 것을 의미한다.[6] 이런 수평적 읽기는 각 복음서의 특징을 찾을 때 아주 유용하다. 하지만 이때 특정 복음서에 없는 정보를 다른 병행 구절에서 가져다가 무조건 채우려는 시도는 삼가야 한다. 성령의 영감으로 기록된 각 복음서의 독특성이 소멸되기 때문이다. 수직적 읽기와 수평적 읽기는 항상 균형 잡힌 긴장 속에서 이루어져야 한다.

이 책은 복음서에 있는 네 편의 에피소드, 즉 1) 예수님의 시험 이야기 2) '개' 취급당한 여인 이야기 3) 선한 사마리아인의 비유 4) 마르다와 마리아 이야기가 책마다 어떻게 다른지를 탐구한다. 아울러 각 저자가 이야기를 통해 원래의 독자들에게 들려주고 싶었던 메시지가 무엇인지를 조명한다. 특히 서사비평적 성경 해석 방식과 역사비평적 성경 해석 방법의 장점을 살려 문맥에 초점을 두고, 수직적 읽기와 수평적 읽기를 병행하며 본문에 나타난 저자의 의도를 찾아낸다. 제1부에서는 마태복음과 누가복음에 기록된 '예수님의 시험 이야기'의 순서가 왜 다를 수밖에 없는지, 마가복음에는 왜 시험에 관한 구체적인 내용이나 심지어 시험의 결과에 대한 언급조차 없는지를 살펴본다. 제2부에서는 가나안 여인과 수로보니게

---

6   조나단 T. 페닝톤, 『복음서 읽기』, 류호영 옮김(서울: 기독교문서선교회, 2015), 345-46.

복음서, 그 차이를 읽다

여인이 칭찬을 받은 이유가 어떻게 다른지, 정말로 이 여인이 '개' 취급을 받을 정도로 심한 경멸을 당했는지를 점검한다. 제3부에서는 성경에서 가장 유명한 이야기 중의 하나인 '선한 사마리아인의 비유'와 이것의 자매편이라 할 수 있는 '마르다와 마리아 이야기'를 고찰하며, 저자의 서술 전략과 그 의미를 소개한다.

이 네 편의 에피소드를 선택한 이유는, 네 편의 이야기가 책마다 뚜렷한 특색을 지니고 있어서 각 복음서의 특성을 제일 잘 보여 준다고 판단했기 때문이다. 아울러 복음서 이야기 중에서 비교적 널리 알려져 있으면서도 그 의미가 심하게 왜곡되어 있고, 각 복음서 간의 차이에 대해 학자들이 너무 다양한 견해를 제시하기 때문이다. '예수님의 시험 이야기'는 마태복음, 마가복음, 누가복음에, '개 취급당한 여인 이야기'는 마태복음과 마가복음에 등장한다. 따라서 수직적 읽기와 수평적 읽기를 통해 접근해야 한다. 반면에 '선한 사마리아인의 비유'와 '마르다와 마리아 이야기'는 누가복음에만 기록되어 있다. 그래서 수평적 읽기가 전혀 필요하지 않을 것처럼 보인다. 하지만 그렇지 않다. 반드시 필요하다. 이는 사마리아인의 비유와 마리아 이야기 앞뒤에 나오는 단락이 마태복음에도 있기 때문이다. 더욱이 이 두 이야기는 마치 한 단락처럼 긴밀하게 엮여 있어서, 두 이야기를 동시에 수평적, 수직적 관점에서 살피지 않으면 핵심을 놓친다. 대부분의 신학자와 설교자들이 이 두 이야기를 오해하는 원인이 바로 여기에 있다.

필자가 아는 한, 이처럼 대표적인 몇 편의 복음서 이야기를 대상으로 본문을 한 절씩 분석하며 본격적으로 비교한 시도는 지금까지 국내외에 거의 없다. 기껏해야 복음서 전체를 개괄적으로 비교하며, 편집비평이나 상징 관점에서 각 책이나 단락의 특징을 간단히 요약한 단행본이 몇 권 있을 뿐이다. 논문으로는 복음서에 기록된 일부 에피소드를 텍스트로 하여 공통점과 차이점을 정리한 자료가 몇 편 있을 정도다.[7] 따라서 논지를 전개하며 개인적 편견이라는 인상을 주지 않기 위해, 30여 종류의 다양한 영어 성경과 70여 권의 국내외 성경 주석을 참고하며 최대한 객관성을 유지하려고 노력하였다.

종교개혁 500주년을 기념하는 이때, 아무쪼록 이 책이 복음서 간의 차이점을 간과하는 한국 교회 강단의 건강하지 못한 풍토를 개선하고, 복음서 연구의 새로운 지평을 여는 데 일조하기를 간절히 바란다. 이 책에 인용된 우리말 성경은 개역개정판이고, 히브리어와 헬라어 원문에 관한 사항은 인터넷 자료(Blue Letter Bible, Bible Hub)를 참고하였다는 점을 밝혀 둔다. 그리고 좀 더 깊이 있게 연구하려는 독자들을 위해 주석을 달아 놓았다.

마지막으로, 추천의 글을 써 주신 대신대학교 최대해 총장님, 한남대

---

7 대표적인 단행본과 논문은 다음과 같다. George A. Blair, *The Synoptic Gospels Compared* (Lewiston: Edwin Mellen, 2003); Edward Adams, *Parallel Lives of Jesus* (Louisville: John Knox, 2011); 김창선, 『공관복음서의 예수』(서울: 비블리카 아카데미아, 2012); 리처드 A. 버릿지, 『복음서와 만나다: 예수를 그린 네 편의 초상화』, 손승우 옮김(서울: 비아, 2017); 유상섭, 「오병이어 기적에 대한 네 복음서의 관점」, 『신학연구』 제6권 1호(2007):1-49.

학교 기독교학과 이 달 교수님, 그리고 원고를 검토하고 조언을 아끼지 않으신 백석대학교 기독교전문대학원장 김경진 교수님, 대한성서공회 번역실장 이두희 박사님, 중부대학교 교목실장 배내윤 교수님께 진심으로 감사를 드린다. 본서의 출간을 위해 애써 주신 예영커뮤니케이션 원성삼 대표님과 편집진에게도 고마움을 표하고 싶다.

장인식

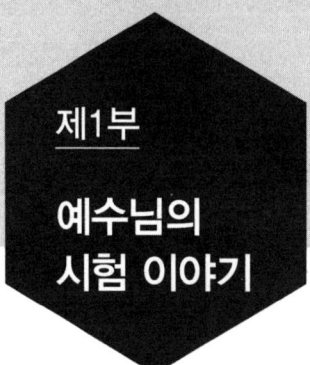

제1부

예수님의
시험 이야기

영웅 신화에 '통과의례'라는 것이 있다. 이는 영웅이 탄생하기까지의 험난한 과정을 말하는데, 대체로 '분리 → 시련과 시험 → 귀환'의 패턴을 거친다. 그리스 신화에 등장하는 여러 영웅들, 이를테면 헤라클레스, 테세우스, 이아손 등은 모두 힘든 고난의 과정을 거치며 자신의 능력을 입증한 후에 영웅이 되어 돌아온다. 성경에 기록된 예수님의 시험 역시 신화적 관점에서 보면 일종의 통과의례에 해당한다.

예수님은 세례를 받으시며 하나님의 아들로 선포되었지만 인간적으로 보면 아직 능력이 입증되지 못한 상태다. 따라서 하나님은 성령을 통해 예수님이 마귀로부터 시험을 받고 결국 승리하게 하심으로써, 그분이 진정한 메시아라는 진리를 온 천하에 선포할 계획을 마련하신다. 이 계획에 따라 주님은 일상에서 이탈하여 광야로 들어가 금식하시고, 사탄의 시험을 이기신 후에, 갈릴리로 돌아와 공생애를 시작하신다.

예수님이 시험을 받으신 이야기는 마태복음, 마가복음, 누가복음에 기록되어 있는데, 마태복음과 누가복음의 경우는 문맥이 완전히 다르고 세부 사항도 약간 차이가 있다. 마가복음의 경우는 앞의 두 책과 비교하면 엄청 다르다. 그런데 그리스도인들 대부분이 이 차이를 별로 의식하지 못한다. 거의 비슷하다고 간주한다. 하지만 그렇지 않다. 예수님이 금식하신 것, 시험을 받으신 순서, 시험의 내용, 천사의 등장 유무, 시험의 결과 등을 비교하면 서로 다른 점이 많다. 결코 하나의 이야기로 만들 수 없을 정도로 말이다. 그러므로 각 이야기를 별도로 취급하여 각각의 메시지를 파악한 후, 예수님의 전체적인 모습을 입체적으로 보아야 한다. 예수님이 시험을 받으신 이야기를 3차원으로 조명해 보자.

제1장

마태의 메시지:
'돌들'로 떡덩이가 되게 하라

(마 4:1-11)

¹⁾그 때에 예수께서 성령에게 이끌리어 마귀에게 시험을 받으러 광야로 가사 ²⁾사십 일을 밤낮으로 금식하신 후에 주리신지라 ³⁾시험하는 자가 예수께 나아와서 이르되 네가 만일 하나님의 아들이어든 명하여 이 돌들로 떡덩이가 되게 하라 ⁴⁾예수께서 대답하여 이르시되 기록되었으되 사람이 떡으로만 살 것이 아니요 하나님의 입으로부터 나오는 모든 말씀으로 살 것이라 하였느니라 하시니

⁵⁾이에 마귀가 예수를 거룩한 성으로 데려다가 성전 꼭대기에 세우고 ⁶⁾이르되 네가 만일 하나님의 아들이어든 뛰어내리라 기록되었으되 그가 너를 위하여 그의 사자들을 명하시리니 그들이 손으로 너를 받들어 발이 돌에 부딪치지 않게 하리로다 하였느니라 ⁷⁾예수께서 이르시되 또 기록되었으되 주 너의 하나님을 시험하지 말라 하였느니라 하시니

⁸⁾마귀가 또 그를 데리고 지극히 높은 산으로 가서 천하만국과 그 영광을 보여 ⁹⁾이르되 만일 내게 엎드려 경배하면 이 모든 것을 네게 주리라 ¹⁰⁾이에 예수께서 말씀하시되 사탄아 물러가라 기록되었으되 주 너의 하나님께 경배하고 다만 그를 섬기라 하였느니라

¹¹⁾이에 마귀는 예수를 떠나고 천사들이 나아와서 수종드니라

**살펴
보기**

먼저 본문의 문맥부터 살펴보자. 마태복음 3장부터 4장 11 절까지는 마태복음의 서론 중에서 종결 부분에 해당하는데, 예수님의 공생애를 준비하는 세 개의 사건을 소개한다.

1) 3:1-12(선구자인 세례 요한의 선포)

2) 3:13-17(세례를 받으시는 예수님)

3) 4:1-11(예수님의 시험)

4) 4:12-17(예수님의 사역 시작)

예수님의 사역을 준비하는 이 세 단락의 위치는 굉장히 중요하다. 예수님이 구약의 예언을 어떻게 성취시키고(3:3), 그분의 신분이 무엇이며 (3:17), 어떻게 과거 이스라엘 백성의 실패를 회복시키는 진정한 메시아가 되는지를 입증하기 때문이다(4:1-11). 이 세 단락은 다음과 같은 몇 개의 키워드로 긴밀하게 엮여 있다. ① 광야(3:1; 4:1), ② 요단강(3:5, 13), ③ 세 례(3:6, 13, 16), ④ 성령(3:11, 16; 4:1), ⑤ 하나님의 아들(나보다 능력이 많으 신 분 3:11, 17; 4:3, 6), ⑥ 돌(3:9; 4:3), ⑦ 하나님의 말씀(하나님의 음성과 예 수님이 인용하시는 하나님의 말씀 3:17; 4:4, 7, 10), ⑧ 저항 모티프(세례를 받 기 위해 나아오는 예수님을 세례 요한이 거절함, 세 번이나 계속되는 사탄의 요구 를 예수님이 거절하심 3:14; 4:4, 7, 10).

예수님이 세례 요한으로부터 세례를 받을 때 들렸던 하나님의 음성, 즉 "이는 내 사랑하는 아들이요 내 기뻐하는 자라(3:17)." 하는 선언은, 주님이 광야에서 받으신 시험과 매우 밀접하게 연결된다. 사실상 시험의 전제가 된다. 그 이유는 마귀가 '하나님의 아들'이라는 예수님의 신분을 내세우며 기적을 행하라고 요구하기 때문이다. 이렇게 보면 이 호칭에 대한 이해가 본문을 이해하는 관건이다. 그러면 '하나님의 아들'이라는 호칭의 의미가 무엇일까? 하늘에서 들린 이 선언은 구약성경 시편 2편 7절과 이사야서 42장 1절을 합쳐 놓은 말씀이다.[1] 시편 2편은 하나님의 아들이신 왕에 대해 언급하는데, 언젠가 하나님이 다윗의 왕위를 물려받을 자격을 갖춘 메시아를 보내실 것을 암시한다. 이사야서 42장 1절은 "내 마음에 기뻐하는 자"라는 표현을 사용하는데, 이는 하나님의 택하심을 받아 고난을 당하는 여호와의 종을 함축한다. 그러므로 '하나님의 아들'이라는 칭호는 '메시아'의 사명을 감당하는 '고난 받는 종'을 의미한다.[2]

이 호칭의 의미를 생각하며 본문을 다시 읽으면 새롭게 다가온다. 예수님이 하늘에서 들려오는 하나님의 음성을 듣고, 바꿔 말하면 황홀한 순간을 체험한 후에 광야로 나아가 마귀로부터 시험을 당하기 때문이다. 독자들은 이미 예수님의 정체를 알고 있고, 더욱이 하늘이 열리는 감격적인 순간까지 목격하였다. 그렇다면 주님이 광야에서 어떤 모습을 보여 주실까? 그분이 하나님의 아들이라는 진리가 시험을 통해 어떻게 입증될까? 승리하실까, 아니면 이스라엘 백성이 광야에서 그랬듯이 패배하실까? 사

---

1 Harol W. Attridge, *NRSV The HarperCollins Study Bible* (New York: HarperOne, 2006), 1672; 대럴 L. 보크, 『키워드로 푸는 성경 사복음서』, 유상섭 옮김(서울: 디모데, 2005), 59.

2 Michael Green, *The Message of Matthew: The Kingdom of Heaven* (Downers Grove: IVP, 2000), 82.

탄의 요구대로 메시아의 능력을 사용하실까? 40일을 금식하신 후에 시험이 진행되는데, 결과가 어떻게 될까? 독자들은 이처럼 긴장과 스릴을 느끼며 본문을 대한다. 아울러 주후 1세기 독자들에게 있어서 광야가 마귀의 주된 활동 무대였다는 점을 고려한다면,[3] 긴장감은 더욱 고조된다.

본문의 구조를 점검해 보자. 공관복음, 즉 마태복음, 마가복음, 누가복음에 기록된 예수님의 시험 이야기는 비슷한 것 같으면서도 상당한 차이가 있기 때문에, 세부 사항 하나하나에 유의해야 한다.

1) 4:1-2(서론, 성령에게 이끌려 광야로 가신 예수님)

2) 4:3-4(첫 번째 시험, 돌들로 떡덩이가 되게 하라)

3) 4:5-7(두 번째 시험, 성전 꼭대기에서 뛰어내리라)

4) 4:8-10(세 번째 시험, 내게 엎드려 경배하라)

5) 4:11(결론, 사탄이 떠나가고 천사가 시중들었다)

1절은 본문의 배경으로 예수님이 광야로 가신 목적을 언급하는데, 성령에게 '이끌리어' 광야로 가셨다고 서술한다. 마태복음의 본문은 아주 부드럽고 순조롭게 시작한다. 예수님은 마귀에게 이끌린 것이 아니라 성령에게 이끌리어 광야로 가셨다. '이끌다'에 해당하는 헬라어 '아나고(anago)'

---

3   R. Alan Culpepper, *The New Interpreter's Bible*, vol. IX (Nashville: Abingdon, 1995), 242.

는 '높은 곳으로 인도하다', '안내하다', '항해하다'의 뜻을 지닌다(마가복음과 누가복음에서는 다른 단어를 사용한다.). 이 단어는 마태복음에서 딱 한 번 본문에 사용되었고, 예수님이 제자들과 함께 배를 타고 호수 건너편으로 나아가는 대목과, 사도 바울이 선교 여행에서 배를 타고 이동하는 장면에서 여러 차례 사용되었다(눅 8:22; 행 13:13; 16:11; 18:21).

여기서 중요한 점은 이 단어가 구약 이스라엘 백성의 출애굽 사건을 암시한다는 사실이다. 민수기 14장 13절과 여호수아서 24장 17절을 보면 이를 확인할 수 있다. 이스라엘의 지도자 여호수아는 여호수아서 24장 17절에서 이렇게 고백한다.

이는 우리 하나님 여호와께서 친히 우리와 우리 조상들을 <u>인도하여</u> 애굽 땅 종되었던 집에서 올라오게 하시고….

모세의 후계자 여호수아는 출애굽 사건을 회상하며 하나님이 자신의 조상들을 친히 인도하셨다고 확언한다. 이 구절에서 '인도하다'에 해당하는 헬라어가 바로 본문과 동일한 '*아나고*'이다. 70인역 성경에 이렇게 되어 있다. 70인역은 히브리어로 된 구약성경을 헬라어로 옮긴 성경인데, 예수님 당시의 기독교인들이 이 성경을 읽었으며, 신약성경 저자들 대다수가 이 역본에서 인용하거나 이 역본을 쉽게 풀어 썼다.[4] 이 단어의 의미

---

4   Alfred Edersheim, *The Life and Times of Jesus the Messiah* (Grand Rapids: Eerdmans, 1953), 492-93.

를 고려하면, 이스라엘 백성은 불기둥과 구름기둥의 인도를 받으며 마치 배가 항해하듯, 망망대해와 같은 광야를 40년 동안 여행한 셈이 된다. 마찬가지로 예수님도 성령에게 이끌리어 순조롭게 광야로 들어서신다.

예수님은 '시험을 받기 위해' 광야로 가신다. 공관복음에서 오직 마태복음만이 광야에서 40일간 금식하신 목적이 무엇인지를 구체적으로 밝힌다. 그것은 바로 시험을 받기 위함이었다(마가복음과 누가복음은 시험을 받으셨다는 사실만을 기록한다.). 그렇다면 마태의 의도가 무엇일까?[5] 저자는 이 표현을 통해 예수님의 시험과 이스라엘 백성이 40년 동안 광야에서 받은 시험을 동일 선상에 놓는다. 신명기 8장 2절은 하나님이 이스라엘 백성으로 하여금 40년 동안 광야 길을 걷게 하신 목적이 무엇인지를 분명하게 알려준다.

네 하나님 여호와께서 이 사십 년 동안에 네게 광야 길을 걷게 하신 것을 기억하라 이는 너를 낮추시며 너를 시험하사 네 마음이 어떠한지 그 명령을 지키는지 지키지 않는지 알려 하심이라.

앞에서도 언급했듯이 마태복음의 저자는 '이끌리어'라는 단어를 통해 예수님과 이스라엘 백성을 동일시하며, 이들의 경험이 어떻게 다른지를

---

5   서사비평에서는 실제 저자와 내재된 저자, 그리고 내레이터(서술자)란 용어를 각각 구별하여 사용한다. 여기서 '내재된 저자'란 실제 저자가 본문 안에 만들어 놓은 저자, '내레이터'란 본문 안에 있는 내재된 저자의 목소리다. 하지만 본서에서는 실제 저자와 내재된 저자를 구별하지 않기로 한다.

보여 주겠다는 각오를 내비친다. 이제 여기서는 예수님과 이스라엘 백성이 광야로 간 목적이 같다는 점을 내세우며, 이들 간의 유사성을 확실히 한다. '광야'는 일반적으로 시험과 준비 그리고 연단의 장소인데, 본문에서는 이스라엘 백성의 광야 생활을 암시한다.

2절은 주인공인 예수님의 육체적, 영적 상태를 묘사한다. 내레이터는 예수님이 40일을 밤낮으로 금식하신 후에 주리셨다고 설명한다. 이 문장에서 '밤낮'과 '금식'이란 단어에 주목해야 한다. 그 이유는 이 두 단어가 마태복음에만 등장하기 때문이다(누가복음은 '금식'이란 단어를 사용하지 않고, 마가복음에는 아예 이런 암시조차 없다.). 그렇다면 마태복음의 저자가 왜 이 단어들을 고집했을까? 그것은 예수님의 시험과 이스라엘의 출애굽 사건을 연결시키려는 의도가 있기 때문이다. 이스라엘의 지도자 모세는 하나님이 주시는 두 돌 판을 받으려고 시내 산에 올라가, 40일을 밤낮으로 금식한 후에 계명을 받고 내려왔다(출 34:28; 신 9:9). 마찬가지로 예수님도 이스라엘 백성이 실패한 현장, 즉 광야에서 40일을 밤낮으로 금식하신 후에 산에 올라가 새로운 계명, 즉 천국의 윤리를 가르치신다(마 5-7장). 이것이 바로 산상수훈이다. 그리고 모세와의 유사성을 분명히 보여 주듯, 모세의 율법에 나오는 계명을 하나씩 인용하며 그 구절을 새로운 시각에서 해석해 준다(마 5:21, 27, 33, 38, 43).

이와 관련하여 또 한 가지를 놓쳐서는 안 된다. 예수님이 '금식'하셨다는 표현은 앞에서 언급한 신명기 8장 2절을 상기시킨다.[6] 이 구절에 의하면 하나님이 이스라엘 백성으로 하여금 40년 동안 광야 길을 걷게 하신 목적은 그들을 낮아지게, 다시 말하면 '겸손하게(humble, YLT)' 만들기 위함이다. 여기서 '낮추다'에 해당하는 히브리어 '아나(anah)'가 '자신을 약하게 만들다', '괴롭히다', '낮추다'의 뜻을 지닌다. 이렇게 보면 하나님은 이스라엘 백성을 낮추시기 위해 광야 길을 걷게 하셨고, 예수님은 공생애를 시작하기 전에 자신을 낮추기 위해 금식하셨다.

예수님은 금식하신 '후에' 주리셨다. 영어 성경 Rotherham 역본은 헬라어 원문이 강조하는 부분이 무엇인지를 시각적으로 보여 주는데, 2절이 이렇게 되어 있다.

> 그리고 예수님은 40일을 밤낮으로 금식하셨고, 〈그 후에〉 굶주리셨다.

원문에 의하면 저자는 '그 후에'를 강조한다. 이는 아버지 하나님과 나누는 영적 교제로 인해 예수님이 금식 기간에는 배고픔을 느끼지 않으셨다는 뜻이다. 얼마나 집중하며 아버지 하나님과 대화하셨기에 배고픈 것도 잊고 기도에 전념하셨을까! 우리 주님은 자발적으로 금식하셨고, 이 기간에 영적으로 하나님과 교제하며 마귀의 시험에 대비하셨다. MSG 역본은 2절을 이렇게 번역한다.

---

6   Daniel J. Harrington, *The Gospel of Matthew* (Collegeville: Liturgical Press, 1991), 66.

예수님은 밤낮으로 40일 동안 금식하며 시험에 대비하셨고, 그 기간이 끝나자 극도의 허기를 느끼셨다.

VOICE 역본은 2-3절에서 예수님의 육체적, 영적 상태를 동시에 묘사한다.

여러분도 알다시피 예수님은 금식 기간이 지나자 매우 굶주리셨다. 그런데 마귀가 그를 시험하러 왔을 때에는 이상하게도 더욱 강한 힘이 솟구쳤다.

주님은 금식으로 인해 결코 영적으로 약해지지 않으셨다. 금식 기간이 끝난 후에 육체적으로는 극도의 허기를 느끼셨으나, 영적으로는 아주 충전된 상태에 있었다. 한마디로 주님은 다가올 시험에 철저히 대비하셨다. 광야에서 실패한 이스라엘 백성과 얼마나 대조적인가!

시험은 3절부터 시작되는데, 시험하는 자가 나아와 이렇게 외친다. "네가 만일 하나님의 아들이어든, 명하여 이 돌들로 떡덩이가 되게 하라." 개역개정판 성경을 보면 '만일(if)'이라는 단어가 있기 때문에, 마귀가 제시한 이 요구를 '조건'으로 해석하기 쉽다. 즉 "네가 만일 하나님의 아들이라면"으로 이해하기 십상이다. 만약 이 구절을 조건으로 이해하면, 마

---

7 출애굽기 4장 22-23절에서 하나님은 이스라엘 백성을 자신의 장자, 즉 아들이라 칭한다. 이런 관점에서 보면 예수님은 모세의 지도를 받으며 광야 생활을 한 이스라엘 백성을 대표한다.

귀가 예수님의 마음에 의심을 불러일으켜 그분 자신이 하나님의 아들이라는 사실에 대해 의문을 품게 한다. 그러나 원문의 의미는 이와 다르다. '만일'에 해당하는 헬라어(에이)가 동사의 직설법과 함께 쓰일 때에는 의심을 포함하는 조건이 아니고, 어떤 일이 실제로 일어나고 말았다는 사실을 가정한다. 따라서 '조건(만약 if)'이 아닌, '이유(~이기 때문에 since)'로 해석해야 한다.[8] 이처럼 이유로 해석하면 마귀가 한 말의 의미는 다음과 같다.

> (예수, 너와 내가 이미 알고 있다시피) 네가 하나님의 아들, 즉 메시아이기 때문에 이 돌들로 떡덩이가 되게 하라.

실제로 영어 성경 ALT, MSG, CEB, ISV, JMNT 역본에서는 if 대신에 since를 사용한다(영어에서 since는 말하는 사람이나 듣는 사람 모두 그 이유를 알고 있는 경우에 사용한다. 이 점이 because와의 차이점이다.). 이렇게 보면 마귀는 예수님의 정체성에 의문을 제기하지 않는다. 오히려 이 사실을 인정하며, '메시아이기 때문에' 돌들을 떡으로 만드는 능력을 발휘하여 하나님의 계획과 별개로 독자적으로 행동하라고 유혹한다. 만약 시험하는 자가 예수님의 정체성에 대해 의심을 품게 했다면, 주님은 유혹을 물리치기가 훨씬 쉬웠을 것이다. 왜냐하면 어렸을 때부터 자신이 하나님의 아들이라는 진리를 분명히 알고 있었으니까 말이다(눅 2:49 참고). 하지만 사탄은

---

8   John MacArthur, *The MacArthur Bible Commentary* (Nashville: Thomas Nelson, 2005), 1126; 고영민, 『원문 번역 주석 성경 신약』(서울: 쿰란, 2015), 44.

교묘하게 예수님이 메시아라는 점을 인정하며, 메시아로서 대중의 기대
에 부응하라고 조롱한다.

마귀의 첫 번째 요청은 "돌들로 떡덩이가 되게 하라."는 것이다. 여기
서 '돌들(stones)'이란 단어가 '복수'로 쓰였는데, 이 점에 세심한 주의를 기
울여야 한다. 누가복음과 다르기 때문이다. 물론 이 돌은 예수님 주변에
흩어져 있는 크고 작은 많은 돌들을 가리킨다. 그렇다면 크기가 어느 정
도일까? 이 단어가 복음서에 사용된 용례를 점검하면 충분히 짐작할 수
있다. 헬라어 원문에서는 '리소스(lithos)'란 단어를 사용하는데, 이는 '작은
돌', '큰 돌', '건축 자재로 쓰이는 돌'을 의미한다. 마태복음에서는 건축자
들이 버린 돌(21:42), 사람을 가루로 만들어 버리는 거대한 돌(21:44), 예
수님의 무덤 문을 막았던 큰 돌(27:60, 66; 28:2), 성전 건축에 쓰인 돌(4:6)
을 묘사하는 데 이 단어를 사용한다. 마가복음은 연자 맷돌(막 9:42)을 설
명할 때 이 단어를 쓴다. 이렇게 보면 3절에서 말하는 '돌'은 작은 돌멩이
에서부터 건축 자재로 쓰이는 커다란 돌덩이나 큰 바위에 이르기까지, 다
양한 크기의 돌을 암시한다. 반드시 작은 돌만을 의미하는 것은 아니라는
뜻이다. 마귀는 지금 예수님께 주변에 있는 크기가 제각각인 수많은 돌들
을 쫙 보여 주며 모두 떡덩이가 되게 하라고 주문한다. 이러한 의미를 반
영하여 EXB, NCV, ICB, ERV 역본은 3절에서 '돌멩이(stones)'란 단어를
사용하지 않고, '바위(rocks)'란 단어를 사용하여 번역한다.

네가 만약 하나님의 아들이라면, 이 바위들에게 명하여 모두 떡덩이가 되게 하라
(NCV).

마귀가 이 대목에서 복수 명사를 사용하여, 예수님으로 하여금 그렇게 많은 떡덩이를 만들도록 요청한 이유가 무엇일까? 기적을 베풀어 떡을 만듦으로써 개인적 굶주림을 해결하도록 했을까? 사탄이 의도한 것은 그것이 아니었다. 만일 예수님 개인만 먹게 할 작정이었다면 큼지막한 떡덩이 '한 개'로도 충분하기 때문이다. 마귀는 예수님께 수많은 사람이 먹고도 남을 풍족한 떡을 만들어 이스라엘 백성에게 먹임으로써 그분이 하나님의 아들이라는 사실을 확인하게 해달라고 촉구한다. 그것도 광야에서 말이다. 그렇다면 헬라어 원문도 과연 이런 의미일까? 영어 성경 Rotherham 역본으로 마귀가 던진 첫 번째 유혹을 다시 점검해 보자.

《네가 하나님의 《아들》이라면》 이 《돌들》에게 명하여 모두 〈떡덩이〉가 되게 하라.

이 역본은 영어 성경 중에서 가장 독특한데, 히브리어와 헬라어 원문이 문장의 어순이나 단어의 반복 등을 통해 강조하고자 하는 부분이 무엇인지를 시각적으로 보여 준다. 위의 문장을 보면 여기서 강조되는 부분은 '네가 하나님의 아들이라면', '돌들', '떡덩이'다. 그리고 '아들'과 '돌들'이란 단어가 그중에서도 더욱 강조되고 있다(누가복음은 강조점이 이와 다르다.).

복음서, 그 차이를 읽다

이렇게 보면 사탄의 유혹은 개인의 굶주림을 해결하는 수준이 아니라, 이스라엘 백성의 욕구를 해결하는 차원에서 메시아로서 만나 기적을 베풀라는 뜻이다.

광야에서 '떡'을 만들어 많은 사람에게 공급하는 것은 어떤 의미일까? 현대인이 보기에는 인간의 기본적 욕구를 채우는 것 말고는 별 의미가 없는 것처럼 보인다. 물론 예수님이 굶주린 상태이기 때문에 떡을 만들어 먹는 것이 자연스럽고, 그 당시 광야에 널려 있던 둥근 석회암 돌멩이가 떡덩이와 아주 흡사하였다는 점을 감안하면,[9] 충분히 이해가 되기도 한다. 하지만 이 유혹은 개인적 차원을 넘어선다. 아마 주후 1세기 예수님 당시의 유대인들은 마귀의 요구를 들으며 즉시 자신의 조상들이 광야에서 먹었던 '만나'를 떠올렸을 것이다. 출애굽기 16장 35절은 이렇게 적고 있다.

사람이 사는 땅에 이르기까지 이스라엘 자손이 사십 년 동안 만나를 먹었으니, 곧 가나안 땅 접경에 이르기까지 그들이 만나를 먹었더라.

이스라엘 백성은 모세의 인도로 출애굽한 후에 홍해의 기적을 맛보고 신 광야에 이르렀다. 그런데 먹을 것이 없자 모세와 아론을 원망하며, 차

---

9   고영민, 『원문 번역 주석 성경 신약』(서울: 쿰란, 2015), 45.

라리 애굽에 있었던 때가 더 좋았다고 불평했다. 이에 하나님은 만나(떡)를 하늘에서 비같이 내려 40년 동안 그들이 광야 생활을 하는 내내 먹여 살렸다. 그러나 이스라엘 백성은 은혜를 입으면서도 끊임없이 불평했다. 본문에 언급된 떡은 바로 이 만나를 상징한다.

'하나님의 아들(메시아)'과 '만나'는 무슨 관련이 있을까? 이것을 이해하려면 1세기 유대인들이 가지고 있던 메시아에 대한 통념을 살펴보아야 한다. 예수님 당시의 이스라엘 백성은 자신들을 로마의 속박에서 구해 줄 메시아를 애타게 고대했는데, 그분이 오시면 하늘로부터 떡을 공급하는 놀라운 기적을 행하리라 믿고 있었다. 이들은 모세와 같은 지도자가 이끄는 새로운 출애굽을 열망했으며, 그 새 출애굽은 새 만나, 즉 하늘에서 내려오는 떡과 더불어 완성된다고 굳게 믿었다.[10] 이런 이유 때문에 예수님이 보리떡 다섯 개와 물고기 두 마리로 성인 남자만 5,000명 정도 되는 사람을 빈 들에서 먹이셨을 때, 그들이 흥분하여 예수님을 왕으로 삼으려 하였다. MSG 역본은 요한복음 6장 14-15절에서 당시의 분위기를 이렇게 전한다.

사람들은 예수님이 행하신 이 일로 인해 하나님이 자기들 가운데서 일하고 계신다는 것을 알았다. 그들은 말했다. "이분은 분명 그 예언자다. 하나님의 예언자가 바로 이곳 갈릴리에 오셨다!" 예수님은 열광한 그들이 자기를 붙들어다가

---

10 Craig S. Keener, *Bible Background Commentary* (Downers Grove: IVP, 2014), 53.

왕으로 삼으려는 것을 아시고, 그 자리를 빠져나와 다시 산으로 올라가서 혼자 계셨다.

예수님 당시 유대인들이 품고 있던 메시아 상을 오병이어 사건에 적용하면, 이들이 열광하며 예수님을 왕으로 삼으려 했던 이유를 충분히 이해할 수 있다. 바로 만나 사건을 목격했기 때문이다.

이러한 배경을 바탕으로 첫 번째 시험 내용을 정리해 보자. 마귀는 하나님이 선포하신 말씀(3:17), 즉 예수님이 하나님의 아들이며 메시아라는 사실을 전제로, 떡을 풍족하게 만들어 이스라엘 백성에게 공급하라고 주문한다. 따라서 논쟁의 핵심은 예수님이 하나님의 아들인가 아닌가가 아니다. 오히려 그분에게 있어서 "메시아가 되는 것이 무엇을 의미하느냐?"이다. 그러기에 사탄은 유대인들이 갈망하던 메시아에 대한 기대를 상기시키며, 모세처럼 만나 기적을 베풀어 백성을 풍족하게 먹여 보라고 유혹한다. 이를테면 광야에서 떡을 만들어 동족에게 제공하는 기적을 통해 그분이 메시아라는 사실을 눈으로 식섭 확인하게 해달라고 요청한다.[11]

이와 관련하여 도날드 헤그너는 이 시험 현장에 목격자나 군중이 없기 때문에, 문제가 되는 것은 오로지 예수님 자신이 처한 상황과 아버지의 뜻에 대한 그분의 순종뿐이라고 지적한다. 게다가 예수님이 광야에서

---

11   M. Eugene Boring, *The New Interpreter's Bible*, vol. VIII (Nashville: Abingdon, 1995), 163; Craig S. Keener, *The Gospel of Matthew* (Grand Rapids: Eerdmans, 1999), 139.

떡을 만드는 기적과 이스라엘 백성이 체험한 만나의 기적을 결부시키는 것은 지나친 논리의 비약이라고 주장한다.[12] 그 결과 헤그너는 마귀의 첫 번째 유혹이 예수님의 개인적 굶주림을 해결하는 데 있다고 본다. 그러나 '돌'을 복수로 사용한 점, 특정한 어휘의 사용(밤낮, 금식, 지극히 높은 산), 시험의 순서, 헬라어 원문에서 강조된 부분(아들, 돌들, 떡덩이), 예수님이 신명기 8장 3절(만나 사건)을 최대한 구약성경에 가깝게 인용한 점에 비추어 볼 때, 첫 번째 시험은 개인적 차원을 넘어서는 것으로 보아야 한다.

마귀는 예수님이 동시대인의 기대에 부응하기를 원했다. 그래서 십자가를 지는 고난의 길을 포기하고 편하고 쉽게, 그것도 한 번의 기적으로, 자신의 욕구는 물론이고 백성의 욕구까지 충족시키는 메시아가 되라고 부추긴다. 이제 독자들의 마음에는 이런 질문이 싹트기 시작한다. "예수님이 대중의 기대에 부응하는 노예가 될 것인가? 아니면 진정한 승리와 왕관을 얻기 위해 십자가의 길로 나아갈 것인가?"

첫 번째 시험에서 한 가지 흥미로운 점을 발견할 수 있다. 왜 마귀가 하필이면 '돌'을 사용하여 기적을 베풀라고 했을까? 당연히 돌이 광야에 널려 있고, 그 모양이 떡과 비슷하기 때문에 쉽게 떠올릴 수 있었을 것이다. 그런데 이 '돌들'이란 단어는 본문 바로 앞에서 세례 요한이 선포했던 메시지와 밀접한 관련이 있다.

---

12   Donald A. Hagner, *Word Biblical Commentary*, vol. 33a (Dallas: Word Books, 1993), 65.

(너희는) 속으로 아브라함이 우리 조상이라고 생각하지 말라 내가 너희에게 이르노니 하나님이 능히 이 돌들로도 아브라함의 자손이 되게 하시리라(3:9).

이 책망은 세례 요한이 세례를 받기 위해 요단강으로 나아오는 바리새인들과 사두개인들을 향해 외친 말이다. 요한은 그들이 속으로 아브라함의 자손이라는 자부심을 갖고 있으면서도 삶이 변하지 않는 실상을 보고 강하게 질책한다. 그는 강가에 있는 수많은 크고 작은 돌들을 가리키며, 하나님이 원하시면 이 돌들을 아브라함의 자손으로 만드실 것이라고 경고한다. 마귀는 이 말에서 힌트를 얻어 쾌재를 부르며 예수님께 접근한다. 아마 예수님께 이렇게 말하고 싶었을 것이다.

하나님은 강가에 널려 있는 이 많은 돌들을 이스라엘 자손으로 만들 수 있다지? 그렇다면 네가 하나님의 아들 메시아로서. 눈앞에 보이는 이 크고 작은 돌과 바위를 떡으로 만들어 봐! 돌을 '사람'으로 만드는 것보다 '떡'으로 만드는 것은 굉장히 쉽잖아. 그리고 너는 지금 40일 동안 금식했기에 죽기 직전의 상태이고, 이 많은 떡을 사람들에게 나누어 주면 순식간에 메시아로 추대될 텐데. 어때, 괜찮은 생각이지?

얼마나 그럴듯한 사탄의 전략인가? 시험하는 자는 세례 요한의 말을 끌어들여 교묘하게 예수님을 꼬드긴다.

마귀의 첫 번째 유혹에 대해 예수님은 신명기 8장 3절 말씀으로 대응하신다.

기록되었으되 사람이 떡으로만 살 것이 아니요 하나님의 입으로부터 나오는 모든 말씀으로 살 것이라 하였느니라(4절).

이 구절은 모세가 이스라엘 백성에게 여호와를 잊지 말라고 당부하며, 하나님이 그들의 광야 생활 동안 어떻게 지켜 주셨는지를 상기시키는 내용이다. 신명기 8장 3절의 후반부인데, 그 배경을 이해하려면 전반부와 함께 살펴보아야 한다. 전반부는 이렇다.

너를 낮추시며 너를 주리게 하시며 또 너도 알지 못하며 네 조상들도 알지 못하던 만나를 네게 먹이신 것은….

신명기 8장 3절은 하나님이 이스라엘 백성에게 만나를 주신 목적이 무엇인지를 설명한다. 그러면 왜 예수님이 마귀의 유혹에 이 말씀으로 대응하셨을까? 만약 마귀가 예수님께 떡을 만들어 개인적 굶주림만 해결하라고 요청했다면, 예수님이 인용하신 신명기 8장 3절은 본문의 흐름과 어울리지 않는다(누가복음에서도 예수님이 신명기 8장 3절을 언급하신다. 그런데 누가복음에서는 "사람이 떡으로만 살 것이 아니라." 하는 부분만 인용하신다. 다시 말하면 누가는 예수님이 당한 첫 번째 시험과 만나 사건과의 관련성을 의도적으로

복음서, 그 차이를 읽다

약화시킨다.). 예수님은 마귀가 주변에 있는 돌들을 떡으로 만들라고 요청했을 때, 그 요구가 구약 이스라엘 백성의 만나 사건을 배경으로 하고 있다는 사실을 간파하셨다. 아울러 풍족한 떡을 만들어 많은 사람을 배불리 먹임으로써, 유대인들이 기대하는 메시아 상에 부합하는 인물이 되라고 유혹하는 것임을 알아차렸다. 그러므로 신명기 8장 3절 말씀을 통해 만나를 제공한 목적이 하나님만 의지하게 하려는 것이었다고 단언하신다. 예수님은 유혹의 의도를 정확히 알아채시고 가장 적절한 말씀으로 사탄을 물리치셨다. JMNT 역본은 이러한 의미를 반영하여 4절 앞부분에 "예수님이 분별력 있게 대답하셨다."라는 구절을 첨가한다.

그러면 "하나님의 입으로부터 나오는 모든 말씀으로 살 것이라." 하는 말씀의 의미가 무엇일까? 4절을 몇 가지 역본으로 살펴보자.

사람은 떡으로만 살 수 없다. 인간의 삶(생명)은 하나님의 말씀에 달려 있다(ERV).

떡은 인간의 영혼을 채워 주지 못한다. 우리는 하나님의 입에서 나오는 모든 말씀에 순종하기만 하면 된다(TLB).

사람은 떡을 먹는 것만으로 살 수 없다. 오히려 하나님의 입에서 나오는 모든 말씀을 믿고 순종할 때 살 수 있다(AUV).

사람은 떡으로만 살 수 없다. 하나님의 입에서 끊임없이 나오는 말씀이 있어야 한다(MSG).

"하나님의 입으로부터 나오는 모든 말씀으로 산다."는 말은, 하나님의 말씀을 믿고 순종할 때 그분이 우리의 삶을 지켜 주신다는 뜻이다. 그런데 여기서 정말로 중요한 점은, 그 말씀이 '끊임없이' 흘러나온다는 사실이다(JMNT). 그러므로 그리스도인은 항상 귀를 기울여 들으려는 마음 자세를 가지고 살아야 한다.

예수님의 첫 번째 대답에서 첫 단어, 즉 "기록되었으되"라는 표현에 주목하자. 주님은 세 번이나 지속되는 마귀의 유혹에 대해 '매번' 이 단어를 사용하신다(누가복음에는 이 표현이 두 번 등장하고, 마가복음에는 예수님이 말씀하시는 장면 자체가 없다.). 그 이유가 무엇일까? 그것은 마태복음의 저자가 염두에 두고 있는 최초의 독자, 즉 마태가 일차적으로 관심을 갖고 있는 대상이 주로 유대인이기 때문이다. 따라서 유대인들에게 가능한 한 거부감을 느끼게 하지 않으면서, 예수 그리스도가 구약의 율법과 예언을 성취하기 위해 오신 메시아라는 사실을 전달한다. 특히 마태복음 1-5장에서 집중적으로 모세보다 뛰어나신 예수님을 소개하며 주님을 영접하라고 촉구한다. 이런 이유 때문에 저자는 구약성경을 여러 차례 인용하며 유대인들의 관심을 끌어당긴다. "기록되었으되"라는 단어를 세 번이나 반복한 것도 이런 이유 때문이다. 더욱이 마태는 신명기 8장 3절 말씀을 누가복음보다 '훨씬 길게' '최대한 원문에 충실하게' 인용한다. 이것은 예수님이 율법을 폐하기 위해 오신 분이 아니고, 하나님의 말씀을 철저히 지키신다는 점을 강조한다(5:17).

만약 예수님이 마귀의 요구에 응하셨다면 결과는 어떻게 되었을까? 아마 다음과 같은 세 가지 이유 때문에 패하게 되었을 것이다. 첫째, 하나님이 제시하신 '하나님의 아들' 기준에 미치지 못한 인물이 된다. 하나님은 예수님이 세례를 받으실 때 이미 예수님의 신분을 알려 주셨다. 즉 그분이 십자가를 지고 고난을 당하는 메시아라는 점을 선포하셨다(3:17). (마태복음에서는 하나님이 그곳에 있는 모든 사람들이 들을 수 있도록 공개적으로 선언하신다. 하지만 마가복음과 누가복음은 이렇게 묘사하지 않는다.[13]) 그러므로 예수님이 마귀의 요구에 따라 풍성한 떡을 만들어 이스라엘 백성에게 제공하며 그들의 기대에 부응하는 쉬운 길을 택했다면, 이는 하나님의 뜻을 완전히 무시하는 행위가 된다. 둘째, 예수님이 떡을 만들어 먼저 자신이 먹고 무리에게도 나누어 주었다면, 이는 하나님께 불순종하는 행위가 된다. 예수님은 이미 성령에게 이끌려 금식하기 위해 광야로 오셨다. 따라서 이 시점에서 아들에 대한 아버지 하나님의 뜻은 먹는 것이 아니라 금식하는 것이다. 광야에 있는 것이 하나님의 뜻이라면 마땅히 그분의 뜻

---

13   리처드 A. 버릿지, 『복음서와 만나다: 예수를 그린 네 편의 초상화』, 손승우 옮김(서울: 비아, 2017), 142.

에 따라야 한다.[14] 음식이 필요하면 하나님이 친히 천사를 통해 공급해 주시기 때문이다. 마귀가 떠난 후에 천사들이 나아와 음식을 제공했다는 사실이 이를 증명한다(4:11). 셋째, 사탄의 명령을 따르는 것 자체가 하나님을 거역하는 행위다.[15] 만약 그의 명령을 따른다면, 그 요구가 무엇이든지 예수님이 하나님의 뜻을 따르지 않는다는 것을 입증하는 꼴이 된다. 마귀는 어떤 식으로든 예수님이 자신에게 복종하기를 갈망한다. 만약 예수님이 돌로 떡을 만든다면, 그는 자신의 유익을 위해 하나님께 순종하는 것을 포기하고 마귀의 지배를 따르는 추종자가 된다.

두 번째 시험은 성전 꼭대기에서 시작된다(4:5). 이를 위해 마귀는 예수님을 거룩한 성으로 데려가 성전 꼭대기에 세운다. '거룩한 성'이란 예루살렘을 의미하는데, 마태복음의 저자는 유대인 독자를 의식하여 이렇게 표현한다. 유대인들이 이 표현을 즐겨 사용했기 때문이다. '성전 꼭대기'란 헬라어 원문에 의하면 '날개' 또는 '건물의 뾰족한 끝'을 의미한다. 헤롯 성전에는 북쪽과 남쪽에 각각 두 개의 날개가 있었는데, 아마 그중에서 작은 날개로 불리는 '작은 망대'를 의미하는 것으로 볼 수 있다. 제사장은 첫 새벽빛이 비칠 때 이 꼭대기에서 아침 희생제의 시간이 되었다는 것을 알렸고, 이 장소는 누구든지 잘 바라볼 수 있는 곳이었다. 그래서 성

---

14   Michael J. Wilkins, *The NIV Application Commentary: Matthew* (Grand Rapids: Zondervan, 2004), 158.

15   Warren Carter, *Matthew and the Margins* (New York: T&T Clark, 2000), 109.

전 꼭대기에서 뛰어내린다면 즉시 큰 반응을 얻을 수 있었을 것이다.[16] 이스라엘의 역사가 요세푸스에 의하면, 성전의 남동쪽에 있는 높은 꼭대기에서부터 성전 밑의 기드론 골짜기까지는 약 135m로, 현기증이 나서 내려다볼 수 없을 정도였다고 한다.[17]

시험하는 자는 성전 꼭대기에 서서 예수님이 하나님의 아들이기 때문에 뛰어내리라고 요청한다(6절). 그런데 이번에는 전략을 바꾸었다. 아마 첫 번째 시험에서 예수님이 구약의 말씀을 인용하는 것을 보고 배웠는지, 자신도 시편 91편 11-12절의 일부를 인용한다.

> 그가 너를 위하여 그의 사자들을 명하시리니 그들이 손으로 너를 받들어 발이 돌에 부딪치지 않게 하리로다.

성경 말씀을 이용하여 공격하면 예수님도 어쩔 수 없을 것이라고 생각했던지, 마귀는 거세게 몰아붙인다. 그렇다면 그가 이용한 시편 91편의 문맥을 살펴보며, 과연 그 구절이 이 상황에 적절한지 확인해 보자.

> 9절: 네가 말하기를 여호와는 나의 피난처시라 하고 지존자를 너의 거처로 삼았으므로

---

16 고영민, 『원문 번역 주석 성경 신약』(서울: 쿰란, 2015), 45.

17 John MacArthur, *The MacArthur Bible Commentary* (Nashville: Thomas Nelson, 2005), 1126.

10절: 화가 네게 미치지 못하며 재앙이 네 장막에 가까이 오지 못하리니

11절: <u>그가 너를 위하여 그의 천사들을 명령하사</u> 네 모든 길에서 너를 지키게 하심이라.

12절: <u>그들이 그들의 손으로 너를 붙들어 발이 돌에 부딪히지 아니하게 하리로다.</u>

13절: 네가 사자와 독사를 밟으며 젊은 사자와 뱀을 발로 누르리로다.

시편 91편은 저자가 누구인지 알려지지 않았는데, 여호와를 의뢰하는 자를 그분께서 안전하게 지켜 주신다는 교훈을 담고 있다. 여기서 밑줄 친 부분이 마귀가 인용한 구절인데, 11절의 후반부, 즉 "네 모든 길에서 너를 지키게 하심이라." 하는 부분은 슬그머니 뺀다. '하나님이 모든 길에서 지켜 주신다.'는 말은, 성도가 의롭게 살 때 그분이 언제나 동행하시며 비록 사망의 음침한 골짜기로 다닐지라도 보호해 주신다는 의미다. 이렇게 보면 사탄은 자신에게 불리한 부분은 쏙 빼고, 유리한 부분만 골라서, 그것도 왜곡하여 인용한다. 13절은 성도들이 마귀의 세력을 완전히 발로 밟아 물리친다고 단언하는데, 마귀는 자칫하여 이 구절까지 인용할까 봐 굉장히 신경을 썼을 것이다.

마귀가 따온 성경 구절은 심각한 문제점을 안고 있다. 문맥으로부터 분리하여 사용하기 때문이다. 이 구절은 지금 사탄이 예수님께 둘러대는 상황과 조금도 어울리지 않는다. 시편 91편의 요지는 하나님의 종이 여호와를 신뢰하며 말씀대로 살다가 어려운 일을 당할 때, 그분께서 안전하게 지켜 주신다는 의미다. 그러므로 이 구절은 일부러 자신을 위험에 처하게

하는 무모한 행동을 정당화하지 않는다.[18] 더욱이 '발이 돌에 부딪치다.'의 의미도 다르다. 시편의 말씀은 '(길을 갈 때) 발이 돌에 걸려 넘어지다 (stumble).'의 뜻으로 사용되었다. 그런데 사탄은 이 구절을 곡해하여 예수님이 성전 꼭대기에서 떨어질 때, 발이 성전 건축물의 거대한 돌이나 기드론 골짜기의 암석과 부딪쳐도 해를 입지 않을 것이라는 엉뚱한 주장을 편다.

마귀가 성경을 인용하는 장면은 우리를 놀라게 한다. 비록 왜곡하고 있기는 하지만 성경 전문가다운 면모를 보인다. 그는 지금 예수님에게 성전 꼭대기에서 뛰어내려도 죽지 않고 하나님이 천사를 보내어 지켜 줄 것이라고 유혹한다. 그런데 이 상황에서 가장 그럴싸한 이 구절을, 그렇게 많은 성경 구절 중에서 어떻게 찾았을까? 만약 시편 91편의 문맥을 모르는 사람 같으면 그대로 당할 수밖에 없는 여건을 조성하고 있지 않은가! 하지만 예수님은 하나님의 말씀을 정확하게 아셨을 뿐만 아니라, 그 구절이 속한 문맥까지도 완벽하게 아셨기에 속지 않으셨다. 인간이 볼 때는 사탄이 교활한 술책으로 유혹하는 것 같지만, 모든 것을 아시는 주님의 눈에는 그것이 단지 '어리석은 테스트(마 4:7, TLB)'에 불과했다.

시험하는 자는 첫 번째 시험에서 만나 기적을 요구했고, 두 번째 시험에서는 예수님에 대한 하나님의 보호를 요청했다. 바꿔 말하면 예수님이 하나님의 아들이기 때문에 하나님의 보호를 받을 자격이 있다고 주장하

---

18   Craig S. Keener, *Bible Background Commentary* (Downers Grove: IVP, 2014), 54.

며, 그분이 약속을 얼마나 잘 지키시는지 시험해 보라고 제안했다. 도대체 성전에서 뛰어내리는 행위와 '하나님의 아들(메시아)'이 무슨 관련이 있기에, 그가 이처럼 집요하게 물고 늘어지는 것일까? 두 번째 시험 역시 예수님 당시 유대인들이 가지고 있던 메시아에 대한 기대를 반영한다. 실제로 구약성경 말라기서 3장 1절에서는 이스라엘 백성이 그렇게 갈망하던 언약의 사자, 곧 주님이 '갑자기' 성전으로 오실 것이라고 예언한다. 직접 확인해 보자.

> 만군의 여호와가 이르노라 보라 내가 내 사자를 보내리니 그가 내 앞에서 길을 준비할 것이요 또 너희가 구하는 바 <u>주가 갑자기 그의 성전에 임하시리니</u> 곧 너희가 사모하는 바 언약의 사자가 임하실 것이라.

히브리어 원문에 보면 이 구절에서 '갑자기'라는 단어가 제일 강조되어 있다(Rotherham). 유대인 랍비들은 메시아가 오실 때, 성전 지붕 위에 서서 이스라엘 백성을 향해 "너희 가련한 자들이여, 너희 구속의 때가 가까웠느니라." 하고 선언하리라 믿고 있었다.[19] 그래서 누군가가 이런 식으로 말한 후에 높은 성전 꼭대기에서 뛰어내려 마치 배가 항해하듯이 땅 위로 사뿐히 내려오면, 그를 메시아로 간주할 분위기였다.[20] 하지만 예수

---

19 Michael Green, *The Message of Matthew: The Kingdom of Heaven* (Downers Grove: IVP, 2000), 83.

20 *Robertson's Word Pictures of the New Testament*, Matthew 4:6.

복음서, 그 차이를 읽다

님은 고난을 받는 메시아로 오셨기 때문에 당시 유대인들의 기대에 부응할 수 없었다.

주님은 마귀의 유혹에 대해 신명기 6장 16절 말씀으로 대항하신다.

또 기록되었으되 주 너의 하나님을 시험하지 말라 하였느니라.

이 구절은 출애굽기 17장 7절(맛사 사건)을 배경으로 한다. 이스라엘 백성이 광야 생활을 하며 르비딤에 이르렀을 때 마실 물이 없었다. 그래서 자신들을 애굽에서 인도해 내어 광야에서 목말라 죽게 한다며 모세를 돌로 치려 하고, 심지어 하나님을 '시험'하며 그들 중에 있는지 없는지 모르겠다고 투덜댔다. 예수님은 신명기 6장 16절 말씀을 통해 자신을 이스라엘 백성과 동일 선상에 놓고, 그들과 어떻게 다른지를 입증하신다. 이스라엘 백성은 하나님을 시험하였으나 예수님은 끝까지 그분을 의뢰하신다.

마지막 세 번째 시험을 위해 마귀는 예수님을 '지극히 높은 산(4:8)'으로 데려간다. 왜, 지극히 높은 산을 택했을까?(누가복음에는 아예 이 표현이 없다.) 당연히 천하만국과 그 영광을 보여 주려면 가장 높은 곳으로 데려가야 했을 것이다. 그런데 그게 전부일까? 아니다. '지극히 높은 산'이란 표현은 모세, 즉 출애굽 사건과의 연관성을 강조한다. 신명기 3장 27절에서 하나님은 모세에게 이렇게 명하신다.

너는 비스가 산꼭대기에 올라가서 눈을 들어 동서남북을 바라고 네 눈으로 그 땅을 바라보라 너는 이 요단을 건너지 못할 것임이니라.

이스라엘 백성이 약속의 땅에 가까이 갔을 때, 하나님은 모세로 하여금 세상을 떠나기 직전에 비스가 산꼭대기에 올라가 풍요로운 약속의 땅을 두루 살피라고 명령하신다. 이는 그가 하나님께 죄를 지음으로 그 땅에 들어가지 못하고 삶을 마감해야 했기 때문이다(신 34:1-4). 모세가 산 위에서 약속의 땅을 바라보았듯이, 예수님은 세상의 모든 왕국과 그 영광을 보도록 요청받는다. 사탄은 천하만국을 보여 주며 자랑스럽게 "만일 내게 엎드려 경배하면 이 모든 것을 네게 주리라(4:9)."고 호언장담한다. 8절에서 '보여 주다'에 해당하는 헬라어가 현재 시제인데, 이는 과거의 사건이 현재 일어나는 것처럼 생생하게 묘사한다. 이 문장에서 마귀가 제일 강조하는 바가 무엇일까? Rotherham 역본을 살펴보자.

《이 모든 것을》 네게 주리라. 단 내게 엎드려 경배한다면.

이 문장에서 '이 모든 것'이 강조되고 있다. 앞의 두 가지 시험과 마지막 시험에서 차이점을 발견할 수 있겠는가? 그렇다! 앞의 두 가지 시험에서는 사탄이 일방적으로 지시하는 분위기였다. 그런데 마지막에서는 태도가 달라졌다. 이길 가능성이 희박하다고 판단했는지 타협을 시도한다. 자신에게 엎드려 절하기만 하면, 세상의 모든 것을 다 주겠다는 엄청난 보상을 약속한다.

천하만국과 그 영광을 얻으려면 어떻게 해야 할까? 단지 엎드려 경배하기만 하면 된다. 그러면 이게 그렇게 간단할까? 절대로 그렇지 않다. '엎드리다'에 해당하는 헬라어 '피프토(pipto)'는 '엎드리다', '부복하다'의 뜻이며, '경배하다'에 해당하는 헬라어 '프로스퀴네오(proskyneo)'는 '존경의 표시로 손에 입을 맞추다', '깊은 존경의 표시로 무릎을 꿇고 이마를 땅에 대다'를 의미한다. 마태복음은 동방박사들이 예수님을 경배하는 장면에서 이 두 단어를 동시에 사용한다.

> 집에 들어가 아기와 그의 어머니 마리아가 함께 있는 것을 보고 <u>엎드려</u> 아기께
> <u>경배하고</u> 보배합을 열어 황금과 유향과 몰약을 예물로 드리니라(2:11).

동방박사들은 아기 예수가 탄생한 것을 보고 '엎드려' '경배한 후' 예물을 드렸다. 여기서 박사들의 경배를 묘사하는 데 사용된 '경배하다'란 단어는 통상적으로 신을 경배할 때 사용되었다.[21] 이러한 관점에서 보면 마귀는 예수님께 자신을 '신'으로 경배하라고 강요한다. 그런데 1세기 유대인의 상황을 고려하면 마귀의 요구를 비교적 쉽게 수용할 가능성도 있다. 그 이유는 고대 로마가 황제 숭배 정책을 펴며 유대인으로 하여금 성전에서 하나님을 예배하지 말고, 로마 황제를 숭배하라고 강요했기 때문이

---

21   Michael J. Wilkins, *The NIV Application Commentary: Matthew* (Grand Rapids: Zondervan, 2004), 100.

다.[22] 우리나라도 일제 치하에서 많은 사람들과 대부분의 기독교인들까지 쉽게 신사참배에 동조하지 않았던가! 이는 당시의 억압적인 사회 분위기가 우상 숭배를 합리화하도록 조장했기 때문이다. 그렇지만 예수님은 이런 분위기에 휩쓸리지 않으셨다.

마지막 시험은 앞의 두 시험과는 완전히 차원이 다르다. 첫 번째 시험에서 마귀는 예수님이 메시아라는 사실을 인정하며, 그 능력을 이용하여 다시 한 번 만나 기적을 베풀라고 요청했다. 두 번째 시험에서는 하나님이 그분을 의뢰하는 자를 지켜 주시겠다고 공언한 약속을 끌어들이며, 그 약속을 한번 시험해 보라고 촉구했다. 아울러 메시아를 갈망하던 이스라엘 백성의 욕구를 충족시키라고 재촉했다. 이제 마지막 시험에서는 하나님이 아닌 다른 대상, 즉 자신에게 엎드려 경배하라고 요청하며 전적으로 하나님만을 섬기는 예수님의 마음을 정도(正道)에서 벗어나게 하려고 한다. 세 번째 시험은 가장 근본적인 문제와 관련된 것으로, 십계명의 첫째 계명에 대한 도전이다. 예수님은 이미 동방박사들로부터 경배를 받으셨다(동방박사 이야기가 마가복음과 누가복음에는 없다.). 그런데 사탄은 그 경배를 자신에게 돌리라고 유혹한다. 이 무례한 요구에 대해 주님은 즉시 신명기 6장 13절 말씀으로 반격하신다.

사탄아 물러가라 기록되었으되 주 너의 하나님께 경배하고 다만 그를 섬기라

---

22   Warren Carter, *Matthew and the Margins* (New York: T&T Clark, 2000), 111.

복음서, 그 차이를 읽다

하였느니라(4:10).

"사탄아 물러가라." 하는 명령은 마태복음에만 기록되어 있다. 마태만이 예수님께서 절대적인 명령을 통해 사탄을 물리치시는 통쾌한 장면을 보여 준다. 아마 마귀를 신으로 경배하라는 요청을 받고 예수님은 더는 참을 수가 없었을 것이다. 따라서 격한 감정으로 아주 단호하게 물러가라고 호령하신다.

예수님이 인용하신 신명기 6장 13절을 보면, 약속의 땅에 들어가기 전에 모세가 이스라엘 백성에게 훈계하며 하나님만 섬기라고 경고한다. 그러나 그들은 모세의 말에 귀를 기울이지 않았다. 이 말씀의 배경은 출애굽기 32장이다. 모세가 하나님의 계시를 받기 위해 시내 산에 올라가 있는 동안, 이스라엘 백성은 아론에게 나아가 모세가 죽었는지 살았는지 알 수 없으니, 자신들을 인도할 신을 만들어 달라고 간청하였다. 이에 아론은 이들에게 금 고리를 가져오라고 요구했고, 결국 이것을 사용하여 금송아지 형상을 만들어 이스라엘 백성을 인도한 신이라고 선포하기에 이르렀다. 이스라엘 백성이 약속의 땅에 늘어가기 전에 '하니님만 섬기라.'는 모세의 명령을 들었듯이, 예수님도 공생애 사역을 시작하기 전에, 하나님께 순종한 완벽한 아들로서 모세가 외쳤던 이 말씀을 자신의 것으로 삼으신다.

마지막 시험에서 한 가지 재미있는 사실을 발견할 수 있다. 첫 번째와 두 번째 시험에서는 마귀가 "네가 하나님의 아들이어든(네가 메시아이기 때문에)"이란 구절을 전제로 하여, 돌로 떡을 만들라거나 성전 꼭대기에서 뛰어내리라고 요청했다. 그런데 세 번째 시험에서는 '하나님의 아들'이란 호칭을 사용하지 않는다. 왜 그럴까? 떡을 만들어 많은 무리를 먹이거나 성전 꼭대기에서 뛰어내려 마치 하늘에서 강림하듯 우아하게 내려오는 장면은, 이스라엘 백성이 오랫동안 메시아를 갈망하며 기대하던 바였다. 따라서 메시아라고 자청하는 자에게 이런 기적을 베풀어 보라고 요구하는 것은 아주 자연스럽다. 그런데 마지막 시험에서는 마귀가 자신을 신으로 숭배하라고 명령한다. 그러므로 여기서는 "네가 하나님의 아들이라면"이란 전제가 들어설 여지가 없다.

11절은 결론으로, 마귀가 예수님을 떠나고 천사들이 나아와 시중을 들었다고 기록한다. 그런데 이 대목에서 우리말 성경에 누락된 부분이 있다. 헬라어 원문을 직역하며 시제의 의미를 살린 JMNT 역본은 이렇게 번역한다.

이에 마귀는 예수님을 떠나갔다. 그런데 주목하여 보라! 천사들이 나아와 예수님께 계속해서 시중들고 있었다.

개역개정, 공동번역, 새번역, 현대인의 성경은 한결같이 '주목하여 보라!' 하는 부분을 누락시킨 채 번역한다. 그러나 영어 성경 KJV, NKJV, NAS, RSV, YLT 등은 이 부분을 충실히 살리고 있다(다양한 역본의 성경을

복음서, 그 차이를 읽다

비교하며 고찰할 필요를 새삼 느끼게 하는 대목이다.). MSG 역본은 더욱 시각화하며 마치 영화의 한 장면을 보여 주는 것처럼 생생하게 묘사한다.

드디어 시험이 끝났다. 시험하던 마귀는 떠났다. 그런데 마귀가 서 있던 그 자리에 천사들이 서 있지 않은가! 천사들이 와서 예수님께 필요한 것들을 챙겨 주었다.

우리말 성경에 번역되지 않은 '이두(*idou*)'는 '보라', '주목하라'의 뜻인데, 다음에 일어날 사건을 주목하라고 독자의 주의를 환기시킨다. 그런데 이 단어가 마가복음이나 누가복음에는 없다. 그렇다면 저자의 의도가 분명히 있지 않겠는가? '수종들다'에 해당하는 헬라어 '디아코네오(*diakoneo*)'는 하인이 주인이나 손님을 섬기며 음식이나 음료를 대접하는 상황을 암시한다. 이 단어가 원문에서 미완료 시제로 되어 있는데, 이는 천사들이 쉬지 않고 필요한 것을 공급하였다는 점을 강조한다. AMP 역본은 이 단어의 의미를 다음과 같이 풀어 설명한다.

이에 마귀는 예수님을 떠났다. 그러자 천사들이 다가와 <u>음식을 제공하며</u> 그분을 섬겼다.

마태복음의 저자가 '보라'라는 단어를 통해 독자들에게 전달하고자 했던 메시지가 무엇일까? 단지 천사들이 돕기 위해 왔다는 사실을 강조하기 위함일까? 예수님은 40일을 굶어 배고픔이 극에 달한 상황이었지만, 첫 번째 시험에서 돌을 떡으로 만들라는 유혹을 거절하셨다. 두 번째 시험에서는 천사의 도움을 받으며 성전 꼭대기에서 뛰어내리라는 요청을 받았지만, 그것도 거절하셨다. 마지막 시험에서는 사탄에게 딱 한 번 무릎을 꿇고 절하면, 천하만국과 모든 영광을 받게 된다는 유혹까지 거절하셨다. 예수님은 하나님과 그분의 나라를 제1순위에 두었기 때문에 떡과 천사의 도움, 그리고 천하만국의 영광을 거절했지만, 결국 이 세 가지를 모두 받았다. 마태복음 28장 18절에 나타난 주님의 영광스런 모습을 떠올려 보라. JMNT 역본은 이 구절을 이렇게 번역한다. "하늘 안과 땅 위에 있는 모든 권세를 내가 받았다!" 아마 저자가 마태복음 6장 33절의 말씀이 진리라는 것을 독자들에게 힘주어 말하고 싶지 않았을까?[23] MSG 역본은 마태복음 6장 33절을 다음과 같이 번역한다.

하나님이 살아 계신다는 것과 그분이 필요한 것을 공급해 주신다는 진리를 철저히 믿고, 하나님 중심으로 삶을 영위하라. 뭔가 놓칠까 봐 염려하지 마라. 너희에게 필요한 것을 매일 그분이 채워 주실 것이다.

그렇다! 하나님의 뜻대로 그분이 원하시는 삶을 살면, 주님이 우리의 삶을 책임져 주신다. 그렇다고 해서 인간의 책임이 면제되는 것은 아니

---

23 M. Eugene Boring, *The New Interpreter's Bible*, vol. VIII, (Nashville: Abingdon, 1995), 164.

다. 세상 속에서, 그것도 세상에 물들지 않으며, 공중에 나는 새처럼 우리의 몫을 감당하며 살아갈 때 그분이 우리를 지켜 주신다(마 6:26).

정리하기 지금까지 살펴본 내용에 기초하여 마태복음에 기록된 예수님의 시험과, 이를 통해 저자가 전달하고자 했던 메시지가 무엇인지 한번 정리해 보자. 본문의 구조 측면에서 볼 때 마태는 예수님이 인용하신 세 개의 구약 인용구를 중심에 위치시키며, 그가 익히 알고 있던 랍비적 해석 방법을 적용하여 설명한다. 여기서 예수님이 인용하신 구절이 신명기 8장 3절, 6장 16절, 6장 13절로 되어 있는데, 자세히 보면 일관성이 있다. 즉 뒤에서부터 앞으로 진행된다. 그러면 시험의 장소는 어떻게 되어 있는가? 마태복음은 시험의 장소를 광야, 성전 꼭대기, 지극히 높은 산으로 설정한다. 시험의 순서와 인용문, 그리고 인용문의 배경 사건을 정리하면 다음과 같다.

1) 첫 번째 시험_돌들로 떡이 되게 하라.

　　　인용문_신 8:3

　　　배경 사건_만나 사건, 출 16장(먹을 것이 없다고 원망)

2) 두 번째 시험_성전 꼭대기에서 뛰어내리라.

　　　인용문_신 6:16

　　　배경 사건_맛사 사건, 출 17:7(하나님을 시험함)

3) 세 번째 시험_내게 엎으려 경배하면 모든 것을 주리라.

　　　　인용문_신 6:13

　　　　배경 사건_금송아지 사건, 출 32장(우상을 섬김)

내레이터가 시험의 순서를 왜 이렇게 했을까? 분명히 거기에는 이유
가 있다(누가복음에는 두 번째와 세 번째의 위치가 바뀌어 있다.). 마태와 누가
의 기록 중 누구의 것이 원래의 순서인가에 대해서는 학자들 사이에 많은
논란이 있다. 누가가 순서를 바꾼 것으로 볼 수도 있고,[24] 마태가 위치를
바꾸었을 가능성도 있다.[25] 어쨌든 우리는 추측만 할 뿐이지 아무도 확실
히 알 수 없다. 하지만 각자가 자신의 의도를 가지고 서술한 것만은 확실
하다(마태와 누가의 차이점에 대해서는 누가복음 이야기에서 상세히 다루기로 한
다.).

　마태복음의 장소 이동은 자연적인 순서를 따르며 클라이맥스를 향해
나아간다. 즉 '광야 → 성전 꼭대기 → 지극히 높은 산'으로 되어 있어, 점
차 높은 곳으로 올라가며 절정을 향해 나아가 마지막 시험에서는 천하만
국을 대상으로 한다. 여기서 중요한 점은 마귀를 물리친 예수님의 말씀이
신명기 6-8장이라는 데 있다. 만일 우리가 본문을 신명기의 배경 속에서
이해한다면, '금식과 시험'이란 좁은 테두리에서 벗어나 예수님의 정체성,

24　Robert H. Gundry, *Matthew: A Commentary on His Literary and Theological Art* (Grand
　　Rapids: Eerdmans, 1982), 56.

25　Daniel J. Harrington, *The Gospel of Matthew* (Collegeville: Liturgical Press, 1991), 69.

40년 동안 광야 생활을 했던 이스라엘 백성과 예수님의 관계, 그리고 모세와의 관계에 초점을 두어야 한다. 본문에 나타난 신명기 말씀은 역으로 되어 있다. 즉 '8장 3절 → 6장 16절 → 6장 13절'로 되어 있어서, 뒤에서 앞으로 나아간다. 하지만 그 말씀의 배경이 된 사건은 '출애굽기 16장(만나 사건) → 출애굽기 17장(맛사, 므리바 사건) → 출애굽기 32장(금송아지 숭배 사건)'으로 되어 있어서, 앞에서부터 뒤로 진행된다.

마태복음의 내레이터는 구약의 이스라엘 백성이 광야 생활을 하며 실패했던 현장을 하나씩 앞에서부터 추적하며, 이스라엘 백성은 비록 패배했지만 예수님은 동일한 시험에서 여유 있게 승리했다는 사실을 보여 준다. 아울러 출애굽 사건의 지도자였던 모세는 하나님이 보시기에 여러 면에서 미흡했지만, 예수님은 하나님을 끝까지 신뢰한 진정한 메시아라는 점을 입증한다. 예수님은 이 시험에서 하나님의 백성 이스라엘의 입장에 서셨다. '하나님의 아들(호 11:1)'인 이스라엘 백성이 40년 동안 광야에서 시험을 받았던 것처럼, '하나님의 아들(마 3:17)'로 선포되신 주님은 광야에서 40일을 밤낮으로 금식하신 후에 시험을 당하셨다. 마태는 예수님이 모세보다 더 위대한 새로운 지도자, 즉 제2의 모세이고, 과거 이스라엘의 실패를 되돌리시는 분이라는 진리를 아주 강력하게 보여 준다.[26] 비유적으로 말하면, 주님은 큼지막한 지우개를 들고 이스라엘 백성의 실패 현장

---

26 Tom Wright, *Matthew for Everyone*, part 1 (Louisville: John Knox, 2004), 25-26; Jeffrey A. Gibbs, *Matthew 1:1-11:1* (Saint Louis: Concordia, 2006), 192.

을 하나씩 지우고 계신다. 그것도 뒤에서 앞으로, 또 앞에서 뒤로, 철저하게 순서대로 지우신다. 아울러 메시아에 대한 유대인의 통념을 따르는 분이 아니라, 십자가의 길을 택하는 고난 받는 메시아라는 점을 강조한다. 이것이 바로 마태복음에 기록된 본문의 메시지가 아닐까? 이런 시각에서 보면 시험의 순서는 현재와 같이 될 수밖에 없다.

본문 이외에도 마태복음의 도입부, 즉 2-5장은 모세의 생애와 굉장히 밀접하게 연결된다. 분명히 1세기의 유대인들은 마태복음의 첫 부분을 읽을 때 모세를 떠올리며 비교했을 것이다. 당시 유대인의 관점에서 하나씩 점검해 보라. 한 유대인의 부모에게 사내아이가 기적적으로 출생한다 (2:11). 그런데 포악한 군주 헤롯 왕이 그를 죽이려 하자(2:13), 애굽으로 도망가 가까스로 죽임 당함을 면한다. 후에 그는 애굽을 떠나(2:20) 세례의식을 치르며 물을 건넌 후(3:16), 광야로 들어가 40일 동안 금식한 후 시험을 받는다(4:1-11). 그리고 산에 올라가 천국의 윤리를 선포한다(5-7장). 게다가 마태복음은 모세오경에 있는 다섯 권의 책을 암시하듯, 예수님의 가르침을 크게 다섯 개로 나누어 정리한다.[27] 마태복음의 앞부분에 묘사된 예수님은 모세와 비슷한 점이 너무 많아 누구도 그 유사성을 부인할 수 없을 정도다. 헤롯 왕은 애굽의 바로 왕, 예수님이 세례를 받은 사건은 모세의 인도로 이스라엘 백성이 홍해를 건넌 사건, 광야에서 시험을

---

27 Harol W. Attridge, *NRSV The HarperCollins Study Bible* (New York: HarperOne, 2006), 1667. 다섯 개의 교훈은 ① 산상수훈(마 5:1-7:27), ② 하나님 나라 사역자에게 주는 교훈 (10:5-42), ③ 하나님 나라의 비유(13:1-52), ④ 하나님 나라와 제자도에 관한 가르침(18:1-35), ⑤ 종말론(24:3-25:46)이다.

받는 장면은 이스라엘 백성이 40년 동안 광야에서 받은 시험과 유사하다. 그리고 산상수훈은 모세가 시내 산에서 받은 십계명과 일치한다.[28]

마태복음의 저자가 왜 이토록 책의 서두에서 모세나 이스라엘 백성과의 연관성을 강조하며 그들의 실수를 되짚는 것일까? 그것은 한마디로 저자가 염두에 두고 있는 그리스도인 공동체, 즉 최초의 독자들에게 이 정보가 꼭 필요하다고 판단했기 때문이다. 마태복음을 처음으로 읽은 사람들은 일차적으로 유대계 그리스도인이었다.[29] 따라서 마태는 이들이 자신에게 새로 생긴 믿음을 그들의 조상이 지녔던 믿음의 연속 선상에서, 또 구약에 제시된 약속의 실현이자 이스라엘의 소망이 성취되기 시작했다는 징표로 이해하기를 원했을 것이다.[30] 예수님 당시의 유대인 기독교인들은 모세의 율법을 버리고 이방인이 주류를 이루는 기독교에 귀의했다는 이유로, 또 율법의 폐지를 주장하거나 율법에 불순종한다는 이유로, 심한 비난을 받았을 가능성이 있다. 그러므로 이들에게 본문은 굉장히 중요했을 것이다. 예수님이 신명기의 말씀을 충실하게 인용하고, 하나님의 뜻에 전적으로 순종하며, 자신의 조상이 실패한 부분을 하나하나 회복시

---

28 Bart D. Ehrman, *The New Testament* (New York: Oxford UP, 2008), 106.

29 저자인 마태는 예수님이 온 세상의 메시아라는 사실을 이방인에게 설득하려는 부차적인 전략도 함께 가지고 있다. 리랜드 라이켄 외, 『라이켄 성경핸드북』, 이국진 & 김장복 옮김(서울: 아가페북스, 2016), 459.

30 Donald A. Hagner, *Word Biblical Commentary*, vol. 33a (Dallas: Word Books, 1993), introduction LIX.

키는 유대인의 진정한 메시아라는 진리를 입증하기 때문이다.

이러한 관점으로 본문에 접근하면, 본문은 시험을 이긴 자의 '표본'으로서의 예수님을 보여 주지 않는다. 다시 말하면 그것이 주목적이 아니라는 뜻이다. 자칫하면 설교자들이 마태복음에 기록된 본문을 강해할 때 예수님이 마귀를 물리치신 방법에 초점을 두어, 그리스도인도 시험을 당할 때 이런 식으로 대처하라고 설교하기 쉽다.[31] 물론 본문은 주님이 그리스도인의 모델이 되어 적절한 성경 말씀으로 마귀의 유혹을 물리치는 장면을 소개한다. 그러나 문맥을 보면 이러한 교훈이 결론이 되어서는 안 된다. 데이비드 가랜드는 마태가 예수님을 표본으로 제시하며, 그리스도인도 시험을 당할 때 주님을 모델로 삼아 승리하도록 하기 위해 본문을 기록했을 가능성도 있기는 하지만, 저자의 원래 목적은 그것이 아니라고 지적한다.[32] 심지어 마이클 그린은 마태복음에 기록된 예수님의 시험 이야기가 근본적으로 그리스도인 제자들에게 본보기를 제공하기 위해 기록되

---

31 마이클 윌킨스는 예수님이 받으신 시험이 우리에게 모범이 되기 때문에, 이를 통해 우리가 삶에서 직면하는 유혹과 영적 전쟁에서 매일 승리할 수 있다고 지적한다. 더욱이 이 유혹이 에덴동산에서 하와가 받은 유혹과 대체로 유사하다며, 다음과 같이 일대일로 연결을 시도한다. ① 돌이 떡이 되게 하라(마 4:3).-나무의 열매가 먹기에 좋아 보였다(창 3:6). ② 성전에서 뛰어내려라(마 4:6).-정녕 죽지 않고 눈이 밝아질 것이다(창 3:4-5). ③ 이 모든 것을 네게 주리라(마 4:9).-너는 하나님처럼 될 것이다(창 3:5). Michael J. Wilkins, *The NIV Application Commentary: Matthew* (Grand Rapids: Zondervan, 2004), 168. 그러나 문맥, 단어의 선택(돌들), 신명기 인용문, 시험의 순서, 시험의 목적, 40이란 숫자 등을 종합할 때, 하와의 타락과 연결시키기에는 너무 무리가 따른다.

32 David E. Garland, *Reading Matthew: A Literary and Theological Commentary on the First Gospel* (Macon: Smyth & Helwys, 2001), 38-39.

었다고 생각한다면, 이는 큰 실수라고 주장한다.[33] 이는 본문에 묘사된 예수님이 하나님의 아들, 즉 '메시아의 신분'으로 광야에서 실패한 이스라엘 백성과 모든 민족을 위해 승리자가 되셨기 때문이다.

⊙ 적용 하기   마태복음의 내레이터는 예수님의 시험을 그리스도인들이 당하는 시험의 본보기로 제시하고 있지 않다. 그러므로 시험의 내용 하나하나를 곧이곧대로 우리에게 적용할 수는 없다. 하지만 몇 가지 일반적인 원리를 찾아 우리의 삶에 적용할 수는 있다.

첫째, 마귀는 예수님이 메시아라는 사실을 인정하며, 그렇기 때문에 메시아에 대한 유대인의 '통념'에 따라 살라고 제안한다. 현대의 그리스도인 역시 마찬가지다. 마귀는 우리에게 시대의 흐름과 조류를 따르라고 요구한다. 여론과 숫자를 중시하고, 무엇이든 대형화를 추구하며, 예배당을 현대식으로 가장 아름답게 장식하고, 최고의 음향과 영상 시스템을 구축하는 데 온 힘을 쏟으라고 부추긴다. 그 결과 상당수의 교회가 질보다 양을, 진정한 제자보다 결신자의 숫자나 교인 수를, 바른 말씀의 선포보다 부와 건강의 복음을 강조한다. 그러나 그리스도인은 때로 세상의 흐름을 거스를 수 있어야 한다. 결코 세속화에 사로잡히면 안 된다. 나와 우리 교

---

33   Michael Green, *The Message of Matthew: The Kingdom of Heaven* (Downers Grove: IVP, 2000), 83.

회는 어떠한가?

둘째, 하나님은 악을 선으로 바꾸어 주신다. 예수님은 광야에서 마귀의 공격을 역으로 이용하여 성경 말씀으로 대응하시며 과거 이스라엘 백성의 실패를 하나하나, 그것도 순서대로 되돌려 놓으신다. 만약 사탄의 공격이 없었다면 어떻게 이런 멋진 장면이 연출될 수 있었겠는가? 비록 시험을 당하는 순간에는 괴롭고 힘들겠지만, 잘 참고 견디면 주님이 이처럼 좋은 결과를 가져오게 하신다. 하나님은 악한 자의 계략까지 이용하신다. 하나님은 현재 내가 처해 있는 상황을 이용하셔서 어떻게 주님이 원하시는 모습으로 빚고 계시는가?

셋째, 본문에 나타난 주님의 모습과 모세의 이미지는 그리스도인에게 주어지는 새로운 영적 출애굽 사건, 즉 제자로서의 삶을 되돌아보게 한다. 지금 나의 영적 삶은 어느 단계에 와 있는지 점검해 보라. 아직까지 출발 지점 그 자리에 몇 년째 그대로 서 있는가? 홍해 앞에서 주저앉아 장애물만 바라보며 탄식하고 있는가? 아니면 돈과 명예가 제일 중요하다고 여기며 우상 숭배에 몰두하고 있지는 않은가?

넷째, 예수님은 하나님의 말씀을 정확하게 아셨고, 또 그 말씀대로 사셨다. 그러기에 마귀에게 대응하실 때에도 '기록되었으되'라는 표현을 매번 사용하셨다. 그리스도인은 하나님의 말씀을 정확하게 알고 그 말씀을

복음서, 그 차이를 읽다

실천해야 한다. 둘 중 어느 하나가 빠지면 잘못된다. 예수님을 십자가에 못 박아 죽인 장본인이 성경을 가장 잘 안다고 자부하던 대제사장과 장로들, 그리고 서기관이었다는 점을 기억할 필요가 있다. 성경은 실천하라고 우리에게 주어졌다. 성경 말씀이 나의 삶을 통해 성육신되어야 한다. 크리스마스 철에만 성육신을 생각해서는 안 된다.

다섯째, 본문은 '누구의 지배를 받고 누구에게 충성을 다할 것인가?' 하는 문제를 상기시킨다. 마귀는 그리스도인과 하나님의 관계에 도전을 가한다. 그리하여 그분의 뜻에 관계없이 독자적으로 문제를 해결하라고 촉구한다. 하지만 그리스도인은 하나님의 자녀다. 직장이나 가정에서 하나님의 자녀로서 살아간다는 것이 무슨 의미인지 생각해 보라.

여섯째, 예수님은 사람이 떡으로만 살지 않고, 하나님의 입에서 나오는 모든 말씀으로 살아야 한다고 힘주어 말씀하신다. 나의 일상에 비추어 볼 때 과연 주님의 말씀은 진리인가? 만약 성경 말씀을 나의 삶의 현장에서 실천하겠다는 생각 없이 몇 달을 편안한 마음으로 지냈다면, 어느 것이 잘못되었다고 말할 수 있는가? 나의 삶인가, 아니면 예수님의 말씀인가?

제2장

마가의 메시지:
들짐승과 함께 계시니

(막 1:12-13)

12)성령이 곧 예수를 광야로 몰아내신지라 13)광야에서 사십 일을 계시면서 사탄에게 시험을 받으시며 들짐승과 함께 계시니 천사들이 수종들더라

살펴 보기

마태복음이나 누가복음에 기록된 예수님의 시험 이야기를 이미 알고 있는 독자들은 마가복음에 있는 본문을 읽으며 처음에는 매우 당황한다. 왜냐하면 이미 알고 있는 내용이 너무 많이 생략되었기 때문이다. 마태는 11절, 누가는 13절을 할애하여 시험 내용과 결과를 상세하게 기록하는데, 마가는 겨우 두 절에 걸쳐 광야에서 시험을 받았다는 사실만을 언급한다. 이는 마가가 고난 받는 종으로서의 그리스도를 묘사하며 출생 배경이나 준비 과정을 과감하게 생략하였기 때문이다. 그러므로 마가복음의 본문을 읽는 독자는 자신이 알고 있는 사항을 잠시 접어 두고, 본문에 담긴 저자의 메시지에 귀를 기울여야 한다. 만약 다른 복음서에 있는 자료를 무분별하게 끌어다가 본문에 없는 내용을 보충하여 하나의 스토리로 만든다면, 이해하기는 쉽겠지만 정작 중요한 저자의 의도는 놓친다.

우선 문맥부터 살펴보기로 하자. 마가복음 1장 1절부터 13절까지는 예수님이 공생애를 준비하시기까지의 과정을 간략하게 기록한다. 이 안에는 세 개의 작은 사건이 배열되어 있는데, 이 사건들은 각각 성령의 역할을 강조하며 예수님의 사역과 어떤 관련이 있는지를 소개한다. 각 단락의 주제는 이렇다.

1) 1:1-8(세례 요한의 세례와 선포)

2) 1:9-11(세례를 받으시는 예수님)

3) 1:12-13(예수님의 시험)

4) 1:14-15(예수님의 사역 시작)

여기서 앞의 세 단락은 다음과 같은 몇 개의 키워드로 엮여 있다. ① 성령(1:8, 10, 12), ② 사자(천사 1:2, 13), ③ 광야 (1:3, 4, 12), ④ 세례(1:4, 5, 8, 9), ⑤ 요단강(1:5, 9), ⑥ 아들(1:1, 11).

본문은 마태복음에 나오는 이야기와 크게 다르다. 마태복음의 경우에는 예수님이 신명기의 말씀을 세 번이나 인용하기 때문에 이스라엘 백성과의 연관성이 강하게 드러난다. 그리고 하늘에서 들린 하나님의 음성, 즉 "이는 내 사랑하는 아들이요."라는 예수님의 정체를 마귀가 이용하여 시험하기 때문에 메시아로서의 성격이 분명하게 나타난다. 하지만 본문에는 이런 특징이 없다. 긴박하게 돌아가는 선과 악의 대결 양상만이 기록되어 있다. 그렇다면 마태복음이나 누가복음과 비교할 때 어떤 차이가 있을까? 하나씩 짚어 보자.

1) 예수님이 전혀 주도권을 쥐고 있지 못하다. 다시 말하면 예수님의 적극적인 활동이나 대응이 없고 각 문장에서 수동석으로 묘사된다. 마태복음이나 누가복음에서는 당당하게 마귀와 맞서서 물리치는 영웅적인 모습으로 예수님이 소개된다. 하지만 마가복음에서는 아무 말도 못하고 끌려 다니는 분으로 등장한다.

2) 장소의 변화가 없다. 마태복음이나 누가복음에서는 마귀가 장소를 이동하며 예수님을 시험한다. 즉 광야에서 산이나 성전으로 이동한

다. 그러나 본문에서는 40일 동안 오로지 광야에서 사탄이 예수님을 시험한다.

3) 금식에 대한 언급이 없다.

4) 마귀와의 대화, 즉 말싸움이 없다.

5) 예수님이 성경 말씀을 인용하시거나 말씀하신 적이 없다.

6) 시험의 종류나 구체적인 내용이 기록되어 있지 않다.

7) 예수님이 시험을 당하는 자들에게 본보기가 될 만한 행동을 하시지 않는다.

8) 예수님이 마귀를 물리쳤다는 언급이 없다.

1장 12절은 본문의 배경이며 무대인데, 성령의 적극적이며 강력한 활동을 보여 준다. 성령께서 '곧' 예수님을 광야로 몰아내셨다고 기록한다. 마가복음의 내레이터는 마치 편집된 기록 영상을 보여 주듯 굉장히 신속하게 이야기를 전개한다. 그래서 예수님과 독자들은 하늘에서 들린 하나님의 음성, 즉 "너는 내 사랑하는 아들이라 내가 너를 기뻐하노라." 하는 감격적인 선포를 듣고도, 기뻐할 시간적 여유조차 갖지 못한 채 황량한 광야로 끌려간다.

성령은 예수님을 광야로 몰아내신다. 예수님 당시의 사람들은 마귀나 악령이 주로 광야에 거한다고 여겼기 때문에, 예수님이 사탄의 세력권인 광야에서 사탄과 싸우신다는 설명을 들었을 때 굉장한 긴장감을 느꼈을

것이다.[1]

이 문장에서 '몰아내셨다'는 단어에 주목해야 한다(마태나 누가는 이 단어를 사용하지 않는다.). '몰아내다'에 해당하는 헬라어 '에크발로(*ekballo*)'는 아주 강렬한 의미를 함축하는데, '(폭력이나 힘을 사용하여) 몰아내거나 쫓아내는 행위'를 의미한다. 원문의 이러한 의미를 반영하여 영어 성경 Rotherham 역본은 '재촉하다', NAS 역본은 '강요하다', RSV 역본은 '휘몰아치다'로 각기 다양하게 번역한다. 실제로 마가복음의 내레이터는 예수님이 귀신을 쫓아내거나(1:39; 3:15), 성전에서 장사하는 사람들을 몰아내거나(11:15), 포도원 농부들이 주인의 아들을 죽여 강제로 내던지는 경우(12:8)에 이 단어를 사용한다. 마태복음이나 누가복음은 각각 "성령에게 이끌리어(마 4:1)", "성령에게 이끌리시며(눅 4:1)"라고 표현하는데, 여기에 사용된 이 세 단어를 비교하면 본문에 나타난 성령의 역사가 얼마나 강렬한지 짐작할 수 있다. 그러므로 독자들은 본문에 사용된 '몰아내다'라는 단어가, 하나님의 아들로 공인을 받은 예수님께 사용하기에 적절치 않은 것으로 여길 수도 있다.[2]

우리는 12절을 통해 당시 예수님의 심정을 엿볼 수 있다. 광야에서 있었던 시험은 결코 우연히 이루어지지 않았다. 하나님은 성령을 통해 강제

---

1   C. S. Mann, *The Anchor Bible: Mark* (New York: Doubleday, 1986), 203.

2   Robert L. Humphrey, *Narrative Structure And Message In Mark* (Lewiston: Edwin Mellen, 2003), 44.

적으로 예수님을 내보내셔서 사탄과 맞서게 하셨다. 이는 적어도 처음에는 예수님께 어느 정도의 인간적 움츠림이 있었다는 것을 암시한다. 그렇다고 마지못해 갔다는 뜻은 아니다.[3] 아마 예수님은 강한 내적 충동에 떠밀려 광야로 가셨을 것이다. 성령은 예수님을 다른 사람으로부터 완전히 고립된 상태로, 그것도 아무것도 의지할 수 없는 장소로 강권적으로 내던져, 외롭게 시험을 당하며 공생애를 준비하게 하셨다.

본문에 나타난 성령의 역사는 아주 강력하다. 그런데 이 대목에서만 강력하게 나타난 것이 아니다. 바로 앞 단락, 즉 성령이 하늘에서 내려오는 장면을 서술하는 부분에서도 강렬하게 묘사된다. 1장 10절은 이렇게 되어 있다.

> 곧 물에서 올라오실 새 하늘이 갈라짐과 성령이 비둘기 같이 자기에게 내려오심을 보시더니.

이 문장에서 '갈라지다'에 해당하는 헬라어 '스키조(schizo)'는 '찢다', '쪼개다'의 뜻을 지닌다. 마가의 내러티브는 이 단어를 딱 두 번 사용하는데, 본절과 15장 38절에서 쓰고 있다. 마가복음 15장 38절은 예수님이 십자가에 달려 숨을 거두신 후, 성전 휘장이 위로부터 아래까지 둘로 '찢어지는' 상황을 묘사한다(이렇게 보면 하늘이 갈라진 사건은 예수님의 죽음을 암시할

---

3 Alfred Edersheim, *The Life and Times of Jesus the Messiah* (Grand Rapids: Eerdmans, 1953), 692.

수도 있다.). 그렇다면 성전 휘장의 두께는 어느 정도였을까? 성전 시대의
어떤 기록에 의하면 지성소 앞의 휘장은 길이가 18m, 너비가 9m, 두께
가 한 뼘이었으며, 72개의 정방형 천을 연결시킨 형태였다. 이 휘장은 너
무 무거워 당시의 과장된 표현을 빌리면 그것을 다룰 때 3,000명의 제사
장이 필요했다고 한다.[4] 예수님이 숨을 거두셨을 때 이렇게 두꺼운 휘장
이 위로부터 아래까지 찢어졌다. 얼마나 강력한 힘인가! 그런데 예수님이
세례를 받고 물에서 올라오실 때에도 성령이 이렇게 강한 힘으로 하늘을
찢으시며 예수님을 향해 내려오셨다. 마태복음 3장 16절과 누가복음 3장
21절도 성령이 내려오는 광경을 묘사하는데, 여기서는 "하늘이 열리고(열
리며)"라고 설명한다. 마치 자동문이 열리듯 하늘이 열리고 성령이 내려오
셨다. 마가복음과 비교하면 굉장히 부드럽다. 어떤 면에서 마가가 사용한
이 표현은 마가복음에 전체적으로 나타나는 사탄의 강한 저항을 암시한
다.

13절은 예수님이 광야에서 40일을 계시면서 사탄에게 시험을 받으셨
나고 말하는데, 마태복음과 다른 짐이 있다. 그것은 무엇일까? 마대복음
에 의하면 예수님은 40일을 금식하신 '후에' 시험을 받으셨다. 그러나 본
문에 의하면 예수님은 40일 '내내' 시험을 받으셨다. 이렇게 보면 마가복
음에 언급된 시험이 훨씬 강도가 세고 견디기도 힘들다.

---

4   같은 책, 1414.

내레이터는 본문에서 외롭고 고독한 상황을 거듭 강조한다. 예수님이 시험을 받는 장면을 단 두 절(12-13절)에 걸쳐 서술하는데, '광야'란 단어를 연속해서 두 번이나 사용하여 외적 내적으로 힘든 상황을 시사한다. 예수님의 시험 이야기가 마태복음에는 11절, 누가복음에는 13절에 걸쳐 기록되어 있다. 그런데 마태복음과 누가복음에는 '광야'란 단어가 각기 한 번씩 등장한다. 이 점을 감안하면 우리는 마가의 의도를 충분히 짐작할 수 있다. '광야'에 해당하는 헬라어 '에레모스(eremos)'는 '고독한 곳', '버림을 받은 곳', '불모지'란 뜻을 지니는데, 인간에 대해 사용할 때에는 '다른 사람들로부터 버림을 받은 사람', '친구로부터 보호나 원조를 박탈당한 사람'이란 의미를 함축한다. 본문에서 강조된 광야 이미지는 예수님이 직면한 어려운 시험을 시각화한다. 아울러 그리스도인이라는 이유 때문에 친구나 친지로부터 버림받고 핍박을 당하던, 예수님 당시 로마 인근에 거주하던 기독교인들의 어렵고 힘든 상황을 잘 보여 준다.

예수님은 '사탄'에게 시험을 받으셨다. 그런데 마태복음과 누가복음에서는 예수님이 '마귀'에게 시험을 받으셨다고 기록한다. 마태와 누가는 예수님의 시험 이야기를 서술하며 시종일관 마귀란 표현을 고수한다. 오직 마태복음 4장 10절에서만 예수님이 마지막 시험에서 "사탄아 물러가라." 하고 강한 어조로 마귀를 쫓아내신다. 물론 '사탄'과 '마귀'란 용어는 서로 혼용할 수 있다. 하지만 뉘앙스는 다르다. '사탄'으로 번역된 헬라어(*사타나*)는 '하나님과 그리스도를 대적하는 자'라는 의미인데, 구약성경의 사탄을 음역한 것이다. 한편 '마귀'에 해당하는 헬라어는 '비방하는 자', '중상하는 자', '거짓으로 고발하는 자'라는 의미를 강조한다.[5] 이렇게 보면 마가는 '사탄'이란 칭호를 사용하여 예수님과 악의 세력 간에 벌어지는 힘의 대결을 시각화하고, 마태와 누가는 '마귀'라는 칭호를 통해 예수님과 설전을 벌이는 비방자로서의 측면을 강조한다.

또 한 가지, 마태복음이나 누가복음과 다른 점이 있다. 예수님은 광야에서 40일 내내 '들짐승'과 함께 계셨고, 이 기간에 천사들이 '지속적으로' 시중들었다. 마태복음에서는 마귀가 물러간 후에 천사들이 나아와 시중들었다고 기록하고, 누가복음에는 아예 천사에 대한 언급이 없다. 더욱이 들짐승에 대한 묘사는 마가복음이 유일하다. 마가는 '들짐승'이란 단어를 통해 자신의 관점을 분명하게 표출한다. 그 이유는 본문이 마태복음이나 누가복음에 비해 굉장히 축약되어 있는데도 불구하고 구태여 이 단어를 첨가하기 때문이다. 마가복음의 내레이터는 예수님이 세 번이나 시험을 받은 내용, 구약성경의 인용, 마귀와의 격렬한 말싸움, 장소의 이동, 그리고 심지어 시험의 결과까지 언급하지 않는다. 그런데 이처럼 중요하다고 여겨지는 내용을 다 생략하면서도, 유독 이 짧은 본문 안에 예수님이 들짐승과 '함께' 계셨다는 점을 분명히 밝힌다. 내레이터가 이 사건을 서술하며 시험의 결과에 대해 언급하지 않은 것은 매우 주목할 만하다. 따라서 우리는 이 시험에서 예수님이 사탄을 물리쳤다고 결론을 내려서는 안

---

5   대럴 L. 보크, 『키워드로 푸는 성경 사복음서』, 유상섭 옮김(서울: 디모데, 2005), 60-61.

된다. 마가는 이러한 서술 기법을 통해 사탄과의 투쟁이 앞으로도 계속해서 있을 것을 경고한다. 구체적으로 말하면 더러운 영, 서기관, 바리새인, 헤롯당, 마을 사람들, 심지어 베드로를 통해 사탄이 역사할 것을 예고한다.[6]

"들짐승과 함께"라는 표현은 마가복음에만 등장하는데, 이 구절이 시험 기사를 이해하는 열쇠다. 들짐승에 대해서는 몇 가지 해석이 있는데, 크게 둘로 나누어 볼 수 있다.

첫째, 예수님이 광야에서 들짐승과 함께 평화롭게 지냈으며, 이는 이사야서 11장 6-9절에서 예언된 종말론적 회복, 즉 낙원의 회복을 암시한다고 보는 견해가 있다.[7] 이렇게 주장하는 학자들은 '함께'에 해당하는 헬라어 '메타(meta)'가 마가복음에서 친근한 관계(3:14; 5:18; 14:67)를 암시한다고 말하며, 예수님이 들짐승들과 평화스럽게 지냈다고 해석한다. 하지만 이 주장은 적절하지 못하다. 그 이유는 '메타'라는 단어가 마가복음이나 다른 복음서에서 사용된 용례를 보면 항상 친근한 관계만을 함축하지는 않기 때문이다. 대표적으로 마가복음 14장 54절과 누가복음 12장 58절을 보면 이를 확인할 수 있다.

6   Robert L. Humphrey, *Narrative Structure And Message In Mark* (Lewiston: Edwin Mellen, 2003), 228.

7   Robert A. Guelich, *Word Biblical Commentary*, vol. 34a (Dallas: Word Books, 1989), 39-40.

복음서, 그 차이를 읽다

베드로가 예수를 멀찍이 따라 대제사장의 집 뜰 안까지 들어가서 아랫사람들과 함께 앉아 불을 쬐더라(막 14:54).

네가 너를 고발하는 자와 함께 법관에게 갈 때에 길에서 화해하기를 힘쓰라 그가 너를 재판장에게 끌어가고 재판장이 너를 옥졸에게 넘겨주어 옥졸이 옥에 가둘까 염려하라(눅 12:58).

본문 13절에 사용된 '함께(메타)'라는 단어가 위의 두 구절에서도 발견되는데, 친근한 관계를 암시한다고 보기가 어렵다. 특히 누가복음의 경우에는 자신을 고발한 자와 '함께' 법관에게 가는 상황을 가정하는데, 이 두 사람의 관계가 친근하다고 말하기는 불가능하다. 그리고 들짐승에 해당하는 헬라어 '데리온(therion)'이 은유적으로 '짐승과 같은 사람', '폭군'을 의미한다는 점을 고려하면, 친근한 관계를 암시한다고 보기가 더욱 어렵다. 실제로 이 헬라어 단어가 요한계시록 13-14장에서는 적그리스도의 상징으로 여러 차례 사용된다.

둘째, 들짐승을 악의 상징으로 여겨 예수님이 공포와 두려움의 대상인 들짐승과 함께 있음으로써 그 고난이 더욱 심했다고 보는 견해가 있다.[8] 이렇게 주장하는 학자들은 실제로 팔레스타인의 광야에 재칼, 여우, 늑대, 표범, 하이에나 같은 야생동물이 서식하였고, 예수님은 기본적인

---

8   Ernest Best, *The Temptation and the Passion* (Cambridge: Cambridge UP, 2005), 8.

생필품이 없는 상황에서도 들짐승에게 둘러싸인 채 시험을 받았지만, 패배하지 않으셨다고 해석한다.[9]

이 두 견해 중에서, 들짐승과의 평화로운 관계 속에서 시험을 받은 것으로 해석하는 것보다, 들짐승의 위협과 적대감 속에서도 예수님이 잘 참고 견딘 것으로 보는 편이 훨씬 좋다. 본문의 흐름이 이를 증명한다. 13절을 몇 가지 영어 성경 역본으로 살펴보며 이 점을 직접 확인해 보자.

예수님은 광야에서 40일을 계시면서 사탄에게 시험을 받으셨고, 야생동물들도 그곳에 있었다. 그러나 천사들이 와서 그분을 도와주었다(GNT).

예수님은 광야에서 40일을 머무시며 사탄에게 시험을 받으셨다. 이 기간 동안 야생동물들을 제외하면 그분 주변에 아무도 없었다. 오직 천사들만이 그곳에서 주님을 돌보아 주었다(PHILLIPS).

예수님은 광야에서 40일을 머무셨는데, 야생동물에 의해 둘러싸인 채 사탄에게 시험을 받으셨다. 하지만 이 기간 내내 천사들이 돌보아 주며 시중들었다(VOICE).

본문에 등장하는 예수님은 완전히 수동적으로 당하는 입장에 있다.

---

9   Grant R. Osborne & Philip W. Comfort, *Life Application Bible Commentary: Mark* (Carol Stream: Tyndale, 1994), 20.

복음서, 그 차이를 읽다

마태복음이나 누가복음에 묘사된 주님과는 차원이 다르다. 더욱이 유감스럽게도 예수님이 마귀를 물리치셨다는 암시조차 없다. 단지 들짐승들 사이에 계셨고 천사들이 시중들었다고 기록할 뿐이다. 이러한 내용은 광야에서 이루어진 예수님과 사탄의 대결이 제1라운드임을 의미한다. 싸움은 아직 끝나지 않았고 결정적 승리가 주어지지도 않았다.[10] 참고로 '함께'에 해당하는 헬라어 *메타*는 '함께(with)' 또는 '사이에(among)'로 번역될 수 있다. 이 점을 반영하여 WNT 역본은 "예수님이 야생동물들 사이에 계셨다."고 번역하고, NSB 역본은 "야생동물이 우글거리는 광야로 성령이 예수님을 내몰았다."고 처리한다. 이렇게 보면 예수님이 들짐승들 사이에서 머무는 동안, 천사들이 내내 시중들며 주님의 안전을 지켜준 것으로 볼 수 있다. 사자굴 속에 던져졌던 다니엘의 경우와 유사한 상황이었으리라.

정리하기 마가복음에 기록된 짧은 예수님의 시험 이야기에는 세부 사항이 없다. 게다가 마태복음과 다르게 예수님이 광야에서 40일을 계시면서 지속적으로 시험을 받았고, 들짐승과 함께 계셨으며, 천사들이 계속해서 시중들었다. 본문에서는 서로 다른 두 진영이 대결을 벌인다. 예수님을 후원하는 측에는 성령과 천사가 있고, 반대편에는 사탄과 들짐승이 있다. 마가의 내러티브는 독자들에게 결정적인 승

---

10   David E. Garland, *The NIV Application Commentary: Mark* (Grand Rapids: Zondervan, 1996), 54.

리의 장면을 보여 주지 않고 극적인 대치 상황만을 제시한다. 이런 시각에서 보면 마가는 예수님의 시험에 도덕적 의미를 부여하지 않는다. 단지 하나님의 아들과 하나님을 대적하는 사탄이 벌이는 거대한 세력 투쟁의 현장을 보여 준다.

본문을 통해 저자가 들려주는 메시지가 무엇일까? 여기에 묘사된 예수님은 주후 1세기 로마 근처에 살던 그리스도인들의 상황을 반영하며, 이들이 신앙 때문에 겪었던 내적 갈등을 생생하게 전달한다. 예수 그리스도가 광야에서 사탄과 또 야생동물과 싸웠듯이, 예수님 당시의 그리스도인 공동체 역시 가족이나 친구들로부터 버림받은 상황에서 로마 황제나 야생동물과 싸워야 했다. 마가복음의 저자는 이러한 역사적 사실을 토대로 자신이 속한 공동체 구성원들을 위로하기 위해 본문을 기록했다. 마가복음에 '들짐승'이란 표현이 등장하는 까닭도 이런 배경 때문이다. 이 점에 대해 신학자 김경진은 다음과 같이 설명한다.

네로 황제 당시의 그리스도인들은 로마 대화재의 범인으로 간주되어 로마 정부로부터 극심한 박해를 받았고, 이로 인해 많은 그리스도인들이 집을 떠나 들과 산으로 도망치게 되었다. 따라서 그들은 마가복음을 받아 읽을 당시 실제로 들짐승과 함께 있는 고난의 시간을 보내고 있었는데, 막상 마가복음을 읽다 보니 주님도 이 땅에 머무시는 동안 자신들처럼 들짐승과 함께하는 고난을 겪으셨다는 이야기를 알게 되었을 것이고, 이는 그들에게 큰 위로와 격려가 되었을

것이다.[11]

일반적으로 마가복음은 주후 60-70년 사이에 기록된 것으로 알려져 있는데, 이 시기는 로마의 대화재 사건(주후 64년)과 밀접한 관련이 있다. 당시 로마의 네로 황제는 민심을 수습하기 위해 그리스도인들을 화재의 범인으로 몰아 극심한 탄압을 가했다. 그 결과 많은 신자들이 네로 황제의 정원 파티에서 산 채로 불태워졌고 교회의 중요한 두 인물, 즉 베드로와 바울이 처형되었다. 본문에서 마가가 수동적으로 끌려다니며 시험을 당하는 그리스도를 특히 강조하는 이유도, 마가 공동체가 직면한 극심한 핍박 때문이다. 아마 맨 처음으로 마가복음을 읽은 로마에 있는 독자들은 '들짐승'이란 단어를 읽으며 즉각적으로 원형 경기장을 떠올렸을 것이다. 그리고 그 안에서 야생동물의 먹잇감이 되어 죽어간 동료 그리스도인들을 생생하게 기억했으리라. 한편 이들은 예수님이 광야에서 시험을 받는 동안 들짐승과 함께 있으면서도 전혀 압도되지 않았고, 천사들이 계속해서 지켜 주었다는 기록을 읽으며 아주 강한 인상을 받았을 것이다.[12]

이런 상황이라면 본문의 분위기는 절망적인가? 절대로 그렇지 않다. 내레이터는 12절에서 전체적인 환경을 주도하시는 분이 성령이라고 분명히 밝힌다(헬라어 원문에 의하면 12-13절에서 '즉시', '성령', '천사들'이란 단어가

---

11   김경진, 『공관복음 어떻게 읽을 것인가』 (서울: 솔로몬, 2012), 260.

12   Louis Barbieri, *Mark* (Chicago: Moody Press, 1995), 41.

강조되고 있다.). 그것도 굉장히 강하게 역사하신다고 주장한다. 마태복음의 경우보다 더 강렬하다. 10절에서는 강력한 힘으로 하늘을 찢으며 강림하시고, 12절에서는 강한 힘으로 예수님을 광야로 내던지신다. 물론 주후 1세기에 이 상황을 겪은 그리스도인들은 배후에서 통제하시는 성령을 눈으로 직접 볼 수는 없었을 것이다. 그러기에 저자는 로마 황제의 박해로 인해 극심한 고통을 당하는 교회 공동체를 위로하며, 이처럼 힘든 상황조차도 하나님이 섭리하셨다고 선언한다. 생각해 보라. 그리스도인이라는 이유 때문에 야생동물의 먹잇감이 되고 이리저리 쫓겨 다니며 따돌림을 당하던 이들로 인해, 고대 로마가 기독교를 국교로 선포하게 될 줄을 누가 상상이나 했겠는가! 그런데 하나님은 이 일을 가능케 하셨다. 본문에 기록된 사탄의 시험은 예수님이나 교회 공동체를 파멸하기 위해서가 아니라, 이들을 영적으로 더욱 강하게 하기 위해 하나님이 준비하신 전략이다.[13] 그래서 하나님은 이들이 지치지 않도록 시험을 당하는 기간 내내 천사들을 동원하여 시중들게 하셨다. 다시 말하면 먹을 것과 마실 것을 지속적으로 공급하시며 용기를 북돋아 주셨다.

마가복음에 기록된 예수님의 시험 이야기는 마태복음이나 누가복음에 비하면 너무 짧아 비교하기도 어렵다. 길이를 살

---

13   William Hendrikson, *New Testament Commentary: Mark* (Grand Rapids: Baker, 1975), 47.

펴보면 겨우 두 절밖에 안 된다. 그러나 내용을 꼼꼼히 점검하면 오히려 더 큰 감동을 느낄 수 있다. 우리는 본문에서 몇 가지 원리를 찾아 삶에 적용할 수 있다.

첫째, 하나님은 배후에서 우리 일상의 모든 상황을 주관하신다. 살다 보면 좋은 일뿐 아니라 힘든 일도 닥치게 마련이다. 어려운 일이 닥칠 때 우리는 종종 '하나님이 과연 어디 계신가?'라는 의문을 품을 수 있다. 그렇지만 주님은 이러한 환경을 통해 결국 선을 이루어 가신다(롬 8:28). 사탄과 대적하도록 예수님을 광야로 내던지신 분은 성령이시다. 일상에 쫓기며 살지 말고, 가끔 무대 뒤를 살펴보라.

둘째, 극심한 고통 속에 있을 때 하나님은 천사를 동원하여 계속해서 우리를 도와주신다. 만약 지금까지 힘든 상황을 잘 견뎌 왔다면 그것은 우리의 능력 때문이 아니라 천사의 도움이 있었기에 가능했을 것이다. '모래 위의 발자국'이란 이야기를 알고 있는가? 시련과 고통의 순간에 우리가 본 하나의 발자국은 힘들어하는 우리를 업고 걸었던 천사의 발자국이었을 것이다.

셋째, 선과 악의 대립, 하나님과 사탄이 벌이는 힘의 대결은 지금도 지속된다. 본문에는 시험의 결과가 나타나 있지 않다. 이는 앞으로 이런 대립이 반복되기 때문이다. 그리스도인은 어떤 상황에서라도 진리 편에서야 하고 좁은 길을 걸어야 한다. 그렇지만 때로 들짐승과 함께하는 순간이 오더라도 두려워할 필요가 없다. 하나님이 예수님을 지켜 주셨듯이 우리를 지켜 주실 것이기 때문이다. 주후 1세기에 살았던 그리스도인들을 통해 고대 로마를 변화시킨 주님은 지금도 우리를 통해 이 시대의 문화를 바꾸고 계신다. 나는 이 일에 동참하고 있는가?

넷째, 모든 일을 하나님의 시각에서 보아야 한다. 신앙생활을 한다고 해서 항상 만사형통하지는 않는다. 예수님도 혹독한 시련을 견디셨고, 본문에 암시된 예수님 당시의 그리스도인 공동체 역시 견디기 어려운 핍박을 받았다. 본문 바로 뒤에 나오는 14절은 "요한이 잡힌 후"라는 표현으로 문장이 시작된다. 이 말은 세례 요한이 복음을 전하다가 옥에 갇혔다는 뜻이다. 그런데 예수님은 이 소식을 듣고도 아무 일이 없었다는 듯 갈릴리에서 복음을 전하기 시작하셨다. 마가는 세례 요한이 잡힌 사건이 예수님 사역의 방아쇠를 당기는 계기가 되었다고 선언한다. 만약 세례 요한이 계속해서 활동했다면 주님의 사역은 시작되지 못했을 것이다. 때로 그리스도인에게 닥치는 어려움과 고통이 복의 통로가 된다.

다섯째, 사탄의 역사가 강하면 강할수록 성령의 역사 또한 강하게 나타난다. 마가는 본문에서 예수님이 당한 시험의 내용이나 사탄과의 말싸움을 과감하게 생략한다. 그 까닭은 자신이 염두에 두고 있는 독자들에게 이런 내용이 별 의미가 없다고 판단했기 때문일 것이다. 그만큼 이들이

복음서, 그 차이를 읽다

당하는 고통이 지독했고, 생사기로에 선 순간이 지속되었다는 이야기다. 마가는 이들에게 시험 받는 기간 동안 지속된 천사의 도움과 강력하게 나타나는 성령의 능력을 유감없이 보여 준다.

여섯째, 지금까지 내가 받은 하나님의 은혜를 생각하며 하나씩 정리해 보라. 성령의 사역과 천사의 도움이 어떤 형태로 내게 주어졌는가?

제3장

누가의 메시지:
'돌'에게 명하여 떡이 되게 하라

(눅 4:1-13)

[1)]예수께서 성령의 충만함을 입어 요단강에서 돌아오사 광야에서 사십 일 동안 성령에게 이끌리시며 [2)]마귀에게 시험을 받으시더라 이 모든 날에 아무 것도 잡수시지 아니하시니 날 수가 다하매 주리신지라 [3)]마귀가 이르되 네가 만일 하나님의 아들이어든 이 돌들에게 명하여 떡이 되게 하라 [4)]예수께서 대답하시되 기록된 바 사람이 떡으로만 살 것이 아니라 하였느니라

[5)]마귀가 또 예수를 이끌고 올라가서 순식간에 천하만국을 보이며 [6)]이르되 이 모든 권위와 그 영광을 내가 네게 주리라 이것은 내게 넘겨 준 것이므로 내가 원하는 자에게 주노라 [7)]그러므로 네가 만일 내게 절하면 다 네 것이 되리라 [8)]예수께서 대답하여 이르시되 기록된 바 주 너의 하나님께 경배하고 다만 그를 섬기라 하였느니라

[9)]또 이끌고 예루살렘으로 가서 성전 꼭대기에 세우고 이르되 네가 만일 하나님의 아들이어든 여기서 뛰어내리라 [10)]기록되었으되 하나님이 너를 위하여 그 사자들을 명하사 너를 지키게 하시리라 하였고 [11)]또한 그들이 손으로 너를 받들어 네 발이 돌에 부딪치지 않게 하시리라 하였느니라 [12)]예수께서 대답하여 이르시되 주 너의 하나님을 시험하지 말라 하였느니라 [13)]마귀가 모든 시험을 다 한 후에 얼마 동안 떠나니라

누가복음과 마태복음에 기록된 예수님의 시험 이야기는 언뜻 보면 상당히 유사하게 보인다. 두 번째 시험과 세 번째 시험의 순서가 바뀐 점, 그리고 단어와 구절 몇 군데가 다른 점을 제외하면 동일한 것처럼 보인다. 이를 입증하듯 국내외에서 출간된 일부 주석서를 보면 별도의 주석을 달지 않고 마태복음에 있는 병행 구절을 참조하라는 설명이 여기저기 붙어 있다. 하지만 이 두 이야기는 다른 점이 많다. 특히 문맥이 완전히 다르다. 만약 문맥을 고려하지 않는다면 실제로 유사한 메시지가 도출될 수 있다. 그러나 문맥을 고려하면 상황이 달라진다. 국내외에 있는 상당수의 설교자나 성경 연구자들이 문맥을 충분히 연구하지 않고 본문 자체만을 분석하여 주석하거나 설교하기 때문에, 마태복음과 비슷한 메시지가 선포되는 현실은 정말로 안타깝다.

먼저 제일 중요한 문맥을 살펴보자. 누가복음 3장부터 4장 15절까지는 예수님이 공생애를 시작하시기 전에 준비하시는 과정과 최초의 갈릴리 사역을 소개하는데, 다음과 같이 다섯 단락으로 구성되어 있다.

1) 3:1-20(세례 요한의 사역)

2) 3:21-22(세례를 받으신 예수님)

3) 3:23-38(예수님의 족보)

4) 4:1-13(시험을 받으신 예수님)

5) 4:14-15(예수님의 갈릴리 사역)

이 다섯 단락은 몇 개의 키워드로 서로 엮여 있다. ① 광야(3:2, 4; 4:1), ② 세례(3:3, 7, 12, 16, 21), ③ 성령(3:16, 22; 4:1, 14), ④ 요단강(3:3; 4:1), ⑤ 돌(3:8; 4:3), ⑥ 하나님의 아들(3:22, 38; 4:3, 9). 예수님의 시험 장면은 그분의 사역을 준비하는 사건 중에서 아주 중요하다. 이는 세례 사건과 족보, 그리고 그의 사역의 초반부를 결합시킨다. 문맥을 보면 예수님의 세례와 족보 그리고 시험 이야기는 '하나님의 아들'이란 호칭으로 엮여 있고, 예수님의 세례와 시험 그리고 갈릴리 사역은 성령에 대한 언급으로 묶여 있다. 그러므로 예수님의 시험 이야기는 3장 21절-4장 15절의 흐름 속에서 읽고 해석되어야 마땅하다. 바꿔 말하면 따로 떼어 내어 해석하면 절대로 안 된다는 말이다.

누가복음의 내레이터는 예수님이 세례를 받으시는 장면(3:21-22)을 간단하게 처리한다. 마태복음은 다섯 절을 할애하는데 반해 누가복음은 단 두 절에 걸쳐 설명한다. 심지어 사복음서 중에서 제일 짧은 마가복음보다도 더 간략하다(마가복음은 세 절에 걸쳐 언급한다.). 이렇게 보면 누가는 예수님이 세례를 받으신 사건보다 그 후에 일어난 일에 더 많은 관심을 기울인다. 특히 예수님의 시험 이야기는 누가복음이 마태복음보다 두 절이나 더 길다. 그 이유는 그가 염두에 두고 있는 이방인 독자들에게 예수님이 시험에서 승리하신 사실이 더 절실하다고 여겼기 때문일 것이다. 누가는 세례 요한의 증언, 성령의 임함, 족보, 그리고 시험에서의 승리를 통해, 우리와 동일한 예수님이 인류의 구세주로서 필요한 모든 자격 조건을

갖추신 분이라는 진리를 입증한다.[1]

본문의 문맥을 보면, 예수님이 세례를 받으시며 하나님의 아들로 승인된 후, 주님의 족보가 언급되고, 마귀로부터 시험 받은 다음에, 갈릴리 사역이 시작된다[2](마태복음의 문맥은 이와 다르다.). 우리는 예수님의 족보가 이곳에 기록된 이유를 분명히 알아야 한다. 다시 말하면 누가복음의 내레이터가 하필이면 족보를 이 대목에 끼워 넣은 까닭을 찾기 위해 고민해야 한다는 뜻이다. 이는 성경을 해석할 때 본문과 제일 가까운 단락에 최고의 우선순위를 두어야 하고,[3] 동일한 사건이라도 문맥에 따라 메시지가 달라지기 때문이다. 마태복음과 누가복음에 나오는 예수님의 시험 이야기가 비슷해 보이지만, 서로 다른 메시지를 전달하는 것도 이 문맥 때문이다.

누가복음에는 예수님의 족보가 3장 23-38절에 기록되어 있는데, 이러한 구성은 독자의 예상을 벗어난다. 아마 독자들은 예수님의 족보가 탄생 기사(2:1-7) 직후에 배치될 것으로 기대했을 것이다. 또 그렇게 되어

---

1 윤철원, 『누가복음서 다시 읽기』(서울: 이레서원, 2002), 83.

2 이러한 단락 배치가 모세의 경우에도 나타난다. 출애굽기 6장에 의하면 하나님이 모세를 부르시고(6:2-13), 이어 모세의 족보가 길게 이어지고(6:14-27), 마침내 하나님이 모세를 파송하신다(6:28-30). 이런 관점에서 보면 예수님은 인류 역사의 결정체로서, 또 제2 아담으로서, 모세처럼 인류를 구할 구세주가 되신다. Charles H. Talbert, *Reading Luke* (Macon: Smyth & Helwys, 2002), 49.

3 J. Scott Duvall & J. Daniel Hays, *Grasping God's Word: A Hands-On Approach to Reading, Interpreting, and Applying the Bible* (Grand Rapids: Zondervan, 2005), 122.

야 자연스럽다(마태복음에는 제일 앞에 기록되어 있지 않은가!). 그런데 예수님이 30세쯤 되어 세례를 받으신 사건 후에, 그것도 이야기 흐름을 방해하는 자리에 기록되어 있다. 왜 내레이터는 예수님의 족보를 밝히지 않다가 마귀로부터 시험을 당하기 직전에 언급하는 것일까? 그 까닭은 예수님의 세례와 족보, 그리고 시험 이야기가 아주 긴밀하게 연결되기 때문이다. 예수님의 세례와 족보는 모두 예수님이 '하나님의 아들(3:22, 38)'이라는 선언으로 끝나고, 시험 이야기는 예수님이 '하나님의 아들(4:3, 9)'이라는 진리를 전제로 시작한다. 이러한 시각에서 보면 예수님의 시험에 등장하는 '하나님의 아들'이란 칭호는, 하나님의 아들로서 '고난 받는 메시아'와 '아담의 후손', 즉 '제2의 아담'으로서의 예수님 이미지를 동시에 보여 준다. 그런데 문맥을 고려하면 메시아로서의 모습보다, 인류의 조상인 아담과 하와가 지었던 원죄의 문제를 해결하신 제2의 아담으로서의 모습이 더욱 강조된다. 내레이터가 의도적으로 예수님의 족보를 중간에 삽입하고 있기 때문이다. 이 사실을 깨닫는 것이 본문을 이해하는 열쇠다. 누가복음의 수신자가 이방인이었다는 점을 고려하면 이러한 설명은 충분히 타당하다.

한 사람의 족보를 추적하거나 뿌리를 찾는 작업은 고대 유대인은 물론이고 헬라인에게도 매우 중요했다. 고대 그리스 로마 시대의 족보는 대체로 한 가계의 조상을 추적하며 가문을 대표할 만한 영웅이나 신에게까지 거슬러 올라간다. 이러한 사례는 유대인의 족보에서는 찾아볼 수가 없다.[4] 따라서 마태복음에 나오는 족보는 아브라함에서 시작하여 예수님까지 내려가고, 누가복음의 족보는 예수님으로부터 시작하여 아담과 하나님까지 거슬러 올라간다. 바꿔 말하면 누가의 목록은 마태의 것과는 정반대로 진행되고 훨씬 더 멀리까지 나아간다. 누가는 예수님의 족보와 시험이야기를 이렇게 엮음으로써, 아담의 원죄로 인해 타락한 창조 세계가 앞으로 그분이 하실 일로 인해 엄청난 혜택을 누리게 될 것을 시사한다.[5]

본문의 구조는 다음과 같다.

1) 4:1-2(서론)

2) 4:3-4(첫 번째 시험, 돌에게 명하여 떡이 되게 하라)

3) 4:5-8(두 번째 시험, 내게 절하면 권위와 영광을 주리라)

4) 4:9-12(세 번째 시험, 성전 꼭대기에서 뛰어내리라)

5) 4:13(결론, 마귀가 얼마 동안 떠나감)

4장 1절은 본문의 배경인데, 예수님이 '성령'의 충만함을 입어 요단강에서 돌아오신 후 광야에서 40일 동안 '성령'에게 이끌리셨다고 말한다. 누가복음에 나타난 시험 이야기는 성령 충만으로 시작하여(1절) 성령 충만으로 끝난다(14절). 특히 1절에서 성령에 대해 두 번이나 언급하는데,

---

4 Charles H. Talbert, *Reading Luke* (Macon: Smyth & Helwys, 2002), 49.

5 Tom Wright, *Luke for Everyone* (Louisville: John Knox, 2004), 39.

이처럼 성령을 강조하는 내레이터의 관점은 저자의 두 번째 책인 사도행전의 핵심과도 일치한다. 더욱이 Rotherham 역본에 의하면, 헬라어 원문 1절은 "성령의 충만함을 입어"라는 표현을 강조한다(마태복음과 마가복음에는 성령에 대한 언급이 각기 한 번만 등장한다.). 그렇다면 예수님이 성령으로 충만하셨다는 말의 의미가 무엇일까? 그리스도인이라면 누구나 이런 상태를 갈망하는데, 막상 의미 파악이 쉽지 않다. AMP 역본은 1절의 앞부분을 이렇게 번역한다.

예수님은 성령과 완벽한 교제를 나누는 가운데 요단강에서 돌아오셨다.

이 역본은 성령 충만을 '성령과 완벽한 교제(perfect communication)를 나누는 것'으로 처리한다. '커뮤니케이션'이란 쉽게 말해 의사소통인데, 어떤 식으로든 서로 메시지를 주고받아 상대방의 마음과 감정을 파악하는 것을 의미한다. 우리는 자칫 성령 충만을 뭔가 신비한 현상으로 착각할 수 있다. 보통 사람 이상으로 뜨거운 열정을 가지고 즉각적인 기도 응답을 받으며, 때로는 신비한 기적을 체험하고, 정상적인 삶과는 약간 동떨어진 생활을 하는 상황을 떠올리기 쉽다. 하지만 그렇지 않다. 지극히 평범한 상태에서 언제나 하나님과 대화하며 그분의 뜻에 따르는 삶, 그 자체가 성령 충만이다. 예수님도 광야에서 결코 기적을 베풀지 않으셨다.

예수님은 40일 동안 성령에게 이끌리셨다. '이끌리셨다'는 표현은 성령의 인도를 받았다는 뜻인데, 마태복음에 사용된 단어와 약간 다르다

(마가복음과는 상당히 다르다.). '이끌리시며'에 해당하는 헬라어 '*에게토*'는 '데리고 가다', '안내하다', '수행하다'의 뜻인데, 아주 부드럽게 인도하는 상황을 암시한다. 성경에서는 많은 사람들이 병자를 안내하여 예수님께 데리고 오는 경우(눅 4:40), 수행원으로 동행하는 경우(딤후 4:11), 직접 인도하며 보살피는 경우(눅 10:34)에 주로 이 단어를 사용한다. 특히 선한 사마리아인이 강도 만나 거의 죽게 된 사람을 자기 짐승에 태워 주막으로 데려가는 장면에서 내레이터가 이 단어를 사용한다는 점은 굉장히 흥미롭다. 이 단어가 헬라어 원문에서 미완료 수동태인데, 이는 계속하여 인도함을 받은 상태를 암시한다. 원문을 직역하면 "성령 안에서 지속적으로 이끌리셨다."는 뜻이다(JMNT). 한편 마태복음에서는 '이끌리어'가 부정과거 수동태로 되어 있어서, 과거에 이루어진 사실만을 강조한다.

2절에 의하면 예수님은 40일 동안 광야에서 시험을 받으시며 아무 것도 잡수시지 아니하셨고, 40일이 끝난 후에도 시험을 받으셨다.[6] 그러나 마태는 예수님이 금식하신 후에 받은 시험에 대해서만 언급한다(마 4:2-3). 여기서 "아무 것도 잡수시지 아니하시니"란 표현에 주목할 필요가 있다. 마태복음에서는 '금식'이란 용어를 사용하는데, 누가는 굳이 이 표현을 쓰지 않는다. 그 이유가 무엇일까? 물론 의미는 동일하다. 하지만 뉘

---

6 '40일 동안'과 '시험을 받으시더라'는 표현이 직접적인 연관이 없기 때문에, 원문에서 볼 때 4장 2절만으로는 시험을 받으신 정확한 시점을 알 수 없다는 견해도 있다. 제자원, 『옥스퍼드 원어 성경대전 누가복음 제1-8장』(서울: 제자원, 2006), 337. 하지만 공동번역을 비롯한 대부분의 우리말 성경과 영어 성경 역본은 예수님이 40일 동안 시험을 받으셨고, 그 기간이 끝난 후에 세 번의 시험이 있었다고 설명한다.

앙스는 다르다. 마태는 유대인을 염두에 두기 때문에 모세처럼 '40일을 밤낮으로' 금식하신 예수님을 강조한다(마 4:2; 신 9:9). 그렇지만 누가는 예수님을 인류의 조상인 아담과 비교하기 때문에 '광야에서 아무 것도 잡수시지 않으셨다.'고 설명한다. 누가가 사용한 이 표현은 매우 의미심장하다. 예수님이 처한 상황과 아담이 처했던 상황이 정반대라는 점을 함축하기 때문이다.[7] 아담과 하와는 '에덴동산'에서 선악과를 제외한 모든 과일을 다 먹을 수 있었으나, 뱀의 유혹에 넘어가 선악과를 '따 먹고' 말았다. 반면에 예수님은 '광야'에서 '아무 것도 잡수시지 않은' 상태였으나 마귀의 유혹을 물리치셨다. 상황 면에서 보면 예수님이 훨씬 불리했으나 주님은 승리하셨다.

마귀의 첫 번째 시험은 "네가 만일 하나님의 아들이어든 이 돌에게 명하여 떡이 되게 하라(3절)."는 것이다. 여기서 강조된 부분이 어디일까? Rotherham 역본에 의하면 헬라어 원문은 '네가 만일 하나님의 아들이어든'을 강조하고, 그중에서도 특히 '아들'을 더 강조한다(마태복음은 이와 다르다.). 이 문장에서 개역개정판 성경에 '만일'로 번역되어 있기 때문에 자칫하면 조건으로 이해하여, 예수님이 하나님의 아들이라는 사실에 대해 마귀가 의문을 제기하는 것으로 해석할 수 있다. 그러나 그렇지 않다. 마태복음의 사례에서 지적한 것처럼, 조건이 아닌 이유로 해석해야 한다.

---

7   Darrell L. Bock, *The NIV Application Commentary: Luke* (Grand Rapids: Zondervan, 1996), 128.

'하나님의 아들'이란 칭호는 마태복음에도 등장한다. 하지만 문맥이 다르기 때문에 주의를 기울여야 한다. 이 칭호는 일차적으로 3장 22절에서 언급된, "너는 내 사랑하는 아들이라 내가 너를 기뻐하노라." 하는 하나님의 선포와 직결된다. 본문 4장 1절에서 내레이터는 예수님이 요단강에서 돌아오셨다는 점을 지적하며, 예수님의 세례 사건과 시험 이야기를 연결시킨다. 여기서 '하나님의 아들'은 마태복음의 경우와 마찬가지로 '고난 받는 메시아'를 암시한다. 이 점은 마태복음과 동일하다. 그런데 누가복음에서는 또 다른 의미를 지닌다. 본문 바로 앞에 나오는 예수님의 족보 때문이다. 헬라어 원문에 의하면 족보의 마지막 절(3:38)은 다음과 같다. 원문을 직역한 YLT 역본을 비롯한 대부분의 영어 성경은 하나같이 이렇게 번역한다.

에노스의 아들, 셋의 아들, 아담의 아들, 하나님의 아들

그런데 개역개정판 성경은 이렇게 되어 있다.

그 위는 에노스요 그 위는 셋이요 그 위는 아담이요 그 위는 하나님이시니라.

개역개정판 성경은 길게 풀어 설명하기 때문에 시각적으로 바로 눈에 들어오지 않는다. 그러나 영어 성경을 보면 본문 직전에 있는, 3장의 마지막 단어가 '하나님의 아들'이다. 당연히 여기에 나오는 하나님의 아들은

'아담'을 뜻한다. 하지만 족보를 거슬러 올라가면 족보에 포함된 76명 모두 하나님의 아들이 된다. 그리고 3장 23절과 38절을 결합시키면, 예수님은 하나님의 아들이 될 뿐 아니라 아담의 후손, 즉 제2의 아담이 된다. 누가가 아담을 '하나님의 아들'로 부르는 것은, 예수님을 마지막(두 번째) 아담이라고 지칭한 그의 스승 바울의 영향 때문이었을 것으로 추측할 수 있다(롬 5:14-21; 고전 15:45-49).[8]

본문에 나오는 예수님의 시험 이야기가 에덴동산에서 있었던 아담과 마귀의 대립을 상기시키는 이유가 바로 여기에 있다. 이야기의 흐름으로 볼 때 예수님이 세례를 받으신 사건과 시험을 받으신 이야기는 아주 긴밀하게 연결된다. 그러기에 마태복음과 마가복음은 예수님이 세례를 받으신 직후 광야로 가서서 시험을 받으셨다고 서술한다. 그런데 누가복음은 이 흐름을 잠시 중단시키며 중간에 긴 족보를 삽입하고, 그것도 족보의 마지막 단어를 '하나님의 아들'로 끝맺는다. 이 점을 고려하면 마귀가 언급한 '하나님의 아들'이란 칭호와 본문의 이야기는, 유대인이 갈망하던 메시아나 이스라엘 백성의 광야 생활 이미지를 강조하지 않는다. 오히려 에덴동산에서 있었던 아담과 하와의 타락 사건을 더 돋보이게 한다. 내레이터는 인간을 타락하게 한 마귀와 예수님이 대결을 벌이게 하고, 그분이 어떻게 승리하셨는지를 보여 주며, 예수님이 아담의 원죄를 해결하신 인

---

8 '아담이 하나님의 아들이었다'는 말은 하나님이 낳으신 아들이라는 의미가 아니라, 친히 흙으로 빚어 만든 피조물이라는 뜻이다. 아마 이 표현은 하나님이 모든 인류의 창조자와 아버지가 되신다는 사실을 저자가 이방인에게 강조하기 위함이었을 것이다. 그러나 둘째 아담인 예수님은 하나님의 친아들이셨다. 고영민, 『원문 번역 주석 성경 신약』(서울: 쿰란, 2015), 401.

류의 구세주라는 진리를 독자들에게 소개한다.[9]

첫 번째 시험에서 마귀는 예수님께 "이 돌에게 명하여 떡이 되게 하라."고 유혹한다. 개역개정판 성경에는 분명히 '돌들(복수)'로 되어 있는데, 이는 번역이 잘못되었다(그러므로 믿을 만한 다양한 성경 역본으로 꼭 점검해야 한다. 그 까닭은 완벽한 번역이 불가능하고 모든 번역은 일종의 해석이기 때문이다.[10]). 헬라어 원문에 단수로 되어 있고, 영어 성경 역본에도 한결같이 '돌'과 '떡'이 단수로 되어 있다. 이 차이는 아무것도 아닌 것 같지만 실제로는 본문의 의미를 결정하는 데 중요하다. 왜냐하면 마태복음에서는 '복수 명사'를 사용하기 때문이다. 그렇다면 단수 복수가 어떤 차이를 가져오는가? 본문에 나오는 떡은 과거 이스라엘 백성이 광야에서 먹었던 만나를 상징하지 않는다. 오히려 예수님의 개인적 굶주림을 해결하기 위한 것으로 보아야 한다.[11] 만약 이스라엘 백성 전체가 광야에서 먹었던 떡을 상징한다면, 마태복음의 경우처럼 복수를 사용해야 마땅하다. '돌멩이하나'로 하나의 떡을 만들어 이스라엘 민족에게 공급할 수는 없기 때문이다. 이렇게 보면 예수님이 당한 첫 번째 시험은 에덴동산에서 있었던 사탄의 유혹을 상기시킨다. 마귀는 예수님께 그처럼 굶주리지 말고 쉽게 떡을 만들어 육체의 욕구를 해결하라고 촉구한다. VOICE 성경은 3절을 이

9 Tom Wright, *Luke for Everyone* (Louisville: John Knox, 2004), 42.

10 George H. Guthrie, *Read the Bible for Life: Your Guide to Understanding & Living God's Word* (Nashville: B&H Publishing Group, 2011), 54.

11 Robert H. Stein, *The New American Commentary: Luke* (Nashville: Broadman, 1992), 146.

복음서, 그 차이를 읽다

렇게 번역한다.

> (예수. 너도 알다시피) 네가 하나님의 아들이기 때문에 그렇게 굶주릴 필요가 없
> 어. 눈 딱 감고 이 돌에게 명하여 떡으로 만들어 먹어 봐.

첫 번째 시험은 하나님의 공급에 대해 의문을 제기한다. 마귀는 예수
님이 하나님의 아들이기 때문에 굶주려서는 안 된다고 역설하며, 기적을
베풀어 육체적 필요를 채우라고 유혹한다. 이를테면 하나님의 뜻과는 상
관없이 독자적으로 행동하여 개인의 유익과 목적을 꾀하라고 꼬드긴다.
그러나 예수님은 하나님이 자신을 광야로 이끄신 목적이 금식하며 그분
과 교제를 나누고, 궁극적으로 마귀를 물리침으로써 인간의 원죄 문제를
해결하는 것이었음을 분명히 알고 있었다. 만약 음식이 필요하면 하나님
이 천사를 통해 공급해 주시리라 확실히 믿었다.

마귀의 첫 번째 유혹에 대해 예수님은 신명기 8장 3절 말씀으로 대응
하신다.

> 기록된 바 사람이 떡으로만 살 것이 아니라 하였느니라(4절).

누가복음에 기록된 이 말씀과 마태복음의 병행 구절을 비교해 보면
차이가 난다. 마태복음 4장 4절은 이렇게 되어 있다.

기록되었으되 사람이 떡으로만 살 것이 아니요 <u>하나님의 입으로부터 나오는</u> <u>모든 말씀으로 살 것이라 하였느니라 하시니.</u>

이 두 구절을 나란히 놓고 보면 뚜렷한 차이를 알 수 있다. 누가복음보다 마태복음의 인용문이 훨씬 더 길다. 약 두 배 정도가 된다. 마태복음에 있는 밑줄 친 부분이 누가복음에는 나타나 있지 않다. 저자가 의도적으로 누락시켰기 때문이다. 그렇다면 신명기 8장 3절 후반부를 살펴보자. 히브리어 원문을 직역하면 이렇다.

만나를 내려 너희를 먹이신 것은 《사람이 떡으로만 사는 것이 아니요》, 《하나님의 입에서 나오는 모든 명령으로》 사는 줄을 너희로 하여금 깨닫게 하려 하심이라(Rotherham).

원문에 의하면 신명기 8장 3절에서 '사람이 떡으로만 사는 것이 아니요'와 '하나님의 입에서 나오는 모든 명령으로'라는 부분이 특히 강조되어 있다. 이 문장 속에 마태와 누가의 관점이 드러나 있다. 마태는 신명기 8장 3절을 거의 원문에 가깝게 인용한다. 그러나 누가는 앞부분만을 인용한다. 어떤 차이가 있을까? 신명기 8장 3절은 모세가 이스라엘 백성을 향해 하나님이 '만나'를 먹이신 목적이 무엇인지를 구체적으로 밝히는 대목이다. 따라서 마태는 이 구절을 거의 완벽하게 인용하며, 예수님이 당한 첫 번째 시험이 구약의 만나 사건과 직결된다는 점을 분명히 한다. 그러

복음서, 그 차이를 읽다

기에 '돌들'이란 복수를 사용한다. 하지만 누가는 인용문을 간단하게 처리하여 만나 사건보다 아담과의 대조를 더욱 부각시킨다(내용상 더 중요한 뒷부분을 생략하고, 앞부분만을 인용하기 때문이다.). 아담과 하와는 먹을 것이 풍족한 낙원에서 '먹음직한(창 3:6)' 선악과를 따 먹음으로써 하나님의 명령을 어겼으나, 예수님은 광야에서 굶주리면서도 군침을 돋우는 '떡 하나'만들어 잡수시지 않으셨다.

5-7절은 두 번째 시험을 언급하는데, 마귀가 예수님을 이끌고 올라가 순식간에 천하만국을 보이며, 만일 자신에게 절하면 모든 권위와 영광을 주겠다고 확언한다(이 두 번째 시험이 마태복음에는 세 번째 시험으로 기록되어 있다. 시험 순서에 있어서의 차이점은 뒤에서 상세히 설명하기로 한다.). 누가복음에 기록된 두 번째 시험은 마태복음의 병행 구절(4:8-9)보다 길고, 특히 '시각적' 효과를 강조한다. 이런 문학적 장치를 통해 누가는 마태와는 다른 관점을 표출한다. 본문에 의하면 마귀는 예수님을 높은 곳으로 데리고 올라가 '순식간에' 천하만국을 보여 준다. '순식간에'라는 표현은 마태복음에는 없는데, 성경 선제에서 유일하게 여기에 등장한다. 내레이터는 이 단어를 사용하여 마귀의 능력이 얼마나 대단하고, 이 유혹이 얼마나 인간의 시각을 자극하는지를 생생하게 보여 준다. 마치 거대한 영화의 한 장면을 파노라마로 보여 주는 듯하다. MSG 역본은 이렇게 번역한다.

두 번째 시험으로, 마귀는 예수님을 이끌고 올라가서 지상의 모든 나라를 한꺼번에 예수님의 눈앞에 자랑스럽게 펼쳐 보였다(5절).

VOICE 역본은 더 현실감 있게, 또 스릴 있게 묘사한다.

마귀는 예수님께 하나의 광경을 보여 주었다. 마치 그분이 순식간에 전 세계를
여행하며 세상의 모든 왕국을 한꺼번에 본 것 같았다.

마귀는 인간 세상이 보여줄 수 있는 가장 화려하고 멋진 장면을 보여
주며 예수님의 시선을 사로잡으려고 노력한다. 누가는 '순식간에'라는 표
현을 통해 마태보다 시각적 이미지를 더욱 강조하는데, 이러한 특징은
단어 선택에서도 그대로 나타난다. '천하만국'에서 '천하'에 해당하는 헬
라어 단어가 마태복음과 누가복음이 다르다. 마태복음에서는 '코스모스
(kosmos)'라는 단어를 사용하는데, 이는 창조된 모든 세계, 우주, 사람이 사
는 세상을 의미한다. 그런데 누가복음에서는 '오이쿠메네(oikoumene)'라는
단어를 사용한다. 이는 헬라인들이 사는 영역, 인간이 생활하는 영역, 고
대 로마 제국과 그 통치를 받는 모든 나라를 가리킨다. 이렇게 보면 누가
복음에 나타난 왕국 묘사가 마태복음보다 훨씬 구체적이며 생생하다. 마
귀는 예수님을 넘어뜨리기 위해 당대 최고의 권력을 지녔던 로마 제국과,
그 부속 국가들의 부요함과 화려한 물질문명을 보란 듯이 보여 준다.[12]

---

12   Darrell L. Bock, *Luke 1:1-9:50* (Grand Rapids: Baker Academic, 1994), 375.

이제 마귀가 예수님께 던진 말을 자세히 살펴보자. 본문 6-7절은 이렇게 되어 있다.

> 이르되 이 모든 권위와 그 영광을 내가 네게 주리라 이것은 내게 넘겨 준 것이므로 내가 원하는 자에게 주노라 그러므로 네가 만일 내게 절하면 다 네 것이 되리라.

그런데 마태복음에는 마귀가 다음과 같이 말한 것으로 되어 있다.

> 이르되 만일 내게 엎드려 경배하면 이 모든 것을 네게 주리라(마 4:9).

이 두 구절을 비교하면 누가복음에 있는 마귀의 설명과 요구가 마태복음의 것보다 훨씬 길다. 거의 두 배 정도의 분량이다. 밑줄 친 부분이 마태복음에는 없는데, 이 문장은 세상을 지배하는 사탄의 영향력을 돋보이게 한다. 앞에서 살펴보았듯이 첫 번째 시험에서는 누가가 예수님의 인용문을 마태복음보다 짧게 시술한다. 그런데 두 번째 시험에서는 누가가 사탄의 말을 훨씬 길게 인용한다. 여기서 "내게 넘겨 준 것이므로"라는 표현에 주목해야 한다. 마귀는 이 구절을 통해 자신이 세상의 지배권을 넘겨받았다고 선언한다. 물론 약간 과장된 면도 없지는 않지만 사실 근거가 없는 말은 아니다. 예수님도 본문에서 이 사실을 부인하지 않았고, 마귀를 이 세상의 임금이라고 종종 부르셨다(요 12:31; 14:30; 16:11). 그러면 마귀가 왜 지배권을 넘겨받았을까? 그것은 인간의 원죄, 즉 아담과 하와의 타락으로 인해 죄와 어둠의 세력이 이 세상에 들어왔기 때문이다.[13] 본문에서 마귀가 이 세상의 모든 권위와 영광을 누구에게나 자기가 주고 싶은 자에게 줄 수 있다고 장담하는데, 이 내용이 마태복음에는 없다. 그 이유에 대해 도날드 헤그너는 아마 이런 내용이 마태복음의 독자인 유대인들에게 강한 거부감을 줄 것으로 저자가 판단했기 때문일 것이라고 설명한다.[14]

마귀는 7절에서 자신에게 '절하면' 모든 권위와 영광을 다 주겠다고 선언한다. 이 부분도 마태복음과 약간 다르다. 마태복음에서는 "내게 엎드려 경배하면"으로 되어 있다. 이 두 구절을 비교하면 누가복음이 마태복음보다 약간 약하게 표현되어 있고, 인간의 감정을 덜 자극한다. 누가가 이렇게 한 이유는, 아마도 당시 고대 로마가 유대인들에게 황제를 신으로 숭배하도록 강요했고, 누가복음의 수신자인 데오빌로가 로마의 고위 관리이기 때문에 이 점을 의식했기 때문인 것으로 보인다.[15] 마귀는 두 번째 시험을 통해, 고난을 받지 않고 쉽게 권력과 영광을 얻으라고 제안한다.

---

13 *Robertson's Word Pictures of the New Testament*, Luke 4:6.

14 Donald A. Hagner, *Word Biblical Commentary*, vol. 33a (Dallas: Word Books, 1993), 62.

15 누가는 누가복음의 수신자를 '데오빌로 각하(1:3)'라고 부르는데, 이는 데오빌로가 로마의 고위 관직에 있는 사람일 가능성을 암시한다. 왜냐하면 '각하'에 해당하는 헬라어가 사도행전에서 로마 총독을 가리킬 때 사용되었기 때문이다(23:26; 24:3; 26:25). 하지만 이 단어는 작품을 헌정할 때 종종 사용되었기 때문에 반드시 실제 관직을 의미하지 않을 수도 있다. 어쨌든 누가가 데오빌로를 책의 수신자로 정한 것은, 그가 염두에 두고 있는 이방인 기독교인 중에 높은 관직에 있는 사람들이 포함되어 있다는 것을 암시한다. 신현우, 『누가복음 어떻게 읽을 것인가』 (서울: 성서유니온선교회, 2016), 23-24.

한마디로 겟세마네 없는 영광을 제시한다. 마귀의 유혹에 대해 예수님은 신명기 6장 13절 말씀으로 대항하신다. 마태복음에서는 이 시험이 마지막에 있기 때문에 예수님이 "사탄아 물러가라." 하고 책망하시며 마귀를 물리치시지만, 누가복음에서는 시험이 지속되기에 이 문장이 필요하지 않았을 것이다.

마지막 시험은 9절부터 시작된다. 시험하는 자는 예수님을 예루살렘으로 데리고 가서 성전 꼭대기에 세우고 뛰어내리리라고 재촉한다. 마태는 병행 구절에서 마귀가 '거룩한 성'으로 데려갔다고 설명하는데, 누가는 예루살렘이라고 구체적으로 밝힌다. 이는 마태가 유대인을 주 대상으로 하기 때문에 그들이 선호하는 '거룩한 성'이란 표현을 썼고, 누가는 이방인을 대상으로 하기에 거부감을 주지 않으려고 그렇게 했을 것이다. 예루살렘 성전은 누가에게 있어서 중요한 의미를 지닌다. 오직 누가만이 예수님의 유년 시절을 기록하며 두 번이나 예루살렘 성전을 방문했다고 기록하고(2:22, 41), 누가복음의 시작과 끝을 성전과 관련된 장면으로 장식한다(1:8; 24:53). 이런 시각에서 보면 마귀가 예수님을 예루살렘 성전으로 데려가 뛰어내리리라고 한 것 자체가 하나님을 모독하는 행위다. 특히 예루살렘 성전이 하나님의 집으로서 그분의 권위를 상징한다면, 성전에서 뛰어내려 하나님을 시험해 보라고 요청하는 행위는, 누가에게 있어서 하나님을 조롱하는 최고의 악행이다. 예수님을 유혹하며 마귀가 던진 말을 다시 한 번 살펴보자. 개역개정판 성경에는 이렇게 되어 있다.

네가 만일 하나님의 아들이어든 <u>여기서</u> 뛰어내리라 기록되었으되 하나님이 너

를 위하여 그 사자들을 명하사 <u>너를 지키게 하시리라 하였고</u> 또한 그들이 손으

로 너를 받들어 네 발이 돌에 부딪치지 않게 하시리라 하였느니라(눅 4:9-11).

마태복음의 병행 구절은 다음과 같다.

네가 만일 하나님의 아들이어든 뛰어내리라 기록되었으되 그가 너를 위하여

그의 사자들을 명하시리니 그들이 손으로 너를 받들어 발이 돌에 부딪치지 않

게 하리로다 하였느니라(마 4:6).

이 두 구절을 비교해 보면 누가복음의 경우가 약간 더 길고, 밑줄 친
부분, 즉 '여기서(성전 꼭대기에서)'와 '너를 지키게 하시리라' 하는 부분이
마태복음에 누락되어 있다. 누가의 내러티브는 마태의 경우보다 '성전'의
의미와 '하나님의 의무'를 더욱 부각시킨다. 이는 세 번째 시험이 직접적
으로 하나님과 연관되어 있다는 것을 분명히 한다.
　마지막 시험에서 한 가지 재미있는 사실은 마귀도 성경 구절을 이용
한다는 점이다(4:10-11). 그것도 시편 91편을 마태복음보다 조금 더 길고
'원문에 더 가깝게' 끌어온다. 시편 91편 11-12절은 이렇게 되어 있다.

그가 너를 위하여 그의 천사들을 명령하사 <u>네 모든 길에서</u> 너를 지키게 하심이

라 그들이 그들의 손으로 너를 붙들어 발이 돌에 부딪히지 아니하게 하리로다.

마귀는 여기서 밑줄 친 부분만 고의로 생략하고 나머지는 원문에 가깝게 인용한다. '천사'를 '사자'로 바꾼 것을 제외하면 거의 동일하다. 물론 이 두 단어는 같은 의미이기 때문에 별 문제가 안 된다. 시편 구절의 원래 의미는 하나님이 의로운 자를 모든 의로운 길에서, 즉 의로운 삶을 살 때 보호하신다는 뜻이다. '네 모든 길에서'라는 표현과 이 구절의 문맥이 이러한 의미를 함축한다. 그런데 마귀는 이 조건을 생략하여 마치 언제나 하나님의 보호를 받을 수 있는 것처럼 왜곡한다. 더욱이 시편의 이 구절은 성전에서 뛰어내리는 행위와 아무 상관이 없다. 마귀는 이미 예수님이 성경 구절을 인용하며 자신을 공격하는 상황을 두 번이나 겪었기 때문에, 이번에는 자신이 먼저 성경을 이용한다. 하지만 예수님은 이 구절의 문맥을 정확히 아셨기에 신명기 6장 16절 말씀으로 마귀를 물리치신다.

예수께서 대답하여 이르시되 주 너의 하나님을 시험하지 말라 하였느니라(눅 4:12).

이 대목에서 우리는 성경 말씀을 대충 알고 암송하며 이용하거나, 특히 성경 말씀의 '문맥'을 무시하고 적용하는 것이 얼마나 위험한지를 깨달아야 한다. 여기서 말하는 문맥이란 본문의 역사적 문화적 배경과, 본문을 둘러싸고 있는 앞뒤 단락을 의미한다. 성경 구절의 의미는 문맥이 결정한다. 만일 이 문맥을 무시할 때 우리는 성경 구절을 곡해하며, 거의 모든 것을 정당화할 수 있게 된다.[16] 예를 들어 이런 경우를 상상해 보자. 우리가 앞에서 살펴본 예수님의 시험 이야기 중 한 구절이다.

(예수께서) 들짐승과 함께 계시니 천사들이 수종들더라(막 1:13).

만약 어떤 성도가 이 성경 구절을 읽고 자신도 예수님처럼 천사가 시중드는 광경을 목격하겠다며, 맨몸으로 야생동물이 우글거리는 아프리카의 사파리로 뛰어들거나, 담을 넘어 동물원의 사자 우리로 들어간다면, 과연 어떻게 될까? 결과는 불을 보듯 뻔하지 않겠는가? 그런데 그리스도인들 사이에, 또 설교자들 가운데 문맥을 고려하지 않고 성경 구절을 적용하는 분들이 더러 있다. 다음과 같은 성경 구절을 암송하며 마치 주문을 외우듯, 기회가 있을 때마다 되뇌는 분들이 얼마나 많은가?

내게 능력 주시는 자 안에서 내가 모든 것을 할 수 있느니라(빌 4:13).
할 수 있거든이 무슨 말이냐 믿는 자에게는 능히 하지 못할 일이 없느니라(막 9:23).

네가 불 가운데로 지날 때에 타지도 아니할 것이요 불꽃이 너를 사르지도 못하리니(사 43:2).

---

16 J. Scott Duvall & J. Daniel Hays, *Grasping God's Word: A Hands-On Approach to Reading, Interpreting, and Applying the Bible* (Grand Rapids: Zondervan, 2005), 119.

복음서, 그 차이를 읽다

네 시작은 미약하였으나 네 나중은 심히 창대하리라(욥 8:7).

온전한 십일조를 창고에 들여 나의 집에 양식이 있게 하고 그것으로 나를 시험
하여 내가 하늘 문을 열고 너희에게 복을 쌓을 곳이 없도록 붓지 아니하나 보
라(말 3:10).

정말로 우리에게 힘과 용기를 주는 좋은 말씀이다. 그런데 만일 이러
한 성경 구절의 문맥을 무시하고 우리의 일상에 적용한다면, 그리스도인
은 언제나 마음먹은 일을 다 해야 하고, 믿는 대로 되어야 하며, 불 속에
들어가도 죽지 않아야 한다. 그리고 빈약하게 시작했으나 나중에는 번성
해야 하고, 십일조를 충실히 한 성도는 쌓을 곳이 없는 넘치는 복을 받아
야만 한다. 이게 과연 하나님의 뜻일까? 성경의 문맥이 이 점을 강조할
까? 그렇지 않다. 성경을 제대로 이해하려면 본문이 어떤 배경에서, 최초
의 독자들에게 어떤 메시지를 전달하기 위해 기록되었는지를 살피고, 거
기서 일반적인 원리를 찾아 우리에게 적용해야 한다. 이런 관점에서 보면
일부 목회사나 설교사들이 선호하는 '제목 설교'는 자칫하면 아주 위험한
결과를 초래한다. 문맥과 상관없는 서로 다른 성경 구절을 무작위로 주워
담아 설교자가 의도하는 메시지를 만들어 낼 수 있기 때문이다.[17]

---

17   같은 책, 125.

마지막 13절은 본문의 결론인데, 마귀가 시험을 끝낸 후에 얼마 동안 떠났다고 설명한다. 그런데 이상한 점은, 마태나 마가는 천사들이 시중들었다고 기록하는데, 누가는 천사에 대해 언급하지 않는다는 것이다. 정말로 이상하지 않은가? 누가복음은 1-2장에서 다른 복음서보다 훨씬 많은 구절을 할애하여 천사들의 적극적인 활동을 묘사한다. 심지어 천사의 이름까지 밝힌다. 가브리엘 천사가 제사장 사가랴에게 나타나 요한의 탄생을 예고하고(1:11-20), 마리아에게 나타나 예수님의 출생 비밀을 미리 알려 준다(1:26-38). 그리고 천사들이 목자들에게 나타나 예수님의 탄생 소식을 전해 준다(2:8-14). 아마 본문에 천사의 언급이 없는 것은, 천사들을 보는 것과 같은 신비한 현상을 체험하는 것보다, 일상에서 성령 충만한 삶을 사는 것이 더 중요하다는 진리를 전달하려는 것이 아닐까?

13절의 앞부분에 나오는 "마귀가 모든 시험을 다 한 후에"라는 표현을 눈여겨보자. 대부분의 성경 주석이 이 구절에 대해 별다른 설명을 하지 않고 지나간다. 특별한 의미가 없다고 판단했기 때문일 것이다(마태복음에는 아예 이 구절이 없다.). 하지만 자세히 점검하면 저자인 누가의 뛰어난 문학적 상상력을 엿볼 수 있다. 그렇다면 '시험을 다 마쳤다'는 뜻이 무엇일까? 본문에서 언급한 세 번의 시험이 끝났다는 의미일까? 당연히 이 의미가 포함된다. 그러나 그 이상의 의미를 지닌다. 누가복음은 예수님이 40일 동안 금식하시며 시험을 받으셨고, 금식이 끝나 굶주린 상태에서도 시험을 받으신 것으로 묘사한다. 이렇게 보면 주님은 세 번의 시험만 당하신 것이 아니다. 그 이상 여러 차례의 고통스런 시험에 시달리셨다. 마귀는 예수님이 광야에서 머무는 동안 온갖 유혹으로 압박하며 총력을 기울였지만, 끝내 주님을 넘어뜨리지 못했다.[18] 영어 성경 역본으로 13절을 비교하면 재미있는 사실을 발견하게 된다.

마귀는 그가 할 수 있는 <u>모든 방법을 총동원하여</u> 예수님을 시험한 후에, 잠시 떠났다(CEV).

마귀는 가능한 모든 방법을 다 써서 예수님을 시험한 후에 <u>더 이상 시험할 방도가 없자</u>, 잠시 떠났다(NJB).

위의 역본에 의하면 마귀는 예수님을 몇 번 시험하다가 그냥 단념하고 떠난 것이 아니다. 자신이 할 수 있는 온갖 수단과 방법을 총동원하여 주님을 넘어뜨릴 계략을 찾다가, 결국 포기하고 패배한 채로 떠났다. PHILLIPS, NJB 역본은 이 대목에서 'exhaust(녹초가 되다)'라는 단어를 사용한다. 이는 완전히 탈진한 상태를 암시한다. 본문에 등장하는 마귀는 예수님이 "물러가라"는 말을 하지 않았는데도, 더 이상 버틸 힘이 없어 스스로 퇴각하고 말았다.

우리는 이 장면에서 매우 아이러니한 모습을 본다. 사탄이 어떤 존재인가? 창세기 3장 1절에 의하면, 아담과 하와를 타락하게 한 그는 '가장

---

18 Charles R. Swindoll, *Swindoll's New Testament Insights on Luke* (Grand Rapids: Zondervan, 2012), 100.

간교한 자'다. '간교한'이란 말은 '교묘한', '영리한', '약삭빠른', '교활한'이란 뜻이다. 에덴동산에서는 보란 듯이 하와를 유혹한 간사하고 꾀가 많은 마귀가, 이제 광야에서 예수님을 시험하다가 유혹할 방법조차 찾지 못하고 완전히 탈진하여 스스로 달아난다. 얼마나 대조적인가!

13절의 후반부, 즉 "(마귀가) 얼마 동안 떠나니라." 하는 표현은 독자의 마음을 불안하게 한다. 언제든지 다시 등장하여 시험할 가능성이 있기 때문이다. 마태복음에서는 예수님이 통쾌한 승리를 거두신다. 마지막 시험에서 "사탄아 물러가라." 하고 단호하게 외치시자 마귀가 떠난다. 그렇지만 누가복음에는 이처럼 속을 후련하게 하는 장면이 없다. 누가는 왜 마지막을 이렇게 처리했을까? 과연 '얼마 동안'이란 말의 의미가 무엇일까? 영어 성경은 이 표현을 다양하게 "더 좋은 때가 올 때까지(NCV)", "다음 기회가 올 때까지(NLT)", "적당한 때가 올 때까지(NAS)"로 번역한다. 헬라어 원문을 직역하면 이렇다.

모든 시험을 다 끝낸 후에 마귀는 적당한 때가 올 때까지 잠시 떠나 있었다 (YLT).

MSG 역본은 13절을 다음과 같이 처리한다.

시험은 이렇게 끝났다. 마귀는 잠시 물러가 다음 기회를 노리며 엎드려 기다리고 있었다.

혹시 이와 유사한 내용을 창세기 어딘가에서 본 적이 있는가? 마귀가 적당한 기회를 노리며 엎드려 기다리는 장면 말이다. 그렇다! 이 광경은 창세기 4장 7절에서 처음으로 나타난다. 가인과 아벨이 하나님께 제사를 드렸을 때, 아벨과 그의 제물은 하나님이 받으셨으나 가인과 그의 제물은 받지 않으셨다. 이에 가인이 분노하여 안색이 변하자, 하나님은 그를 책망하며 "(네가) 선을 행하지 아니하면 죄가 문에 엎드려 있느니라." 하고 경고한 후, 죄를 다스리라고 명령하신다. 그러나 바로 다음 절에서 가인은 죄에게 굴복하여 마침내 그의 아우 아벨을 쳐 죽인다(8절). 에덴동산에서 있었던 인간의 원죄가 가져온 끔찍한 결과를 성경은 이렇게 보여 준다. 실제로 MSG 역본은 창세기 4장 7절에서 누가복음과 동일한 표현을 사용하여 "네가 선을 행하지 않으면, 죄가 너를 덮치기 위해 엎드려 기다리고 있다."라고 번역한다. 창세기에서는 '마귀'가 '죄'로 대치되었을 뿐, 본문과 똑같은 상황이 연출된다(누가복음의 내레이터는 22장 3절에서 적당한 기회를 노리며 엎드려 기다리고 있던 사탄이 가룟 유다에게 들어갔다고 알려 준다.).

이 마지막 문장(13절)을 통해 저자가 무엇을 말하려는 것일까? 창세기 4장의 사건은 아담과 하와의 타락 이후 이들의 자녀에게서 나타난 최초의 살인 사건이다. 저자는 예수님의 시험과 아담의 원죄가 직결된다고 밝히며, 이 배경 속에서 본문을 해석하라는 암시를 준다. 그러기에 본문의 앞과 뒤를 아담과 관련된 이야기로 감싼다(3:38; 4:13). 아담의 아들 가인은 방심하다가 죄의 유혹을 받고 동생을 살해했지만, 예수님은 결코 마귀의 유혹에 넘어가지 않으셨다. 더욱이 아담의 원죄가 아들에게 전가되어 형이 동생을 죽이는 엄청난 비극이 발생했지만, 마지막 아담이신 예수님 은 자신의 목숨을 희생하여 우리에게 생명을 주신다. 이제 누가는 4장 14절부터 시작되는 예수님의 이야기를 통해 그 놀라운 현장을 소개할 준비를 한다. "마귀가 모든 시험을 다한 후에 얼마 동안 떠나니라." 누가복음에만 나오는 이 간결한 마지막 문장, 얼마나 멋진 문학적 장치인가! 과연 누가복음과 마태복음에 기록된 예수님의 시험 이야기가 동일한 메시지를 전해 준다고 말할 수 있을까?

마태복음과 누가복음에 기록된 예수님의 시험 이야기는, 두 번째와 세 번째의 순서가 바뀌었다는 점을 제외하면 거의 비슷하게 보인다. 하지만 꼼꼼히 살펴보면 의외로 다른 점이 많다. 117쪽에 있는 표를 통해 시험의 순서를 비교해 보자.

시험의 순서에 관해서는 학자들 사이에 다양한 논쟁이 있다.[19] 대체로 마태는 산에 중요한 신학적 의미를 부여하기 때문에(마 28:16-20) 높은 산과 관련된 시험을 마지막에 두었을 것이라고 말한다. 한편 누가는 성전을 중시하기 때문에(눅 24:53) 성전과 관련된 시험이 마지막에 오도록 했다고

---

19 시험의 순서에 관한 논쟁은 Joseph A. Fitzmyer, *The Anchor Bible, The Gospel According to Luke* (Garden City: Doubleday, 1985), 507-8 참고.

복음서, 그 차이를 읽다

마태복음	누가복음
1) 돌들이 떡이 되게 하라(인용문_신 8:3, 배경 사건_출 16장).	1) 돌이 떡이 되게 하라(인용문_신 8:3, 배경 사건_출 16장).
2) 성전 꼭대기에서 뛰어내리라(인용문_신 6:16, 배경 사건_출 17장).	2) 내게 절하면 권위와 영광을 주리라(인용문_신 6:13, 배경 사건_출 32장).
3) 내게 경배하면 모든 것을 주리라(인용문_신 6:13, 배경 사건_출 32장).	3) 성전 꼭대기에서 뛰어내리라(인용문_신 6:16, 배경 사건_출 17장).

주장한다. 물론 이러한 관점이 순서를 결정하는 중요한 요인이 될 수 있다. 하지만 이보다 더 근본적인 이유는, 마태복음에 나오는 예수님의 시험 이야기가 이스라엘 백성의 광야 생활과 직결되기 때문이다. 마태는 이스라엘 백성의 과오를 처음부터 하나씩 순서대로 지운다. 따라서 예수님이 인용하신 성경 구절은 뒤에서부터 앞으로, 배경 사건은 앞에서부터 뒤로 진행된다.

누가복음의 경우는 어떤가? 대부분의 신학자와 설교자들이 누가의 본문에서 이스라엘 백성의 '광야 생활'과 '메시아' 이미지, 그리고 '아담과 하와의 타락' 사건을 찾아낸다. 하지만 누가복음의 본문은 '아담의 원죄'를 배경으로 해석해야 한다. 물론 광야 생활이나 메시아 이미지가 없다는 의미는 아니다. 단지 아담의 경우와 비교해 볼 때 관련성이 밀접하지 않고, 저자의 초점이 거기에 있지 않다는 뜻이다.

이스라엘 백성의 광야 생활 이미지는 광야, 40일, 시험, 신명기 인용구에서 나타난다. 그러나 이스라엘 백성의 과오를 예수님이 해결하시는 것으로 묘사하려면, 신명기 인용문이나 배경 사건의 순서가 일관성이 있어야 한다. 쉽게 말하면 마태복음의 경우처럼 '순서대로' 되어야 마땅하다 (그런데 누가는 의도적으로 이 순서를 바꾼다.). 게다가 첫 번째 시험에서 '돌'이 복수로 사용되어야 한다. 그래야 만나 사건을 암시한다. 누가가 신명기 인용구(신 8:3)를 축약한다는 점도 만나 사건과의 연관성을 약화시킨다.

메시아 이미지는 어떤가? 본문에 나오는 '하나님의 아들'이란 칭호는 고난 받는 메시아를 의미하는데, 3장 22절에 나오고, 족보를 건너 뛴 후, 4장 3절과 9절에서 다시 언급된다. 하지만 예수님의 긴 족보가 중간을 가로막고 있고, 족보의 마지막 단어가 '하나님의 아들'이란 칭호로 끝난다. 따라서 본문에 등장하는 '하나님의 아들'은 메시아라는 의미보다, 예수님이 아담의 후손이라는 점을 더욱 강조한다.

마지막으로 아담과의 연관성을 살펴보자. 저자는 다양한 문학적 장치를 통해 예수님의 시험과 아담과 하와가 받은 유혹을 결합시킨다. 첫째, 본문 바로 앞에 족보를 배치하고 '하나님의 아들'이란 용어로 끝나게 함으로써, 아담과 예수님의 시험을 연결시킨다. 사실 문맥 차원에서 보면 이 결합이 최고로 강하다. 제일 가깝기 때문이다. 둘째, 첫 번째 시험에서

'돌'을 단수로 표현하여 예수님의 시험을 민족적 차원이 아닌 개인적 차원으로 해석하도록 유도한다. 셋째, 두 번째 시험에서 '시각적' 이미지를 특히 강조하여 하와에게 있었던 두 번째 유혹, 즉 "보암직도 하고(창 3:6)"란 표현과 일치시킨다. 넷째, 4장 6절에 나오는 "내게 넘겨 준"이란 구절을 통해 아담의 타락을 암시한다. 다섯째, 마지막 시험에서 마귀가 하나님의 약속을 원문에 가깝게 왜곡하여 인용하며 예수님을 유혹한다. 마태복음의 경우보다 한층 더 치밀한 전략을 구사한다. 마귀는 하와를 유혹할 때에도 이런 식으로 접근한다. 하나님의 명령을 날조하여 선악과 열매를 먹어도 죽지 않고, 심지어 눈이 밝아져 하나님과 같이 된다고 설득한다. 여섯째, 마지막 13절을 통해 아담과 하와의 타락 현장, 또 아담의 자녀인 가인의 살인 행위를 상기시키며 원죄가 가져온 무서운 결과를 떠올리게 한다.

그렇다면 본문에 기록된 시험의 순서와 아담의 타락 이야기가 어떻게 연결될까? 창세기 3장 6절은 에덴동산에서 있었던 유혹을 '3중'으로 설명한다.

> 여자가 그 나무를 본즉 먹음직도 하고 보암직도 하고 지혜롭게 할 만큼 탐스럽기도 한 나무인지라 여자가 그 열매를 따먹고 자기와 함께 있는 남편에게도 주매 그도 먹은지라.

하와가 받은 유혹은 세 가지인데 순서대로 보면, ① 먹음직도 하고,

② 보암직도 하고, ③ 지혜롭게 할 만큼 탐스럽기도 했다고 말한다. 이 세 가지를 예수님의 시험과 연결시키면 다음과 같다.

1) 첫 번째 시험: 돌에게 명하여 '떡'이 되게 하라.

　　먹음직도 하고

2) 두 번째 시험: '순식간에' 천하만국을 '보여 주며' 내게 절하라.

　　보암직도 하고

3) 세 번째 시험: 성전 꼭대기에서 뛰어내리라.

　　(하나님의 약속을 왜곡하며 '하나님'을 시험하게 함)

　　지혜롭게 할 만큼 탐스러운 나무,

　　선악과를 따 먹으면 '하나님'처럼 된다고 약속

아담과 예수님이 받은 첫 번째 시험은 인간의 가장 원초적인 욕구, 즉 식욕을 채우는 것이었다. 마귀는 굶주린 예수님에게 맛있는 떡을 만들어 먹으라고 했고, 하와가 본 선악과는 정말로 먹음직했다. 두 번째 시험은 가장 멋지고 볼 만한 광경을 눈앞에 펼쳐 보이며 시선을 끌고, 그것을 취하라는 것이었다. 마귀는 순식간에 당대의 최고 문명이었던 로마 제국과 그 주변 국가들의 화려함을 보여 주며 현혹하였다. 그리고 하와가 강렬한 욕구를 느끼며 쳐다본 선악과는 보암직했다. '보암직했다'는 말은 '눈을 기쁘게 했다'는 뜻이다. 세 번째 시험은 하나님의 약속을 왜곡하며 '하나님'을 시험해 보라는 것이었다. 마귀는 예수님을 유혹하며 시편에 나오

　　　　　　　　　　　　　　　　　복음서, 그 차이를 읽다

는 약속을 엉뚱하게 적용하여 하나님을 시험하라고 제안했고, 하와에게 접근하여 선악과를 따 먹으면 죽지 않고 오히려 '하나님'과 같이 지혜롭게 된다고 속였다(창 3:5).

누가가 시험의 순서를 본문과 같이 정한 것은 창세기 3장 6절에 언급된 3중 유혹과 순서를 맞추기 위함이다.[20] 만약 마태복음처럼 두 번째와 세 번째 시험의 순서가 바뀌었다면, 창세기 3장에 나오는 유혹과 순서가 맞지 않았을 것이다. 누가복음의 최초 독자였던 이방인의 시각에서 보면, 예수님이 인류의 구세주가 되기 위해서는 반드시 아담이 저지른 범죄의 결과를 되돌리셔야 했다.[21] 따라서 누가는 예수님과 아담을 비교하며 아담은 풍요로운 환경에서 실패했지만, 예수님은 광야 생활에서도 승리했음을 보여 준다. 아담은 '낙원'에서 추방되어 '광야'로 쫓겨났지만, 주님은 우리를 위해 '광야'로 들어가 자신이 직접 시험을 당함으로써 마침내 우리를 '낙원'으로 인도하신다. 이를 입증하기 위해 누가복음에 등장하는 예수님은 숨을 거두시기 직전, 십자가에 못 박힌 채 회개하는 한 죄수에게 "오늘 네가 나와 함께 낙원에 있으리라(23:43)." 하고 선언하신다(이 내용이 다른 복음서에는 없다.). 여기에 사용된 '낙원'에 해당하는 헬라어가, 창세기 2장 8절의 '에덴동산'을 설명할 때 사용된 헬라어와 동일하다. 70인역 성경

---

20 Charles H. Talbert, *Reading Luke* (Macon: Smyth & Helwys, 2002), 50.
21 Grant R. Osborne & Philip W. Comfort, *Life Application Bible Commentary: Luke* (Carol Stream: Tyndale, 1997), 84.

에 이렇게 되어 있다. 정말로 기막힌 누가의 서사 전략 아닌가!

예수님은 제2의 아담으로서 아담의 전례를 따르지 않았다. 최초의 아담이 실패한 그 자리에서 승리하셨다. 이제 광야에서 아담의 실패를 되돌리신 주님은 서서히 예루살렘을 향해 움직이시며, 사탄의 왕국에 침입하여 사탄이 묶어 놓은 다양한 사람들을 자유롭게 하신다.[22] 누가복음의 내레이터는 예수님의 시험 이야기 바로 뒤에 이어지는 단락에서 이 사실을 분명히 밝히며 이야기를 서술한다(4:16-21). 누가의 증언에 의하면 예수님은 이러한 목적을 달성하기 위해 세상에 오셨다. 본문이 최초의 독자들에게 들려준 메시지가 바로 이것 아닐까?

적용 하기 본문에 묘사된 예수님은 인류의 대표자로서 아담과 하와가 저지른 원죄의 문제를 해결하신다. 그러므로 예수님이 보여주신 이러한 사례는, 누가복음의 최초 수신자인 데오빌로를 비롯한 모든 그리스도인이 어떻게 살아야 하는지를 보여 주는 좋은 본보기가 된다. 우리는 본문에서 몇 가지 원리를 찾아 삶에 적용할 수 있다.

첫째, 어렵고 힘든 일이 있을 때 주님께 매달려라. 누가는 족보를 통해 예수님이 아담의 후손으로 실제 인물이었으며 우리와 똑같은 인간이

---

22 Walter C. Kaiser, Jr. and others, *Hard Sayings of the Bible* (Downers Grove: IVP, 1996), 457.

라는 점을 강조한다. 그분은 광야에서 굶주림과 외로움, 척박한 환경, 그리고 천사의 도움조차 받지 못한 상태에서 시험을 받으셨으나 승리하셨다. 시험을 당할 필요가 없었는데 왜 그렇게 하셨을까? 우리에게 본을 보이기 위해서다. 주님은 그리스 로마 신화에 나오는 신화적 인물이 아니다. 지금도 살아 계셔서 도와주시는 분이다. 따라서 우리가 어려운 일을 당할 때 얼마나 힘들지를 다 아시기에, 가장 적당한 때에 적절한 방법으로 도와주신다(히 4:15).

둘째, 마귀는 우리에게 하나님의 뜻보다 쉽고 편한 길을 택하도록 유혹한다. 말 한마디로 돌을 떡으로 만들고, 십자가의 고통 없이 세상의 권력과 영광을 얻으며, 하나님을 시험하여 순식간에 세상 사람들의 관심을 끌라고 속삭인다. 아울러 '하나님의 자녀'이기 때문에 승진에서 탈락되어서는 안 되고, 위험한 상황에 처해도 피해를 입지 않아야 하며, 천사의 도움을 받아 항상 성공적인 삶을 살아야 한다고 부추긴다. 그러나 그렇지 않다. 그리스도인도 교통사고를 당하고, 원인 모를 병에 걸려 세상을 일찍 떠나기두 하며, 회사에서 구조 조정 대상이 되어 쫓겨나기도 한다. 절대로 기복신앙이나 만사형통의 교리에 현혹되지 말라. 모든 상황을 하나님이 주관하신다는 진리를 믿고 감사하며 그분께 맡겨라.

셋째, 성령 충만한 삶을 추구하라. 시험을 이기는 비결은 성령 충만에 있다. 누가는 특히 이 점을 강조한다. 그렇기에 본문의 앞과 뒤를 '성령'이란 용어로 감싼다(4:1, 14). 성령 충만은 최고로 헌신한 소수의 신자들에게만 주어지는 특권이 아니다. 오히려 자신의 스승을 배신하여 다 도망가고 예수님을 떳떳하게 소개할 용기조차 없었던 제자들이 성령 충만을 경험했다(행 2장). 신비한 경험이나 기적적인 신앙 체험만을 추구하지 말라. 비록 광야와 같은 환경에서라도 그분의 뜻을 묵묵히 따른다면, 즉각적인 기도 응답이 없고 내세울 만한 신앙 간증거리가 없어도, 그러한 삶 자체가 기적이다. 그리스도인의 삶에서 하나님과의 관계보다 더 소중한 것은 없다.

넷째, 성령 충만하다고 해서 결코 시험에서 제외되지 않는다. 오히려 더 사탄의 공격 대상이 된다. 마귀는 자신의 영역이 축소되는 상황을 절대로 방관하지 않는다. 그러나 두려워할 필요가 없다. 성령께서 우리를 이끌어 주신다. 열심히 하나님의 말씀을 실천하며 사는데 어려운 일이 지속되거든, 오히려 감사하라. 어떤 면에서 내가 성경대로 산다는 증거가 될 수 있으니 말이다.

다섯째, 성경을 꾸준히 읽어 성경 말씀의 의미와 각 구절의 문맥을 철저히 파악하라. 평신도라는 핑계를 내세우며 성경에 대해 무지한 것을 합리화하지 말라. 그리스도인은 누구나 제사장이다. 이는 그리스도인 누구나 말씀 전문가여야 한다는 뜻이다. 마귀도 때로는 성경 구절을 이용하여 우리를 시험한다. 하지만 자신에게 불리한 부분은 쏙 빼고 성경의 문맥에서 분리하여 왜곡한다. 그러므로 성경 구절의 의미와 문맥을 모르면 당할 수밖에 없다. 지금 이단 종교가 그렇게 하고 있지 않은가?

여섯째, '얼마 동안' 떠나 있는 마귀는 문 앞에서 기회를 엿보고 있다가 틈만 나면 그리스도인을 공격한다. 항상 말씀의 검으로 무장하고 영적으로 깨어 있으라.

예수님의 시험 이야기 비교

	마태복음	마가복음	누가복음
공통점	1) 성령에 의해 광야에서, 마귀(사탄)에게 시험을 받으심 2) 40일에 대한 언급		
분량	11절 (마 4:1-11)	2절 (막 1:12-13)	13절 (눅 4:1-13)
특징	메시아로서, 과거 이스라엘 백성의 광야 생활 실패를 회복시키시는 예수님	수동적으로 끌려다니시는 예수님	아담의 후손으로서, 아담의 실패를 회복시키시는 예수님
차이점	1) 이스라엘 백성이 실패한 사건 순서에 맞춰 시험 순서를 정리 2) 성령에게 이끌리신 예수님(1절) 3) 예수님이 광야로 가신 목적을 분명히 밝힘(1절) (이스라엘 백성과의 유사성 강조)	1) 시험의 내용이나 결과에 대한 언급조차 없음 2) 금식에 대한 언급, 암시 없음 3) 사탄(대적하는 자)과의 대결 상황 강조(사탄의 세력과의 대결이 마가복음의 전체적인 주제)	1) 하와가 받은 3중 유혹에 맞춰 시험 순서를 정리 2) 문맥의 차이(족보의 위치 때문에 "하나님의 아들"의 의미가 마태복음과 다름) 3) 지속적으로 성령에게 이끌리신 예수님(1절)

복음서, 그 차이를 읽다

차이점	마태복음	마가복음	누가복음
	4) 40일을 금식하신 후에 시험을 받으심	4) 성령에 의해 광야로 쫓겨나신 예수님(12절)	4) 40일 동안과 그 기간이 끝난 후에도 시험을 받으심
	5) 모세와의 연관성 강조("밤낮", "금식", "높은 산")	5) 아무 말도 못하고 끌려다니시는 예수님	5) 아담과의 대비 강조("아무 것도 접수시거지 아니하시나")
	6) "돌"을 떡으로 간들라고 함(만나 사건 암시)	6) 40일 내내 시험을 받으심	6) "돌"을 떡으로 만들어 먹으라(개인의 욕구 충족): 하와가 받은 유혹과 일치("떡음식도 하고")
	7) 신명기 구절(8:3)을 최대한 원문에 가깝게 인용(만나 사건 암시)	7) 시험 기간 내내 천사가 함께 함(고통을 당하는 이들에 대한 하나님의 지속적인 격려 강조)	7) 신명기 인용순(8:3)을 마태복음보다 축약하여 사용(만나 사건 전과의 연관성을 약화시킴)
	8) 마귀(비방자)와의 싸움 강조(마지막에만 "사탄"이란 호칭 사용)	8) 들짐승과 함께하심(1세기 교회 공동체가 직면했던 어려운 상황을 시청각적으로 암시)	8) 두 번째 시험에서 시각적 효과를 특히 강조("순식간", "천하 만국"): 하와가 받은 유혹과 연결시키기 위함("보암직도 하고")
	9) "기록되었으되"라는 표현을 세 번 사용(유대인 독자 암시)	9) 힘든 광야 생활 강조("광야"라는 단어를 연속해서 두 번이나 사용)	9) 아담의 타락을 암시하는 표현 사용("내게 넘겨 준")

마태복음	마가복음	누가복음
차이점		
10) 시험이 끝난 후에 천사가 등장	10) 성령의 강력한 활동 암시((10절, 12절): 배후에서 모든 상황을 주관하시는 하나님 강조	10) 마지막 시험에서 마귀가 성전의 의미와 하나님의 의무를 특히 강조(9~10절)
11) "주목하여 보라"라는 표현을 사용(11절)	11) 급박하게 돌아가는 상황 암시("곧")	11) "기록되었으되"라는 표현을 두 번만 사용
12) "하나님의 아들(3절, 6절)"이 메시아를 의미함		12) 천사에 대한 언급이 없음
13) 1세기 유대인들이 가지고 있던 메시아에 대한 통념을 상기시킴: 첫 번째 시험과 두 번째 시험		13) "하나님의 아들(3절, 9절)"이 아담의 후손을 암시
14) 위엄 있게 사탄을 물리치시는 예수님을 강조(10절)		14) 가장 간교한(창 3:1) 마귀의 무능력 강조 ("모든 시험을 다 한 후에"): (하와의 타락과 대비)
		15) 발전하여 스스로 퇴각하는 마귀의 모습 강조(13절)

누가복음	마가복음	마태복음	
16) 가인의 살인 행위 암시("얼마 동안 떠나니라") 17) 아담과 관련된 표현이 본문 앞뒤를 감싸고 있음(3:38; 4:13) 18) "성령"이란 용어를 본문 앞과 뒤에 배치(1절, 14절) 19) 예수님이 세례를 받으신 사건을 두 절에 걸쳐 가장 짧게 기술하고, 본문의 이야기를 열세 절에 걸쳐 가장 길게 서술:(인류의 대표자인 예수님이 원죄의 문제를 해결하는 본임을 강조)			차이점

제2부

'개' 취급당한
여인 이야기

역사상 요즘처럼 '개'의 위상이 높았던 때가 또 있을까? 치료용 전문 병원은 물론이고 전용 장례식장, 유치원, 호텔, 요가 강습소, 온천이 등장하고, 심지어 애완견을 위한 TV 채널까지 있다니 말이다. 하지만 아무리 그렇다 해도 인간이 개 취급을 받는 것은 결코 유쾌하지 않다. 그런데 여기 예외가 있다. 예수님이 '개(강아지)'라는 표현을 사용하여 한 이방 여인을 믿음의 세계로 끌어들이며, 그녀의 간절한 소원을 시원하게 풀어 주신 사례다. 마태와 마가는 각기 독특한 기법으로 이 기적의 현장을 묘사하며 자신만의 메시지를 독자에게 전달한다.

마태복음이나 마가복음에 있는 본문에 기초하여 설교한 자료를 보면, 상당수가 두 텍스트의 차이를 제대로 이해하지 못하고 내용을 뒤죽박죽 섞어, 결국 동일한 메시지를 이끌어 낸다. 분명히 텍스트는 마태복음인데 여인의 재치를 강조하고, 텍스트는 마가복음인데 여인의 믿음과 예수님의 경멸하는 태도가 자주 언급된다. 물론 두 본문에서 결론은 언제나 여인이 '개' 취급을 당하는 심한 멸시를 받았으나 끝까지 참아 승리했다는 문장으로 마무리된다.

그러나 성경을 이렇게 해석해서는 안 된다. 마태복음과 마가복음의 본문은 문학적 문맥이 다르고, 당연히 메시지도 다르다. 마태복음은 예수님이 보이신 냉정한 반응과 가나안 여인의 '믿음'을, 마가복음은 여인의 재치 있는 대답과 '지혜'를 강조한다. 또 마태가 이 여인을 가나안 여인이라고 부른 이유가 있고, 마가가 그 딸이 더러운 귀신에게 사로잡혔다고 강조한 까닭도 있다. 본문이 현재 위치에 배치될 수밖에 없는 사연도 분명히 있다. 따라서 설교자는 물론이고, 성도들도 성경 말씀을 제대로 적용하기 위해, 먼저 본문의 문맥과 의미를 정확하게 파악해야 한다. 말씀을 이해하는 만큼 적용의 깊이가 달라지기 때문이다. 이제 2,000년 전으로 거슬러 올라가, '개' 취급당한 이방 여인을 만나 보자.

제4장

마태의 메시지:
가나안 여인의 믿음

(마 15:21-28)

21)예수께서 거기서 나가사 두로와 시돈 지방으로 들어가시니 22)가나안 여자 하나가 그 지경에서 나와서 소리 질러 이르되 주 다윗의 자손이여 나를 불쌍히 여기소서 내 딸이 흉악하게 귀신 들렸나이다 하되

23)예수는 한 말씀도 대답하지 아니하시니 제자들이 와서 청하여 말하되 그 여자가 우리 뒤에서 소리를 지르오니 그를 보내소서 24)예수께서 대답하여 이르시되 나는 이스라엘 집의 잃어버린 양 외에는 다른 데로 보내심을 받지 아니하였노라 하시니

25)여자가 와서 예수께 절하며 이르되 주여 저를 도우소서 26)대답하여 이르시되 자녀의 떡을 취하여 개들에게 던짐이 마땅하지 아니하니라 27)여자가 이르되 주여 옳소이다마는 개들도 제 주인의 상에서 떨어지는 부스러기를 먹나이다 하니 28)이에 예수께서 대답하여 이르시되 여자여 네 믿음이 크도다 네 소원대로 되리라 하시니 그때로부터 그의 딸이 나으니라

먼저 본문의 문학적 문맥을 살펴보자. 마태복음 15장 1절부터 16장 12절까지를 하나의 단위로 묶을 수 있는데, 여기에는 다음과 같은 다섯 편의 이야기가 담겨 있다.

1) 15:1-20(장로들의 전통에 관한 바리새인의 논쟁)

2) 15:21-28(가나안 여인의 이야기)

3) 15:29-31(많은 병자를 고치신 이적)

4) 15:32-39(4,000명을 먹이신 기적)

5) 16:1-12(바리새인과 사두개인에 대한 경고)

이 부분을 하나의 단위로 묶은 이유는, 처음과 끝이 바리새인의 교훈과 관련되어 있기 때문이다. 다시 말하면 바리새인들이 찾아와 예수님과 논쟁을 벌이는 장면에서 시작하여, 예수님이 제자들에게 바리새인의 누룩, 즉 그들의 가르침을 조심하라고 경고하는 장면으로 마무리된다. 모두 다섯 단락인데, 15장 1-20절은 바리새인과 서기관들이 예수님께 나아와 장로들의 전통 준수 문제를 놓고 설전을 벌이는 광경이다. 21-39절은 예수님이 왕적 권능을 지닌 메시아라는 사실을 보여 주는 세 개의 이적을 제시한다. 여기에는 가나안 여인의 이야기, 많은 병자를 고치신 이적, 4,000명을 먹이신 기적이 포함된다. 마지막 단락은 예수님이 바리새인과 사두개인을 책망하는 내용과, 이들의 교훈을 삼가라고 제자들에게 경고하는 내용을 담고 있다.

이 부분은 모두 '떡(음식)'이란 단어로 밀접하게 엮여 있다(15:2, 11, 26, 27, 33, 34, 36; 16:5, 7, 8, 9, 10, 11, 12). 이를 순서대로 정리하면 다음과 같다. 손을 씻지 않고 떡을 먹는 문제(15:2) → 음식의 정결 문제(15:11) → 자녀의 떡(15:26) → 개가 먹는 부스러기(15:27) → 일곱 개의 떡(15:34) → 바리새인의 누룩(16:6). 아울러 '보는 자'와 '보지 못하는 자'가 뚜렷한 대조를 보인다(마가복음의 문맥은 이러한 대조가 다소 약하다.). 앞에서도 지적했듯이 이 대목은 바리새인에 관한 이야기가 앞과 뒤를 감싸고 있다. 이런 관점에서 보면 앞뒤에 등장하는 바리새인, 중간에 등장하는 가나안 여인, 그리고 이적을 체험한 큰 무리의 반응은 뚜렷한 대비를 이룬다. 유대인 지도층에 속하는 바리새인은 스스로 잘 안다고 자부하나 실제로는 앞을 보지 못하는 시각 장애인, 또 겉과 속이 다른 위선자에 불과하다. 실제로 예수님은 바리새인과 사두개인을 "맹인이 되어 맹인을 인도하는 자(15:14)", 날씨는 분별할 줄 알면서 시대의 표적은 분별하지 못하는 "악하고 음란한 세대(16:3-4)"라고 심하게 책망한다. 반면에 더럽다고 멸시를 받던 가나안 여인은 예수님으로부터 "네 믿음이 크도다(15:28)." 하는 엄청난 칭찬을 받고, 병 고침을 목격한 이방인 무리는 '이스라엘의 하나님'께 영광을 돌린다(15:31).[1] 이 얼마나 대조적인가! 예수님이 바리새인과

---

[1]   예수님이 각종 병을 고치신 큰 무리와(15:29-31) 4,000명을 먹이신 기적(15:32-39)의 대상은 동일한데, 이들이 누구인가에 대해서는 학자들 간에 이견이 있다. 이들이 '이스라엘의 하나님(31절)'을 찬양한 것을 보면 이방인이라고 주장하는 견해가 있는가 하면, 유대인들이 자신의 백성을 돌봐 주신 하나님을 찬양한다고 주장하는 관점도 있다. 하지만 ① 4,000명을 먹이신 후에 '일곱' 광주리의 떡이 남았고, ② '바구니'와 '광주리'를 의미하는 헬라어 단어가 5,000명을 먹이신 때와 4,000명을 먹이신 때가 다르다는 점, ③ 유대인들이 이전에 이처럼 놀라운 기적

사두개인을 이처럼 심하게 질책한 내용은 마태복음에만 기록되어 있다. 더욱이 이 부분이 가나안 여인의 이야기를 감싸고 있기 때문에, 본문이 제시하는 메시지를 찾을 때 반드시 이 점을 고려해야 한다.

문맥과 관련된 또 하나의 중요한 사항은, 15장 1-20절에 언급된 장로들의 전통에 관한 논쟁이 본문 해석에 영향을 미친다는 점이다. 사실 이 내용은 예수님 당시 바리새인들이 지키던 전통과 관련되기 때문에, 현대인이 보기에는 따분하고 별 의미가 없는 것처럼 보인다. 그래서 때로는 그냥 무시한 채 곧바로 본문으로 넘어가고 싶은 충동을 느끼기도 한다. 그렇지만 최소한 본문 앞뒤 단락의 의미는 꼭 짚어야 한다(이 단락의 내용도 마가복음과 비교하면 결론이 다르다.). 단락의 내용을 세분하면 이렇다.

1) 15:1-2(바리새인과 서기관이 예수님을 비난함)

  * 문제: 예수님의 제자들이 떡을 먹기 전에 손을 씻지 아니함

2) 15:3-11(예수님이 종교 지도자들의 오류와 외식을 책망하심)

    인간의 전통으로 하나님의 법을 무시하기 때문

3) 15:12-14(외식하는 종교 지도자들의 미래를 경고하심)

4) 15:15-20(참 정결의 기준을 제시하심)

  * 결론: 씻지 않은 손으로 떡을 먹는 것이 사람을 더럽게 하지 못함

을 체험하고도 하나님께 영광을 돌리지 아니한 점(9:32-34; 12:22-24)을 감안하면, 15장 31절에 등장하는 무리는 이방인으로 보는 편이 좋다. 이 문제에 관하여는 M. Eugene Boring, *The New Interpreter's Bible*, vol. VIII (Nashville: Abingdon), 339 참조.

복음서, 그 차이를 읽다

여기서 말하는 장로들의 전통은 바리새인의 구전 율법을 가리키는데, 구약성경에 의하면 제사장은 특별한 의식을 집행하기 전에 반드시 손을 씻었다(출 30:17-21). 그런데 바리새인들은 제사장에게 적용되는 이 규정을 자신들이 일반 음식을 먹는 상황에도 적용했고, 그것을 하나의 구전 율법으로 만들어 모세오경과 동등하게 취급했다. 따라서 바리새인과 서기관의 관점에서 보면, 손을 씻지 않고 음식을 먹은 제자들의 행동은 구약의 율법 자체를 어긴 것과 같은 행위로 간주되었다.[2]

유대 사회에서 바리새인은 율법과 전통의 준수를 옹호하는 사람들이었고, 서기관은 전통을 강조하는 전문 율법 해석자들이었다. 더욱이 바리새인은 예루살렘 공의회에 참여했고 많은 사람의 존경을 받으며 사회에 큰 영향력을 행사했다. 그러므로 바리새인을 공격하는 행위는 결코 현명한 처사가 아니었다.[3] 그럼에도 불구하고 주님은 논쟁을 통해 외적 정결보다 마음의 문제가 더 중요하다는 진리를 지적하며, 이들의 외식을 강하게 비판했다. 마태복음의 내레이터는 바리새인들이 제기한 바로 그 문제에 대해 주님이 결론을 내리게 함으로써, 이 단락을 마무리한다(20절). 입으로 들어가는 것이 사람을 더럽게 하시 않는다는 주님의 선언(15:11)은 예수님 당시의 유대인에게는 가히 혁명적이었다. 그 결과 바리새인들은 이 말을 듣고 분노했고(15:12), 주님은 자신의 선언을 입증하기 위해 두로와 시돈 지방으로 들어가셨다. 이렇게 보면 정결 규례에 관한 논쟁은 가

---

2   양용의, 『마태복음 어떻게 읽을 것인가』(서울: 성서유니온선교회, 2005), 267.
3   Craig S. Keener, *Bible Background Commentary* (Downers Grove: IVP, 2014), 84.

나안 여인의 이야기와 그 후에 소개되는 예수님의 이방인 사역을 위한 신학적 기초가 된다.

본문의 구조를 살펴보며 한 절씩 점검하기로 하자.

1) 15:21(서론, 두로와 시돈 지방으로 가시는 예수님)

2) 15:22-23상(여인의 첫 번째 요청과 예수님의 반응)

3) 15:23하—24(제자들의 요청과 주님의 답변)

4) 15:25-26(여인의 두 번째 요청과 예수님의 답변)

5) 15:27-28상(여인의 대답과 예수님의 답변)

6) 15:28하(결론, 그녀의 딸이 치료를 받음)

21절은 본문의 배경인데, 예수님이 거기를 떠나서 두로와 시돈 지방으로 가셨다고 서술한다. 내레이터는 예수님이 이방인 지역으로 가신 이유를 밝히지 않는다. 마태복음에서 주님은 때로 자신에 대한 공격이 심해지거나 마음이 상하셨을 때 잠시 그곳을 떠나신다. 예를 들면 세례 요한이 잡혔다는 소식을 접한 후 갈릴리로 물러가셨던 적이 있고(4:12), 안식일에 손 마른 사람을 고쳐 주었다는 이유로 바리새인들이 죽이려 하자 잠시 피하셨으며(12:15), 헤롯이 세례 요한을 죽였다는 소식을 듣고 빈 들로 가셨던 때가 있다(14:13). 그렇지만 예수님은 이처럼 피하는 상황까지 이용하셔서 자비를 베풀어 자신이 진정한 메시아라는 진리를 보여 주셨다. 이제 주님은 네 번째로 잠시 물러나 두로와 시돈 지역으로 이동하신다. 아마 예루살렘에서 온 바리새인들에게 심한 말을 했기 때문에 그들이 분노한 것을 느꼈고, 예루살렘을 향해 올라가시는 정해진 때가 될 때까지 격한 대결을 자초할 필요가 없다고 느끼셨는지 모른다. 어쨌든 독자들은 이번에도 주님이 주어진 기회를 활용하실 것이라는 기대를 품게 된다. 두로와 시돈은 이스라엘 북쪽 지중해에 인접한 항구 도시인데, 두 도시 모두 무역이 성행했고 부요했으며, 성경에서 종종 우상 숭배의 도시로 묘사된다.

주님이 두로와 시돈으로 가셨을 때, 한 여인이 예수님을 향해 소리를 지르며 나온다(22절). 개역개정판 성경에는 나타나 있지 않지만, 헬라어 원문은 "그런데 보라." 하는 표현으로 22절이 시작된다(마가복음에는 이 구절이 없다.). 마태복음의 내레이터는 가끔 이 표현을 사용하는데, 중요한 일이 있거나 관심을 집중하여 깊이 생각할 필요가 있을 때 활용한다. 대표적인 예로 열두 해 동안 혈루증을 앓던 여인이 예수님께 나아왔을 때 이 표현을 사용한다(9:20). 내레이터는 이방 여인이 예수님께 다가온 흔치 않은 이 사건에 독자들의 관심을 집중시킨다. 따라서 독자들은 앞으로 무엇인가 대단한 일이 벌어질 것을 예상한다. 분명히 이 여인도 혈루증으로 인해 고통을 받던 여인처럼 예수님의 은혜를 받을 것으로 기대하게 될 것이다. JMNT 역본은 22절 앞부분을 이렇게 번역한다.

그런데, 보고 깊이 생각해 보라! 한 가나안 여인이 그 지역에서 예수님을 향해 울며 나아오고 있지 않은가!

이 역본은 "그런데 보라."에 담긴 저자의 의도를 반영하는데, 이 문장에 의하면 가나안 여인이 예수님께 나아온 상황은 그냥 집중하여 보고 넘길 문제가 아니다. 그 의미를 깊이 되새겨야 할 의미심장한 사건이다.[4]

그렇다면 원문은 이 문장에서 어떤 단어를 강조할까? Rotherham 역본은 헬라어 원문이 강조하는 단어가 무엇인지를 시각화하여 보여 준다.

그런데 보라! 《한 가나안 여자》가 울며 〈그 지역〉에서 나오고 있었다.

여기서 강조된 부분은 '한 가나안 여자'와 '그 지역', 즉 이방인 지역이고, '가나안 여자'란 단어가 더욱 강조되고 있다. 본문은 이 문장에서 남자가 아닌 '여자'가, 그것도 평범한 이방인이 아닌 '가나안' 여인이, 다른 지역이 아닌 '이방 지역'에서 예수님께 나아왔다는 사실에 독자들이 관심을 갖게 한다. 그렇다면 '가나안 여인'이란 칭호가 무엇을 암시할까?(마가복음은 이와 다르다.) 가나안 민족은 팔레스타인 원주민이었는데, 이스라엘 백성이 약속의 땅을 차지할 때 대적했고 이스라엘 백성으로 하여금 우상을

---

4   이 사건은 복음이 유대교를 넘어서 이방인으로 확장될 것을 암시하는 축이 되는 중요한 사건이다. 더욱이 "이방인의 길로도 가지 말고(마 10:5)"와 "가서 모든 민족을 제자로 삼아(마 28:19)"의 중간 지점에 위치해 있다. Michael Green, *The Message of Matthew: The Kingdom of Heaven* (Downers Grove: IVP, 2000), 172.

섬기도록 자극한 이스라엘의 적이었다. 한마디로 이들은 이스라엘의 조상 때부터 철천지원수였다. 따라서 인종주의적 태도를 견지한 유대인이라면, 내레이터가 이 여인을 두로와 시돈 출신 가나안 여인이라 부른 것만으로도 신경을 곤두세웠을 것이다.[5]

이렇게 보면 이 여성은 유대인인 예수님으로부터 자비를 받을 가능성과, 예수님이 누구인지를 알아볼 가능성이 제일 낮다. 그런데 이런 인물이 주님을 향해 나아오고 있다니! 예수님이 문화적, 종교적, 민족적 장벽을 넘어 이방인 지역으로 가셨듯이, 이 여인 또한 이러한 장벽을 넘어 예수님께 접근한다. 특히 1세기 가부장적 사회에서 이방 여인이 유대인 남성에게 공개적인 장소에서 말을 거는 것은 사회의 통념과 관습을 파괴하는 행위였다.[6] 전승에 의하면 그녀의 이름은 유스타, 딸의 이름은 베레니케였다.

이 여인은 "주 다윗의 자손이여 나를 불쌍히 여기소서(15:22)."라고 소리를 지른다. '소리 질러'에 해당하는 헬라어 '에크라젠(ekrazen)'은 큰 소리로 긴급하게 비명을 지르는 행위를 의미한다. 그녀는 목청껏 외치며 주님께 매달린다. 본문에서 내레이터는 이 여인의 행위를 묘사하며 22, 23, 25절에서 세 번이나 미완료 시제를 사용한다. 이는 그녀가 끊임없이 도와

---

5   Craig S. Keener, *Bible Background Commentary* (Downers Grove: IVP, 2014), 85.

6   John MacArthur, *The MacArthur Bible Commentary* (Nashville: Thomas Nelson, 2005), 1363.

달라고 애원하는 모습을 시청각적으로 보여 준다.

가나안 여인은 예수님을 "주 다윗의 자손"이라 부르는데, 이 호칭에 주목할 필요가 있다. 마가복음에는 이 표현이 없기 때문이다. 여기서 '주님'은 예수님의 신성을 암시하며, '다윗의 자손'은 구약의 말씀을 성취하는 이스라엘의 메시아, 즉 유대인의 메시아를 의미한다. 마태는 '다윗의 자손'이란 표현을 선호하는데, 이는 그가 1장 1절에서 예수님을 "아브라함과 다윗의 자손"이라고 선언한 데서 분명히 드러난다. 그는 고통 받는 하나님의 백성을 치료하시는, 메시아로서의 예수님의 역할을 강조할 때 주로 이 칭호를 사용한다.[7] 이 칭호를 보면 그녀는 예수님이 유대인의 메시아라는 소문을 듣고 이 사실을 인정하며, 이것에 근거하여 도움을 요청한다. '다윗의 자손'이란 표현은 마태복음에 총 10번 나오는데, 치료와 관련된 사례가 딱 두 번 있다. 예수님을 향해 '다윗의 자손'이라 소리를 질러 고침을 받은 두 시각 장애인의 경우가 여기에 해당한다(9:27; 20:31). 이들은 예수님이 길을 가실 때 다윗의 자손이라 부름으로써 즉시 고침을 받았다. 가나안 여인이 주님의 관심을 사로잡은 것도 아마 이 호칭 때문이었을 것이다. 복음서에서 이방인이 이 호칭을 사용한 적이 한 번도 없기 때문이다.

그녀가 예수님께 무엇을 요청하였을까? 그녀는 '흉악하게 귀신 들린' 자신의 딸을 고쳐 달라고 애원하였다(귀신 들린 딸을 묘사하는 방법에서 마태

---

7   Pheme Perkins, *Introduction to the Synoptic Gospels* (Grand Rapids: Eerdmans, 2007), 191.

복음서, 그 차이를 읽다

와 마가의 표현이 다르다.). '흉악하게'에 해당하는 헬라어 '카코스(*kakos*)'는 '악하게', '비참하게', '심하게'를 의미하는데, 마태복음에서는 귀신 들린 아이가 발작을 일으켜 자주 불 속으로 또는 물속으로 뛰어드는 위험한 증상을 묘사할 때 이 단어를 사용한다(17:15). 원문의 의미를 살려 이 여인의 설명을 번역하면, "제 딸이 끊임없이 악마처럼 변하기 때문에 비참한 상태입니다(JMNT)."가 된다. 이 표현에는 애니미즘 사상의 영향을 받은 이방인의 신념이 배어 있다.

23절은 여인의 첫 번째 요청에 대한 예수님의 반응을 소개하는데, 우리가 이해할 수 없는 태도를 보여 주신다. 연약한 자들에 대해 그렇게 인자하고 자비롭던 주님이 끈질긴 여인의 요청을 듣고도 침묵으로 일관하신다. 마침내 참지 못한 제자들이 "그 여자가 우리 뒤에서 소리를 지르오니 그를 보내소서."라고 청원한다. 그렇다면 제자들은 무슨 의도로 이 말을 했을까? 그녀의 요청을 들어주어 보내자는 뜻일까, 아니면 그냥 돌려보내자는 뜻일까? MSG 역본은 23절을 다음과 같이 처리한다.

> 예수님은 여자의 말을 무시하였다. 그러자 제자들이 다가와 불평하였다. "여자가 우리를 괴롭게 합니다. 어떻게 좀 해 주시면 안 될까요? 성가셔 죽겠습니다."

제자들은 예수님께 여인의 요청을 들어주자고 간청하였다. 만일 요구를 들어주지 않고 그냥 돌려보내자는 뜻으로 말했다면, 이는 24절에 나오는 주님의 말씀과 어울리지 않는다.

그러나 주님은 제자들의 요구에도 아랑곳하지 않고 "나는 이스라엘 집의 잃어버린 양 외에는 다른 데로 보내심을 받지 아니하였노라."고 단호하게 말씀하신다(이런 내용이 다른 복음서에는 없다.). 이 문장에서 '잃어버리다'에 해당하는 헬라어 '아폴로미(*apollymi*)'는 굉장히 강한 의미를 지니는데, '멸망하다', '죽이다', '파괴하다', '잃어버리다'의 뜻이다. 실제로 마태복음의 내레이터는 헤롯이 아기 예수를 찾아 죽이려 할 때(2:13), 실족하게 하는 몸의 지체를 찍어 내버리라고 할 때(5:30), 또 바리새인들이 예수님을 죽이려고 의논하는 대목(12:14)에서 이 단어를 사용한다. 그렇다면 예수님이 하신 이 말씀의 의미는 무엇일까? 몇 가지 역본을 살펴보면 뜻을 파악하는 데 도움이 될 것 같다.

예수님은 다음과 같이 신중하게 답하셨다. 나는 오직 멸망하게 될 이스라엘 공동체에 속한 양들을 위해 이 세상에 왔다(JMNT).

나는 오직 이스라엘 민족만을 위해 보내심을 받았다. 그들은 길을 잃은 양과 같다(NIRV).

나는 이방인이 아닌 유대인을 돕기 위해 왔다. 이스라엘 백성은 길을 잃은 양이다(TLB).

주님은 이 문장을 통해 자신이 이 세상에 오신 목적을 분명하게 밝히신다. 즉 영적으로 죽어 가는 이스라엘 백성을 살리기 위함이다. 그것이 제1차적인 목적이다. 그래서 열두 제자를 파송하실 때에도 이방인에게 가지 말고 오직 이스라엘 백성에게 가라고 당부하셨다(10:5-6). 여기서 우리는 아이러니한 상황을 본다. 예수님은 '죽어 가는(*아폴로미*)' 이스라엘 백성을 살리기 위해 자신의 목숨을 바치려 한다. 그런데 정작 그 대상이 되는, 바리새인을 비롯한 이스라엘 백성의 지도자들은 예수님을 찾아 죽이려고(*아폴로미*) 한다. 물론 예수님은 이 상황을 다 아신다. 이렇게 보면 인간적인 면에서 예수님처럼 어리석은 분이 없다. 바로 여기에 하나님의 무한한 사랑이 있다. 아마 저자인 마태는 예수님을 영접하지 않는 동료 유대인들에게 이 진리를 들려주고 싶었을 것이다.

몇 번이나 지속된 예수님의 거절을 경험한 후, 드디어 25절에서 여인의 태도가 돌변한다. 그녀는 '다윗의 자손'이란 칭호를 더는 사용하지 않고, 예수님께 와서 절하며 "주여 저를 도우소서."라고 간청한다(마가복음에는 이런 변화가 없다.). 이 문장에서 '절하다'에 해당하는 '프로스퀴네오(*proskyneo*)'는 '존경의 표시로 손에 입을 맞추다', '무릎을 꿇고 이마를 땅에 댄 채로 깊은 경의를 표하다', '하나님을 예배하다'의 뜻을 지닌다. 본문의 이 단어는 미완료 시제인데, 이는 반복하여 절하며 간구하였음을 암시한다. 그런데 이 단어의 어원에서 놀라운 점을 발견할 수 있다. '프로스퀴네오'는 전치사 '프로스(~를 향하여)'와 동사 '퀴네오(입을 맞추다)'가 합쳐진 단어인데, 마치 '개가 주인의 손에 입을 맞추듯이' 신하가 왕 앞에 엎드려 왕의 손에 입을 맞추는 행위를 함축한다. 마태복음에서는 마귀가 예수님을 시험하며 자신을 신으로 여겨 경배하라고 강요할 때(4:9), 마귀의 요구에 대한 대답으로 예수님이 오직 하나님만을 경배하라고 선언할 때(4:10), 제자들이 부활하신 예수님을 경배할 때(28:9), 이 단어를 사용한다.

이런 의미에서 보면 가나안 여인은 예수님이 자신을 '개'라고 부르기도 전에 자신을 개로, 주님을 주인으로 간주하여, 예수님께 경배하며 도와달라고 간청한다. 얼마나 놀라운 변화인가! 아마 유대인이 이방인을 개로 여긴다는 사실을 의식했기 때문이었을까? 어쨌든 본문에서 예수님이 '강아지(26절)'란 단어를 사용하신 것은 결코 우연이 아니다. 그녀는 지금까지 예수님을 "주 다윗의 자손이여."라고 부르며 도와달라고 호소하였으나 아무 도움을 얻지 못했다. 그래서 이제는 "주여 저를 도우소서."라고 끊임없이 외치며 주님의 은혜만을 간구한다.

26절은 여인의 요청에 대한 예수님의 응답을 서술하는데, 겉보기에 굉장히 무례하고 모욕적인 말처럼 들린다.

> 대답하여 이르시되 자녀의 떡을 취하여 개들에게 던짐이 마땅하지 아니하니라.

실은 이 말씀이 분문을 이해하는 열쇠인데 오해의 소지를 다분히 안고 있다. 이 비유에서 '자녀'와 '개'가 좋은 대조를 보인다. 여기서 자녀는

복음서, 그 차이를 읽다

이스라엘 백성, 개는 이방인, 그리고 떡은 하나님의 은혜와 축복을 상징한다. 그렇다면 예수님이 이 여인을 개로 취급했기 때문에 경멸하고 있는 것일까? 물론 인간을 개로 취급한 것이 좋게 여겨질 수는 없다. 그러나 여기서는 경멸의 의미로 이해하지 않아야 한다. 이 문장에 나오는 '개'는 '강아지'를 의미하며, 귀엽고 사랑스러운 느낌을 내포하기 때문이다.[8] '개'에 해당하는 헬라어 '퀴나리온(kynarion)'은 집에서 기르는 작은 개를 뜻한다. 이 단어는 신약성경에 네 번 나오는데, 마태복음과 마가복음에 기록돼 이 본문에 각각 두 번씩 사용되었다. Rotherham 역본으로 예수님이 하신 말씀을 살펴보자.

⟨자녀들⟩이 먹는 떡을 취하여 《강아지》에게 던져 주는 것이 ⟨적합하지 않다⟩.

이 문장에서 '자녀', '강아지', '적합하지 않다'는 부분이 강조되었고, '강아지'라는 표현이 제일 강조되고 있다. 이렇게 보면 주님은 여인에게 말씀하시며 '강아지'라는 단어에 힌트가 있다고 윙크를 하는 듯하다.

신약성경에 '개'를 나타내는 단어가 두 개 있는데, 하나는 본문에 쓰인 강아지(퀴나리온)이고, 다른 하나는 길거리를 배회하며 쓰레기를 먹는 더러운 동물로서의 개(쿠온)다. 이 쿠온은 신약성경에 총 다섯 번 사용되었는데 모두 부정적인 의미로 쓰인다(마 7:6; 눅 16:21; 빌 3:2; 벧후 2:22; 계

---

8   David Rhoads, *Reading Mark: Engaging the Gospel* (Minneapolis: Fortress, 2004), 78.

22:15). 그 대표적인 예로 거지 나사로의 헌데를 핥던 더러운 개를 들 수 있다(눅 16:21). 예수님 당시의 유대인들은 애완견을 기르지 않았기 때문에, 이방인이나 적을 묘사할 때 '개(쿠온)'라는 단어를 즐겨 사용했다. 실제로 70인역에서는 블레셋 장수 골리앗이 다윗과 싸우는 장면에서 이 단어(쿠온)를 사용한다.

> 블레셋 사람이 다윗에게 이르되 네가 나를 개로 여기고 막대기를 가지고 내게 나아왔느냐 하고 그의 신들의 이름으로 다윗을 저주하고…(삼상 17:43).

한편 헬라인들은 애완견을 길렀다. 따라서 가나안 여인은 '강아지'라는 단어를 들었을 때 그 비유의 의미를 쉽게 알아채고 대답할 수 있었다. 주님이 단서를 제공해 주셨기 때문이다. 이렇게 보면 여인에 대한 예수님의 표현은 결코 무정하거나 냉혹하지 않다. 오히려 부드럽게 그녀의 믿음을 더 높은 차원으로 끌어올리신다.[9] 만약 주님이 유대인의 통념에 따라 철천지원수이며 이방인 그녀를 멸시하거나 적으로 간주했다면, 분명 '쿠온'이란 단어를 썼을 것이다.

여인은 주님이 말씀하신 비유를 그대로 수용하며 "개들도 제 주인의 상에서 떨어지는 부스러기를 먹나이다(27절)."라고 답한다. 이 여인의 대

---

9   Kelly R. Iverson, *Gentiles in the Gospels of Mark* (New York: T&T Clark, 2007), 48.

답은 이렇게 해석될 수 있다.

> 저는 자녀가 먹는 떡을 받을 자격이 없습니다. 떡 전체를 달라고 말할 자격도
> 없고, 식탁에 함께 앉을 자격도 없습니다. 애완견처럼 주인의 상에서 떨어지는
> 부스러기를 먹는 것만으로 만족합니다.[10]

그녀는 자신이 유대인들로부터 가장 심한 멸시를 받는 가나안 족속이
라는 사실을 기억하고, 자녀와 강아지의 차이를 그대로 인정한다. 분명
히 자신을 애완동물로 취급해 주신 주님께 고마운 마음을 가지고 있었을
것이다. 그래서 '주인'의 식탁 이미지를 끌어내며, 주인의 상 밑에서 부스
러기를 주워 먹는 개의 모습을 상상한다('주인'과 '주님'이란 표현은 동일한 헬
라어다.). 원문에 의하면 27절에서 '제 주인'과 '애완견'이란 단어가 강조되
고 있는데, '제 주인'이란 단어가 더 강조되어 있다(Rotherham). 당연히 이
문장에서 '주인'은 예수님을 암시한다. 이 여인은 자신의 신분이 무엇인가
하는 것보다, 자신이 주님의 지배를 받고 있다는 점을 더욱 부각시키며
거기에 소망을 둔다. 예수님이 언급하신 '강아지'란 단어는 비유를 이해하
는 데 결정적인 역할을 한다. 애완견은 자녀와 동등한 신분은 아니지만,
어쨌든 가족의 구성원으로 인정받을 수 있기 때문이다. 더욱이 주인의 보
호를 받을 수 있지 아니한가!

---

10   Jeffrey A. Gibbs, *Matthew 1:1-11:1* (Saint Louis: Concordia, 2006), 787.

주님은 가나안 여인을 더는 '적'으로 간주하지 않는다. 만약 이 여인이 길거리를 배회하는 더러운 개로 취급되었다면, 분명히 그녀는 가족의 구성원이 될 수 없을뿐더러 아웃사이더로 남을 수밖에 없다. 그런데 예수님은 이 여인을 유대인과 동일한 한 지붕 아래로 끌어들이시며, 길거리를 배회할 필요가 없게 만드신다.[11] 그녀는 강아지란 단어를 통해 자기를 끌어들이시는 주님의 의도를 알아채고, 이를 애완견으로 해석하여 자신을 주인의 상 아래에 배치한다. 마침내 가정의 주인이신 주님은 그녀를 도와줄 수밖에 없는 처지에 놓인다.

28절은 예수님의 반응인데 주님은 여기서 결정적 선언을 하신다. "여자여 네 믿음이 크도다. 네 소원대로 되리라." 개역개정판 성경에는 없지만, 원문에서는 예수님의 칭찬이 '오(oh)'라는 감탄사로 시작한다. 원문의 의미를 살려 번역하면 이렇다.

이 시점에서 예수님은 결정적인 말씀을 하셨다. "오, 사랑하는 여인이여! 네 믿음이 크도다! 즉시 네가 원하던 대로 이루어지리라(JMNT)."

헬라어 원문에 의하면 이 문장에서 '네 믿음', '크도다', '이루어지리라', '네가 원하던 대로'라는 표현이 강조되어 있다(Rotherham). 가나안 여인의

---

11   Frederick Dale Bruner, *Matthew 13-28* (Grand Rapids: Eerdmans, 2004), 102.

복음서, 그 차이를 읽다

고백을 들은 예수님은 그녀의 믿음을 보고 감탄하며 격한 감정을 그대로 표출하신다. 마태복음에서 큰 믿음을 소유했다고 칭찬을 받은 인물은 이 여인이 유일하다. 더구나 이방 여인이 이런 찬사를 들었다는 것은 상상할 수조차 없을 정도다(예수님이 17장 20절에서 겨자씨 한 알만한 믿음이 있어도 이 산을 명하여 여기서 저기로 옮길 수 있다고 하지 않았던가!). 주님은 이 여인을 '여자여(woman)'라고 부르는데, 상당히 의미 있는 애정 어린 표현이다. 요한복음에서 주님은 자신의 어머니를 '여자여'라고 부른 적이 있는데(요 2:4), 원문에 의하면 모두 동일한 단어다. VOICE 역본은 좀 특이하게 28절에 기록된 예수님의 칭찬을 이렇게 처리한다.

> 자신의 조상 중에 룻과 라합이 포함되어 있는 예수님이 통찰력을 가지고 다정하게 말씀하셨다. "여자여, 네 믿음이 크도다! 네 요구가 이미 이루어졌다."

예수님은 가나안 여인이 자신을 '다윗의 자손'이라고 부르는 순간 깊은 연민을 느끼셨다. 그 이유는 자신의 조상 중에도 기생 라합과 같은 가나안 여인, 룻과 같은 무압 여인이 포함되어 있기 때문이었다. 마태복음의 내레이터는 1장에 기록된 족보에서 이 사실을 분명히 밝히며 이야기를 시작한다.

주님이 "네 소원대로 되리라." 하고 말씀하시자, 그녀의 딸은 바로 고침을 받았다. 내레이터는 그녀의 딸이 고침을 받은 현장을 보여 주지 않고, 그렇게 되었다고 간결하게 마무리한다. "그때로부터 그의 딸이 나으니라." 그런데 마지막 부분이 너무 간결하지 않은가? 분명히 이 이야기는 치료 이야기인데, 여인의 딸이 치료를 받는 장면이 한 문장으로 압축되어 있다니 말이다. 우리는 여기서 한 가지 중요한 진리를 발견한다. 과연 어느 것이 더 가치가 있고, 더 큰 기적일까? 가나안 여인이 큰 믿음을 소유하게 된 과정일까, 아니면 그녀의 딸이 치료를 받은 상황일까? 저자인 마태의 주장에 의하면 전자가 진정한 기적이다. 육체의 질병이 고침을 받는 것은 순간적인 유익에 불과하지만, 믿음의 문제는 영원을 좌우하기 때문이다. 더욱이 그녀의 아름다운 이야기가 성경에 기록되어 수천 년 동안 읽히고 있지 아니한가!

마가복음과 비교할 때 본문의 구성은 다음과 같은 몇 가지의 중요한 특징을 지닌다. 첫째, 마태의 본문은 예수님이 여인의 요청을 들어주기 어려운 여건을 강조한다. 그래서 그녀의 '믿음'이 더욱 돋보인다. 여인은 계속해서 울부짖으며 요청하는데 예수님은 침묵하시고, 제자들이 다가와 요청을 들어주시도록 간청해도 주님은 그 요구까지 묵살하신다. 엎친 데 덮친 격으로 여인이 예수님께 와서 절하며 경배해도 요구를 거절하는 듯한 비유를 던지신다. 둘째, 본문은 처음부터 대화체로 시작하여 거의 끝까지 이렇게 진행된다. 오직 첫 문장과 마지막 문장만 설명으로 요약되어 있다. 따라서 내러티브의 진행 속도를 보면 예수님과 여인이 대화하는 장면에서는 천천히 진행되다가, 마지막 문장에 가서 급속도로 빨라진다. 이 말은 본문의 핵심이 귀신 들린 딸의 치료가 아니라, 가나안 여인과 예수님이 나눈 대화에 있다는 뜻이다. 셋째, 본문에 나타난 주어의 흐름이 예수님의 속마음을 반영한다. 23-28절에 나타난 각 절의 첫 부분을 헬라어 원문에 따라 정리하면 다음과 같다(Rotherham).

23절: 그러나 그분은(but he)

24절: 그러나 그분은(but he)

25절: 그러자 그 여자가(and she)

26절: 그러나 그분은(but he)

27절: 그러자 그 여자가(and she)

28절: 이에 예수께서(then Jesus)

이 흐름을 잘 살펴보면 28절에서 반전이 일어난다. 내레이터는 의도적으로 23, 24, 26절에서 예수님의 이름을 사용하지 않고 인칭대명사(he)만을 사용하여 이야기를 진행한다. 28절이 되어서야 예수님의 이름을 밝힌다. 다시 말하면 예수님이 이 여인의 요구에 대해 침묵하시거나, 두 번의 이상한 대답을 하시는 부분에서, 주님의 이름 대신에 인칭대명사를 사용한다. 마치 28절만 예수님이 직접 말씀하시는 듯한 인상을 준다. 이러한 문학적 기법을 고려하면, 28절을 제외한 나머지 문장은 우리 주님의 본심이 아니라고 마태가 증언하는 것처럼 보인다.[12] 주님은 처음부터 이

---

12 같은 책, 103.

여인의 요청을 무시할 생각이 없으셨다.

이제 가장 중요하면서도 다루기 힘든 문제를 짚어 보자. 도대체 왜 예수님은 끈질기게 부르짖는 이 여인의 요구를 처음부터 무시하셨고, 제자들의 요청까지 묵살하셨을까? 더욱이 여인의 요구를 들어주는 것이 옳지 않다고 말씀하셨을까? 결국은 마지막에 들어주시면서 말이다. 본문에 나타난 예수님의 이미지는 복음서에 묘사된 일반적인 주님의 모습과 어울리지 않는 것처럼 보인다. 따라서 신학자들은 이 점에 대해 다양한 설명을 내놓는다. 상당수의 신학자들은 예수님이 여인의 요청에 대해 즉각 반응하지 않은 것이 그녀의 믿음을 시험하고 도전하기 위함이었다고 추론한다.[13] 일부 신학자들은 예수님이 여인의 요구를 들으며 어떻게 해야 할지 마음속으로 씨름하고 계셨기에 침묵하셨다고 해석한다.[14] 또 자신을 영접하고 믿어야 할 이스라엘 백성이 거부했기 때문에 실망했고, 다른 한편으로 이방 여인의 믿음을 보고 반가워서 잠시 침묵을 지켰다고 설명하기도 한다.[15]

과연 그럴까? 이 문제에 대해 알프레드 에더스하임은 약간 다른 견해

---

13 William Hendriksen, *The Gospel of Matthew II* (Edinburgh: Banner of Truth, 1973), 624; Grant R. Osborne & Philip W. Comfort, *Life Application Bible Commentary: Matthew* (Carol Stream: Tyndale, 1996), 309.

14 Michael Green, *The Message of Matthew: The Kingdom of Heaven* (Downers Grove: IVP, 2000), 172.

15 고영민, 『원문 번역 주석 성경 신약』(서울: 쿰란, 2015), 145

를 제시한다. 그의 주장에 의하면 예수님이 냉담한 반응을 보이신 것은 그분의 사역에 한계가 있어서가 아니다. 여인에게 깊은 동정을 느껴 말씀하실 수 없었다거나, 그녀의 믿음을 시험한 것도 아니다. 아무리 좋은 의도라 해도 주님은 고뇌에 찬 그녀를 그토록 잔인하게 시험하거나, 조마조마한 마음으로 한사코 매달리는 그녀에게 장난기 어린 태도를 보이시는 분이 아니다.[16]

가나안 여인이 사용한 예수님의 호칭과 주님의 말씀을 자세히 검토하면, 사실 예수님의 반응은 지극히 당연하다. 그녀는 처음에 "주 다윗의 자손이여"라고 외쳤다. 예수님이 이 여인에게 관심을 가진 이유는 그녀가 외친 이 고백 때문이다. 이방 여인이 이렇게 외치는 것이 너무 특이했다. 그런데 '다윗의 자손'이란 표현은 '유대인'의 메시아를 지칭하는 가장 전형적인 칭호다. 따라서 그녀가 다윗의 언약 속에 내포된 영적 의미나 다윗의 자손이란 칭호에 담긴 함축적인 뜻을 알고 외쳤다면 몰라도, 단순히 소문으로 듣고 이렇게 불렀다면, 이 칭호는 그녀와 아무 상관이 없다. 그녀는 유대인이 아니었고, 하나님의 말씀도 몰랐고, 더군다나 다윗의 후손도 아니었다. 겨우 예수님에 대한 소문을 들어 그분이 유대인의 메시아라는 사실을 아는 단계였다. 이렇게 보면 예수님이 처음에 그녀의 외침을 들으며 침묵을 지켰고, 제자들의 요구에 대해 냉담한 반응을 보인 것은 아주 당연한 처사다. '다윗의 자손'이란 칭호가 그녀와 상관이 없기 때문

---

16 Alfred Edersheim, *The Life and Times of Jesus the Messiah* (Grand Rapids: Eerdmans, 1953), 1003-4.

이다(24절). 엄밀히 말하자면, 그녀는 이방인이기에 이렇게 부를 자격조차 없었다.[17] 만약 그녀가 이방인이 아닌 유대인이었다면, 예수님은 두 시각 장애인의 경우처럼 곧바로 치료해 주셨을 것이다(마 9:27; 20:30).

하지만 주님은 그녀를 외면하지 않으셨다. 그녀의 안타까운 상황을 아시고 요청을 들어주기 전에, ① 유대인과 메시아의 관계, ② 유대인과 이방인의 관계, ③ 이방인과 메시아의 관계에 대해 알려 주어야 할 필요성을 느꼈다. 그래서 그녀가 이해할 수 있는 방법으로 가르쳐 주셨고, 그 후에 요청을 들어주셨다. 이는 그녀가 주님께 나아가기 전에 반드시 알아야 했던 사항이다.[18] 주님은 첫 단계로, 24절에서 자신의 사명을 다시 천명하며 유대인과 메시아의 관계를 알려 주신다. 즉 자신이 유대인을 구원하기 위해 이 땅에 오셨고, 이스라엘 백성은 잃어버린 양이라는 사실을 깨우쳐 주신다. 이 설명을 듣고 그녀는 더 이상 '다윗의 자손'이란 호칭을 쓰지 않고, "주여 저를 도우소서."라고 말하며 주님의 은혜만을 간구한다. 그러자 예수님은 둘째 단계로, 26절에서 유대인과 이방인의 관계를 '자녀와 개'에 비유하여 넌지시 말씀하신다. 주님이 사용하신 '강아지'라는 단어는 셋째 단계인 이방인과 메시아의 관계를 암시하는 말이기도 하다. 그녀는 예수님의 가르침을 직감적으로 알아차린다. 유대인과 비교할 때

---

17   John Phillips, *Exploring The Gospel of Matthew: An Expository Commentary* (Grand Rapids: Kregel, 2005), 312-13.

18   Alfred Edersheim, *The Life and Times of Jesus the Messiah* (Grand Rapids: Eerdmans, 1953), 1003.

복음서, 그 차이를 읽다

이방인은 마치 강아지와 같지만, 주님은 자녀와 애완견의 주인이시며, 애완견은 주인의 상에서 떨어지는 부스러기를 먹는다는 진리를 깨닫는다. 드디어 그녀가 이러한 깨달음에 도달하자 예수님은 기뻐하시며 그녀의 믿음을 칭찬하신다. 주님이 원하시는 대로 잘 따라왔기 때문이다.

만약 가나안 여인이 이런 영적 교훈을 얻지 못한 상황인데 주님이 그녀의 딸을 치료해 주셨다면, 어떻게 되었을까? 당연히 그녀의 딸은 병 고침을 받았겠지만, 이 여인은 큰 믿음의 단계나 영적 환희를 체험하지 못했을 것이다. 이렇게 보면, 예수님이 초반에 보여 주신 침묵과 냉담한 태도는 그녀와 제자들을 가르치기 위한 '학습의 수단'이 된다. 이방 여인과 제자들에게 교훈을 주시는 예수님의 모습은, 마태가 묘사한 예수님에 대한 지배적인 이미지가 '가르치는 교사'라는 점과 일맥상통한다.[19]

그렇다면 그녀가 정말로 위대한가? 그렇지 않다. 주님이 이미 침묵, 강아지란 표현, 그리고 계시를 통해 그녀로 하여금 하나님의 비밀을 깨닫게 하셨기 때문이다(마 11:25). 그녀는 다음 두 가지 사실을 분명히 알았다. 첫째, 예수님과 자신의 관계를 깨달았다. 예수님이 주인이고 자신은 애완견에 불과하다는 점을 간파했다. 둘째, 이스라엘의 메시아는 모든 것을 풍성하게 공급해 주시고, 남은 부스러기만으로도 자신의 삶이 풍성해진다는 진리를 깨달았다.

---

19 서중석, 『복음서 해석』(서울: 대한기독교서회, 1991), 130.

정리 하기 마태복음의 저자는 본문을 통해 주후 1세기에 살았던 독자들에게 어떤 교훈을 주고 싶었을까? 지금까지의 내용을 토대로 몇 가지만 정리해 보자.

첫째, 저자는 가나안 여인과 바리새인의 극명한 대조를 보여 준다. 본문의 문맥이 이를 입증한다. 15-16장에 나타난 바리새인은 영적 소경이다. 이들은 스스로 훌륭한 종교인이라고 생각하고, 또 많은 유대인들로부터 존경을 받지만, 정작 앞을 분간하지 못하는 시각 장애인이다. 바리새인을 영적 소경이라고 심하게 질책한 예수님의 말씀은 마태복음에만 기록되어 있다(15:13-14). 반면에 유대인이 가장 경멸하던 가나안 여인은 오히려 주님을 "주 다윗의 자손이여"라고 고백하고, 주님으로부터 "네 믿음이 크도다." 하는 최고의 찬사를 듣는다. "주 다윗의 자손이여"라는 표현은 저자인 마태가 가장 들려주고 싶은 예수님의 호칭이고, 그는 이 진리를 유대인들에게 알려 주기 위해 자신의 복음서를 기록한다(1:1). 예수님을 '다윗의 자손'이라고 부를 자격이 없는 가나안 여인은 주님이 누구인지를 알아보며 믿음을 고백한다. 반면에 제일 먼저 알아보아야 할 유대인의 지도층인 바리새인은 주님을 책잡기 위해 혈안이 되어 있다. 이 얼마나 대조적인가!

더욱이 바리새인들은 예수님의 책망을 듣고 회개하기는커녕 분노하며 계속해서 표적을 보이라고 시험한다. 주님의 말씀이 이들에게 '걸림'이 되었기 때문이다(15:12). '걸림이 되었다'는 말은 원문에 의하면 '분노하게 하다', '믿고 따라야 할 사람을 배신하게 하다'의 뜻이다. 그리고 '시험하다(16:1)'에 해당하는 헬라어는 예수님이 마귀로부터 시험을 당할 때 사용되었던 단어와 동일하다. 이렇게 보면 바리새인들은 마귀의 앞잡이가 되어 예수님을 넘어뜨리려 한다. 반면에 이스라엘 민족이 철천지원수로 여기던 이 여인은 주님이 냉담한 반응을 보여도 오히려 '절하며(경배하며)' 큰 믿음을 보여 준다. 그런데 놀라운 사실은, '절하며'에 해당하는 헬라어가 예수님이 마귀의 시험을 받고 "주 너의 하나님만 '경배하라'."고 외쳤을 때 사용된 단어와 동일하다는 점이다(4:10). 바리새인들은 예수님을 시험하고, 가나안 여인은 예수님을 경배한다. 바리새인과 여인의 극한 대조를 유감없이 보여 주는 대목이다. 아마 저자는 이러한 대조를 통해 예수님을 배척하는 동료 유대인들이 자극을 받아 주님께 돌아오기를 간절히 원했을 것이다.

둘째, 내레이터는 유대인이 더럽다고 간주하는 이 여인의 마음속에 무엇이 있는지를 보여 주며, 외적 정결보다 내적 정결이 훨씬 중요하다는 점을 입증한다. 본문 바로 앞 단락에서 바리새인들은 손을 씻지 않고 음식을 먹는 문제를 거론하며 예수님의 제자들을 책망한다. 이에 주님은 인간의 마음에서 나오는 악한 생각을 열거하며(15:19), 이런 생각이 사람을 더럽게 한다고 단언한 후, 이방인 지역으로 가셔서 가나안 여인을 만나신다. 1세기에 살던 경건한 유대인들은 이방인을 만나거나 그들의 집에 들어가 함께 식사하는 것을 꺼렸다. 자신도 모르는 사이에 더러워질까 봐 염려했기 때문이다. 그러므로 바리새인의 시각에서 보면 이방인 지역에 가서, 그것도 공개적인 장소에서 가나안 여인을 만나 대화를 나누는 행동 자체가 사람을 더럽게 하는 행위였다. 게다가 이 여인의 딸은 흉악한 귀신에게 사로잡혀 있었다. 그런데 내레이터는 더럽다고 간주되는 이방 여인의 입에서 나오는 말이 얼마나 깨끗한지를 보여 준다.[20] 이 여인의 내적 순수함과 청결 역시 외식하는 바리새인의 모습과 좋은 대조를 보인다.

셋째, 우리는 본문을 통해 마태가 속해 있던 1세기 교회 공동체의 문제점을 엿볼 수 있다. 마태 공동체는 초기에 유대인 기독교인이 대다수를 차지하고 있었지만, 이방인의 수가 굉장히 빠르게 증가하며 유대인 기독교인과 이방인 기독교인 사이에 긴장이 발생했을 것이다. 아울러 예수님을 믿지 않는 유대인들이 더욱 적대감을 표출함으로써 교회 정체감에 위기를 느꼈을 것이다.[21] 이런 이유 때문에 마태는 본문을 통해 신앙의 뿌리가 유대인에게 있고, 이방인은 믿음을 통해 하나님 나라의 일원이 되며, 예수님은 메시아로서 원대한 하나님의 목적을 성취하신다는 사실을 보여 준다. "개가 주인의 상에서 떨어지는 부스러기를 먹는다."는 여인의 고백은 마태 공동체에게 굉장히 중요했을 것이다. 이 고백이 곧 신앙의 뿌리가 유대인이고, 이방인 선교가 반드시 필요하며, 유대인과 이방인 모두

---

20 Jeffrey A. Gibbs, *Matthew 1:1-11:1* (Saint Louis: Concordia, 2006), 785.
21 Keith F. Nickle, *The Synoptic Gospels* (Louisville: John Knox, 2000), 127.

하나님이 먹여 주신다는 진리를 담고 있기 때문이다.[22] 어쨌든 본문은 유대인과 이방인 사이에 분명한 차이가 존재하며, 이방인은 믿음을 통해 이 장벽을 넘을 수 있다는 점을 제시한다. 마태복음에서 예수님은 이 장벽 자체를 아직 허물지 않으신다. 가나안 여인도 이 차이를 인정하며 믿음으로 장애물을 극복한다. 이 점이 마가복음과 다르다.

적용하기 우리의 삶에 적용할 수 있는 몇 가지 원리를 본문에서 찾아보자.

첫째, 본문은 가나안 여인에게 닥친 어려운 여건을 보여 주며 그녀의 믿음을 부각시킨다. 그녀는 민족적, 문화적, 성적(性的) 장벽을 넘어 예수님께 나아온 후, 계속되는 그분의 침묵과 무관심하게 보이는 태도, 조롱하는 듯한 말투에도 포기하지 않고 매달린다. 아울러 자신을 끌어들이는 주님의 비유에서 힌트를 얻어 그것을 자신에게 적용하여 "네 믿음이 크도다!" 하는 칭찬을 받는다. 나의 경우는 어떠한가? 문제가 해결될 것 같시 않은 암담한 상황이 지속될 때, 어떤 태도를 보이는가?

둘째, 이 여인은 예수님의 도움을 받기 위해 주님의 약속을 의지한다.

---

22   Daniel J. Harrington, *The Gospel of Matthew* (Collegeville: Liturgical, 1991), 235.

주님이 '강아지'라는 단어를 사용하시자, 마태복음 8장 11절 말씀을 떠올리며, 전 세계 모든 사람들이 아브라함과 함께 식탁에 앉아 만찬을 나누는 흥겨운 모습을 상상한다. 그리고 부스러기 은혜를 지금 달라고 간청한다. 톰 라이트는 이 여인의 믿음에 대해, "예수님이 이스라엘의 메시아로 예루살렘에 가서 죽임을 당하시고, 다시 살아나셔서 제자들을 세상으로 보내실 때까지 기다려야 하는 그 시간을 단축시켰다. 그녀는 부활 이후에 일어날 일을 미리 주장하고 나섰다."[23]라고 설명한다. 오늘 내가 기억해야 할 하나님의 말씀은 무엇인가?

셋째, 본문에 등장하는 가나안 여인과 바리새인은 뚜렷한 대조를 보인다. 유대인 사회의 지도층인 바리새인들은 하나님의 율법을 잘 지킨다고 자부했지만, 예수님으로부터 '위선자', '맹인이 맹인을 인도하는 자'라는 혹평을 들었다. 반면에 유대인들로부터 개 취급을 당하며 더럽다고 손가락질을 받던 이 여인은 내적으로 정결한 자라는 평가를 받았다. 나는 어느 부류에 속하는가? 누구의 평가를 더 의식하며 살고 있는가?

넷째, 우리는 본문에서 저자인 마태의 고민을 엿볼 수 있다. 그는 이스라엘의 메시아로 오신 예수님을 유대인들이 거부하여 하나님의 특권을 상실하고, 오히려 심판의 대상이 되는 안타까운 현실을 목도한다. 그러기

---

23   톰 라이트, 『모든 사람을 위한 마태복음 1-15장』, 양혜원 옮김(서울: IVP, 2010), 289.

복음서, 그 차이를 읽다

에 유대인이 적으로 간주하는 이방 여인이 최고의 칭찬을 받는 장면을 기록함으로써, 동족이 자극을 받게 되기를 간절히 고대한다. 마태는 자신의 동족이 처한 이 비극적 상황을 다른 어떤 복음서 저자들보다 더 심각하게 받아들였다.[24] 나의 경우는 어떠한가? 나의 가족, 친척, 직장 동료, 가까운 이웃이 구원 받게 되기를 얼마나 간절히 원하고 있는가? 이 문제를 놓고 심각하게 고민한 적이 있는가?

다섯째, 주님은 이 여인에게 교훈을 주시기 위해 계속해서 침묵을 지키시고 때로는 냉담한 반응을 보이신다. 하나님은 지금 나의 상황을 통해 내게 어떤 교훈을 주시는가? 혹시 나를 힘들게 하는 사람이 주변에 있다면 불평하지 말고, 그를 통해 하나님이 나를 어떻게 빚어 작품으로 만드시는지 깊이 묵상해 보라.

여섯째, 본문은 마태 공동체 안에서 유대인과 이방인이 어떻게 공존할 수 있는지를 보여 주는 좋은 모델이 된다. 교회는 그리스도의 피로 엮인 다양한 문화석 배경을 가진 사람들이 모인 공동체다. 그러므로 혈육 공동체인 가족이나 기타 어떤 사교 모임보다 더 뜨거워야 한다(마 12:50). 교회의 구성원을 대하는 나의 마음 자세는 어떠한가? 혹시 파벌을 조성하거나, 끼리끼리 어울리지는 않는가?

---

24 양용의, 『마태복음 어떻게 읽을 것인가』(서울: 성서유니온선교회, 2005), 21-22.

제5장

마가의 메시지:
수로보니게 여인의 지혜

(막 7:24-30)

²⁴⁾예수께서 일어나사 거기를 떠나 두로 지방으로 가서 한 집에 들어가 아무도 모르게 하시려 하나 숨길 수 없더라 ²⁵⁾이에 더러운 귀신 들린 어린 딸을 둔 한 여자가 예수의 소문을 듣고 곧 와서 그 발 아래에 엎드리니 ²⁶⁾그 여자는 헬라인이요 수로보니게 족속이라 자기 딸에게서 귀신 쫓아내 주시기를 간구하거늘

²⁷⁾예수께서 이르시되 자녀로 먼저 배불리 먹게 할지니 자녀의 떡을 취하여 개들에게 던짐이 마땅치 아니하니라 ²⁸⁾여자가 대답하여 이르되 주여 옳소이다마는 상 아래 개들도 아이들이 먹던 부스러기를 먹나이다

²⁹⁾예수께서 이르시되 이 말을 하였으니 돌아가라 귀신이 네 딸에게서 나갔느니라 하시매 ³⁰⁾여자가 집에 돌아가 본즉 아이가 침상에 누웠고 귀신이 나갔더라

살펴보기 본문은 마태복음에 나오는 이야기와 동일한 사건이지만, 실제로는 문맥과 관점이 다르고 세부적인 내용도 약간 다르다. 먼저 문맥을 살펴보자.

1) 6:31-44(유대인을 대상으로 5,000명을 먹이심)

2) 6:45-56(유대인을 대상으로 두 번의 기적을 베푸심)

　　바다 위를 걸으신 기적과 많은 병자들을 고치심

3) 7:1-23(장로들의 전통에 관한 논쟁)

4) 7:24-37(이방인을 대상으로 두 번의 기적을 베푸심)

　　수로보니게 여인의 딸과 귀 먹고 말 더듬는 자를 고치심

5) 8:1-9(이방인을 대상으로 4,000명을 먹이심)

6장 31절부터 8장 9절까지 하나의 단위로 묶을 수 있는데, 장로들의 전통에 관한 논쟁(7:1-23)을 축으로 앞과 뒤가 좋은 대조를 보인다. 앞에는 유대인을 대상으로, 뒤에는 이방인을 대상으로 한 기적 이야기가 기록되어 있다. 그런데 순서는 정반대다. 유대인의 경우, 5,000명을 먹이신 후에 두 번의 작은 기적이 일어나지만, 이방인의 경우에는 두 번의 작은 기적을 베푸신 후에 4,000명을 먹이신다. 따라서 이 대목은 〈A-B-A〉 구조를 취하고 있고, 수로보니게 여인의 이야기는 A′에 해당한다.[1] 마태복

1　　Sharyn Dowd, *Reading Mark* (Macon: Smyth & Helwys, 2000), 75.

음에는 이러한 대조가 명백히 나타나 있지 않다. 그 이유는 마가복음 7장 31절부터 8장 9절에 나오는 이야기가 이방인 지역에서 일어났다는 점을 마태가 분명히 밝히지 않고, 단지 암시할 뿐이기 때문이다(마 15:29).

이 부분은 몇 가지 특징을 지닌다. 첫째, 두 번의 급식 사건이 본문의 앞과 뒤를 감싸고 있다. 둘째, '배불리 먹게 한다.'는 표현이 전체적인 흐름을 주도한다. 특히 수로보니게 여인의 이야기에서 예수님이 "자녀로 먼저 배불리 먹게 할지니(7:27)"라고 말씀하시는데, 이 '배불리'란 표현이 두 번의 급식 기사에서 공통으로 발견된다(6:42; 8:8)(마태복음은 이런 구조를 취하지 않는다.). 셋째, 장로들의 전통과 관련된 음식 논쟁이 후반부의 흐름을 좌우한다. 예수님이 "모든 음식물은 깨끗하다(7:19)."고 선포하신 후, 이방인 지역으로 가서서 수로보니게 여인에게는 떡 부스러기를, 4,000명이 넘는 무리에게는 풍성한 떡을 공급하시기 때문이다(마태복음의 내용 역시 이와 다르다.).

7장 1-23절에 언급된 논쟁, 즉 씻지 않은 손으로 떡을 먹는 문제에 관한 논의는 본문의 핵심을 파악하는 데 결정적인 역할을 한다. 마가복음의 서사가 이 부분을 얼마나 중요하게 여기고 있는지는 기록된 내용의 분량을 보면 확연히 알 수 있다. 마가복음은 대체로 마태복음이나 누가복음에 비해 예수님의 가르침을 길게 설명하지 않고, 기적이나 특별한 사건 위주로 서술한다.[2] 그러므로 이야기의 흐름이 아주 빠르다. 그런데 장

---

2   Keith F. Nickle, *The Synoptic Gospels* (Louisville: John Knox, 2000), 69.

로들의 전통에 대해 바리새인들과 논쟁을 벌이는 이 대목에서 마가는 23절을 할애한다. 동일한 내용을 마태가 20절(마 15:1-20)에 걸쳐 설명하는 것과 비교하면, 마가의 분량은 굉장히 길다. 더욱이 마가복음의 전체 분량이 마태복음의 거의 절반 정도에 불과하다는 점을 고려하면, 이 비중은 더욱 커진다. 식사하기 전에 손을 씻는 장로들의 전통에 관한 문제는 유대인에게는 중요하다. 하지만 마가복음의 독자인 이방인에게는 별 상관이 없으며 독자들이 읽기에도 따분하다. 그런데 마가는 이들의 이해를 돕기 위해 특별한 설명(7:3-4)까지 덧붙이며 장황하게 언급한다. 이는 한마디로 이 단락에 대한 이해가 본문을 해석하는 데 있어서 아주 중요하다는 뜻이다.

마가복음에 나오는 장로들의 전통에 관한 논쟁이 마태복음과 어떻게 다를까? 이 차이를 파악해야 마가복음이 제시하는 독특한 메시지를 찾을 수 있다. 마태복음에서는 예수님의 제자들이 손을 씻지 않고 음식을 먹는 문제에 대해 바리새인들이 이의를 제기하자, 예수님이 참 정결의 기준을 제시한 후, 그 문제에 대해 결론을 내리신다. 즉, 씻지 않은 손으로 음식을 먹는 것이 사람을 더럽게 하지 못한다고 단정하신다(마 15:20). 하지만 마가복음은 이와 다르다. 처음의 문제 제기는 같지만 결론이 다르다. 예수님은 인간의 마음에서 나오는 더러운 요소가 사람을 더럽게 한다고 선언한 후, 그것을 구체적으로 열거하신다. 그리고 '모든 음식물'은 깨끗하다고 확언하신다(7:19). 마태는 마가처럼 음식에 관해 분명한 결론을 제시하지 않는다. 그러나 이방인을 염두에 두고 있는 마가는 정결 논쟁에 별 관심이 없고, 모든 음식이 깨끗하다는 결론으로 끝맺는다.

'모든 음식물이 깨끗하다.'는 선언 속에 담긴 뜻이 무엇일까? 이 문장의 의미를 알려면 사도행전 10장에 기록된 베드로의 환상 장면을 살펴보아야 한다. 이스라엘 사람들은 구약의 율법에 따라 깨끗한 짐승과 더러운 짐승을 구분하여 깨끗한 짐승만 먹었다(레 11장; 신 14:3-20). 심지어 마카비 시대의 유대인들은 부정한 음식을 먹기보다는 차라리 죽는 편을 택할 정도였다.[3] 그런데 베드로가 환상 중에, 땅에 있는 온갖 짐승이 보자기에 싸여 하늘에서 내려오는 광경을 목격하고, "잡아먹어라." 하는 하나님의 음성을 듣는다. 이에 그는 깨끗하지 못하다고 우기며 잡아먹기를 거절한다. 하지만 하나님은 이미 깨끗하게 하셨다고 말씀하시며 먹어도 좋다고 명령하신다. 이 일이 있은 후에 베드로는 이방인 고넬료의 집에 가서 복음을 전한다. 베드로가 본 환상은 깨끗한 음식과 더러운 음식의 구분, 즉 유대인과 이방인의 차별이 없어졌다는 것을 시사한다. 예수님의 말씀도 이런 맥락에서 이해해야 한다. 주님은 마가복음 7장 19절에서 구약의 율법에 엄격하게 규정된 음식에 관한 정결 규례를 공식적으로 철폐하신다. 그 결과 신앙 안에서 유대인과 이방인 사이를 가로막고 있던 벽이 사라진다.

이러한 문맥에서 볼 때, 마가복음에 나오는 본문은 예수님이 치유 사

---

3   Craig S. Keener, *Bible Background Commentary* (Downers Grove: IVP, 2014), 351.

역을 위해 이방 지역으로 들어가는 경계를 넘었을 뿐만 아니라, 음식 계명을 철폐함으로써 이방인을 향한 개방적 입장을 천명했다는 사실을 증언한다.[4] 따라서 마가의 주장에 의하면 유대인이든 이방인이든 죄로 인해 더러워진 인간의 마음을 스스로 정결하게 할 수 없다(7:23). 정결 예식이나 윤리적 행동을 통해서도 불가능하다. 오직 예수님이 깨끗하게 해 주실 때에만 그렇게 된다. 주님은 이 진리를 유대인이 더럽다고 여기는 이방 지역에서, 그것도 이방 여인을 통해 증명하신다.

본문의 구조를 살펴보며 한 절씩 점검해 보자.

1) 7:24(서론, 배경)
2) 7:25-26(수로보니게 여인의 간청)
3) 7:27-28(예수님과 수로보니게 여인의 대화)
4) 7:29(요청에 대한 수락과 병 치료)
5) 7:30(결론, 기적의 확인)

24절은 본문의 배경인데, 예수님이 일어나서 거기를 떠나 두로 지방으로 가셨다고 언급한다. 헬라어 원문의 첫 문장을 직역하면 이렇다.

---

4   김창선, 『공관복음서의 예수』(서울: 비블리카 아카데미아, 2012), 209-10.

예수님이 〈거기서 일어나셔서〉 두로와 시돈 지역으로 가셨다(Rotherham).

원문에 의하면 '거기서 일어나셔서'라는 부분이 강조되어 있다. '거기서'라는 단어는 본문과 앞 단락을 긴밀하게 연결시키고, '일어나서'라는 단어는 지금부터 새로운 모험이 시작된다는 사실을 알려 준다. 그 이유는 '일어나다'에 해당하는 헬라어 '아니스테미(*anistemi*)'가 예수님의 부활을 언급하는 데 자주 사용되기 때문이다.[5] 실제로 내레이터는 예수님의 부활 사건을 언급하는 대목에서 이 단어를 여러 차례 사용한다(8:31; 9:9, 31; 10:34; 16:9). 이렇게 보면 주님은 자발적으로, 또 확고한 목적을 가지고 이방인 지역으로 들어가신다. 두로는 갈릴리 북쪽 지중해 해안에 위치한 도시로 항해술과 공예술이 뛰어난 지역이었다.

예수님은 두로 지역에 가신 후, 한 집에 들어가 아무도 모르게 하려 하신다. 그러나 숨길 수 없으셨다(24절)(마태복음에는 아예 이런 설명이 없다.). 이 문장을 곧이곧대로 받아들이면, 주님이 두로 지역을 방문한 목적은 기적을 베풀기 위함이 아니라, 조용히 제자들을 가르치거나 휴식을 취하기 위함으로 이해할 수 있다(이렇게 해석하는 학자들이 상당히 많다.). 하지만 이렇게 생각하면 안 된다. 문맥과 어긋나기 때문이다. 만약 이런 식으로 이해하면, 예수님은 애당초 이 여인을 만날 계획이 없으셨고 기적을 베풀 의도도 전혀 없었는데, 여인이 끈질기게 간청하기에 마지못해 베푼

---

5   M. Eugene Boring, *Mark* (Louisville: John Knox, 2006), 207.

꼴이 된다.

예수님이 자신의 존재를 숨기려 한 것은 일종의 메시아적 비밀이며,[6] 내러티브 관점에서 보면 오히려 이야기의 효과를 증폭시키는 문학적 장치다. 여기서 메시아적 비밀이란, 이 상황을 9장 30-31절과 같은 맥락, 즉 십자가와 부활의 틀 안에서 보아야 한다는 뜻이다. 예수님은 구원 사역을 위해 일하면서도 부활이 실제로 일어날 때까지는 이것을 비밀로 유지하고 싶으셨다. 이는 사람들이 주님에 대해 오해하기 때문이다. 그래서 기적을 베푸신 후에는 아무에게도 알리지 말라고 종종 경고하셨다(5:43; 7:36). 물론 이렇게 할수록 소문은 더 빨리 퍼져 나갔다(자신의 정체를 비밀로 유지하시려는 예수님의 이런 시도는 예수님을 고난 받는 메시아로 소개하는 마가만의 독특한 서술 방식을 잘 보여 준다.[7]). 내레이터는 수로보니게 여인이 예수님께 나아올 사건을 암시하며 이야기를 서술한다. 예수님이 두로 지경으로 가신 행동은 고대 유대인의 관점에서 보면 결코 쉬운 일이 아니다. 더구나 이방 여인을 만나기 위해 가셨다면 정말로 놀라운 사건이다.

25절은 더러운 귀신 들린 어린 딸을 둔 한 여자가 예수님의 소문을 듣고 나아왔다고 말한다. 이 문장에서 '더러운' 귀신이란 표현에 주목해야 한다. 그 이유는 무엇이 사람을 '더럽게' 하는가 하는 주제가 바로 앞 단락

---

6   Keith F. Nickle, *The Synoptic Gospels* (Louisville: John Knox, 2000), 81.

7   Gordon D. Fee & Douglas Stuart, *How to Read the Bible Book by Book: A Guided Tour* (Grand Rapids: Zondervan, 2002), 279.

복음서, 그 차이를 읽다

에 언급된 논쟁(7:1-23)의 핵심이기 때문이다. 이렇게 보면 '더러운'이란 단어는 본문이 앞 단락과 직결된다는 점을 시각화한다. 키스 F. 니클은 이처럼 단락을 결합시키는 단어와 구절을 '서술적 접착제(narrative glue)'라고 칭하며, 이러한 접착제의 사용이 마가복음의 중요한 문학적 특성이라고 설명한다[8](마태복음에서는 여인의 딸이 '흉악하게' 귀신 들렸다고 묘사한다.). 마가는 예수님이 처한 부정(不淨)한 상황을 더욱 강조하며, 주님이 그 상황을 어떻게 처리하시는지를 독자에게 보여 준다. 예수님은 유대인이 더럽다고 간주하는 이방 지역에서, 그것도 더러운 귀신에게 사로잡힌 딸을 둔 어머니와 대면한다. JMNT 역본은 귀신 들린 딸의 심각한 상황을 이렇게 실감 나게 묘사한다.

> 그녀의 어린 딸은 끊임없이 악취를 풍겼고 쓰레기 더미를 뒤졌으며, 무덤을 파헤치고 다녔다(25절).

이 여인은 주님께 나아와 발아래 엎드려 간청한다. 여기서 '엎드리다'에 해당하는 헬라어 '프로스핍토(prospipto)'는 존경의 표시로 다른 사람의 발 앞에 자신을 냅다 내던지는 행위를 의미하며, 이는 모든 것을 상대방의 처분에 맡긴다는 뜻이다. 이 단어가 성경에 총 여덟 번 나오는데, 마가복음의 내레이터는 열두 해를 혈루증으로 앓던 여인이 고침을 받고 두려

---

8   Keith F. Nickle, *The Synoptic Gospels: An Introduction* (Louisville: John Knox, 2001), 69.

워 떨며 예수님 앞에 엎드리는 대목(5:33)과, 더러운 귀신들이 예수님을 보고 그 앞에 엎드리는 장면(3:11)에서 이 단어를 사용한다. 혹시 마가가 본문에서 이 단어를 사용하며, 이처럼 차원이 다른 두 행위가 동시에 일어나는 광경을 상상했을지도 모른다. JMNT 역본은 이 여인이 예수님의 발 앞에 엎드리는 장면(25절)과, 그녀의 딸이 귀신에게서 놓임 받은 후 침상에 누워 있는 광경(30절)을 묘사할 때, 동일한 단어(*prostrate*, 엎어지게 하다)를 사용한다. 딸의 어머니는 예수님을 경배하며 엎드려 있고, 더러운 귀신은 주님의 음성(29절)을 듣자마자 딸의 육체를 침대 위에 내팽개치고 혼비백산하여 도망친다. 물론 헬라어 단어는 서로 다르지만 충분히 상상할 수 있는 장면이다.

내레이터는 26절에서 여인의 신분을 밝히는데 헬라인이요 수로보니게 족속이라고 알려 준다. 마태복음에서는 '가나안 여자'라고 소개하며 유대인과의 적대감을 강조하는데, 분문은 인종적 배경에 초점을 맞춘다. 쉽게 말하면 헬라인이며 수로보니게 족속이라고 말함으로써, 이방인이기 때문에 더럽다는 점을 이중으로 강조한다. 아마 고대 로마의 독자들은 로마 제국에 속해 있던 그녀의 고향을 통해 여인의 신분을 쉽게 알아차렸을 가능성이 있다. 이 여인의 신분과 관련하여 M. 유진 보링은 가난하고 버림을 받은 천한 여인이 아니라 유력한 지배 계층이라고 주장한다.[9] 실제로 28절에 나오는 '상(*트라페자*)'은 누가복음에 나오는 부자의 식탁(눅

---

9   M. Eugene Boring, *Mark* (Louisville: John Knox, 2006), 210.

16:21)과 동일하고, 30절에 나오는 '침상(클리네)'은 가난한 자들이 쓰던 침상(크라바톤, 막 2:11)과 다르다. 더욱이 그녀가 예수님의 비유를 듣고 바로 이해했다는 점을 고려하면 지혜로운 여성이라고 짐작할 수 있다.

수로보니게 여인이 예수님께 나아온 행위는 현대인이 생각하는 것처럼 그렇게 쉽지가 않았다. 아마 그녀는 중대한 결심을 하고 나아왔을 것이다. 그녀는 ① 인종적 경계, ② 성적 경계, ③ 사회 문화적 경계, ④ 종교적 경계, ⑤ 정치 경제적 경계, ⑥ 심리적 경계를 넘어섰다.[10] 분명히 그녀의 행동은 심지어 유대계 그리스도인에게조차 무례하게 보였을 것이다. 그녀는 자신의 딸에게서 귀신을 쫓아내 달라고 간구한다. 이 문장에서 '간구하다'에 해당하는 헬라어가 미완료 시제이기 때문에 끊임없이 간청하는 동작을 함축한다. 만약 그녀가 상류층 여인이라면, 주님 앞에 나아와 완전히 엎드린 자세로 쉬지 않고 요청하는 그녀의 태도는 간절함과 겸손, 그리고 끈질긴 자세를 부각시킨다.

27-29절은 앞부분과 다르게 대화체인데, 사실 이 부분이 본문의 핵심이다. 저자는 이 대목에서 내러티브의 속도를 늦추며 독자로 하여금 대화의 내용 하나하나에 집중하게 한다. 본문 27절은 "예수께서 이르시되"라고 기술한다. 개역개정판 성경을 보면 예수님이 처음으로 말씀하시는 것 같지만, 실제로는 그렇지가 않다. '이르시되(27절)'와 '간구하거늘(26절)'

---

10 이 달, "수로보니게 여인의 이야기에 나타난 은유적 의미," 「신학논단」 제10권 1호 (2003), 11-13.

에 해당하는 헬라어가 모두 미완료 시제로 지속적인 동작을 암시하기 때문이다. 따라서 27절에 나오는 예수님의 말씀은, 이 여인과 예수님이 나누던 대화 중간에서 나왔다고 보아야 한다. 이러한 원문의 의미를 반영하여 NAS, Rotherham, AMP 역본은 "예수님이 계속해서 말씀하고 계셨다(진행형)."로 번역한다. 이 관점에서 보면 예수님은 그녀와 대화하며 그녀가 포기하지 않도록, 또 자신의 말을 알아차릴 수 있도록 격려하며 도움을 주었다고 볼 수 있다. 주님이 여인에게 던지신 말씀은 이렇다.

> <u>자녀로 먼저 배불리 먹게 할지니</u> 자녀의 떡을 취하여 개들에게 던짐이 마땅치 아니하니라(27절).

헬라어 원문에 의하면 이 문장에서 '자녀', '먼저', '개들에게'라는 단어가 강조되어 있는데, 그중에서도 '자녀'가 제일 강조되고 있다(Rotherham). 여기서 '자녀'는 이스라엘 백성, '떡'은 하나님의 은혜와 축복, 그리고 '개'는 마태복음의 경우와 마찬가지로 '강아지'이며 이방인을 상징한다. 이 비유에서 문장의 앞부분, 즉 "자녀로 먼저 배불리 먹게 할지니"라는 표현을 이해하는 것이 본문의 메시지를 찾아내는 열쇠다(마태복음에는 이 구절이 없다.).

그렇다면 27절의 의미는 무엇일까? 원문을 직역하면 이렇다.

> 자녀들이 먼저 배불리 먹게 되기를 허락하라. 자녀가 먹어야 할 떡을 취하여

복음서, 그 차이를 읽다

강아지에게 던지는 것이 적절하지 못하다(JMNT).

얼핏 보면 예수님의 이 말씀은 여인의 요청을 거절하시는 것 같지만, 실제로는 거절이 아니라 희망을 준다. '먼저' 유대인에게 먹인다는 말이, 이방인에게도 기회가 있다는 사실을 함축하기 때문이다. 마가복음은 이 방인 독자를 염두에 두기 때문에 마태복음보다 더 적극적으로 이방인을 끌어들인다. MSG 역본은 27절을 이렇게 처리한다.

줄을 서서 네 차례를 기다려라. 자녀들이 먼저 먹고 남는 것이 있으면, 개들이 먹게 될 것이다.

이 역본에서 '배불리'라는 단어가 누락된 것이 정말로 아쉽다. 그 이유 는 이 단어가 두 번의 급식 사건과 본문을 연결하기 때문이다. 예수님의 이 말은 여인에게 굉장한 위로가 되었을 것이다(마태복음의 병행 구절과 비 교해도 이 점을 확실히 알 수 있다. 마태복음에서는 침묵과 거절하는 듯한 태도가 상당히 오래 지속된다.). 수로보니게 여인은 예수님의 말씀이 결코 가혹하거 나 냉정하다고 여기지 않았다. 오히려 하나님의 보좌로 나아갈 수 있도록 문을 활짝 열어 주신다는 뜻으로 받아들였다.[11]

---

11   Grant R. Osborne & Philip W. Comfort, *Life Application Bible Commentary: Mark* (Carol Stream: Tyndale, 1994), 210.

이제 비유의 의미를 파헤칠 차례인데, 사실 이 부분이 본문에서 제일 난해하다. 여인에게 희망을 주는 메시지는 분명한데, '자녀를 먼저 배불리 먹인다.'는 말의 뜻이 무엇일까? 만일 이 구절을 액면 그대로 받아들이면, 먼저 이스라엘 백성을 다 배불리 먹이고 난 후에, 남는 것이 있으면 이방인에게 주겠다는 뜻으로 해석할 수 있다. 그렇다면 지금은 이방인을 도와줄 수 없다는 의미가 된다. 그런데 이 비유를 이렇게 해석하면 안 된다. 만약 이렇게 이해하면 다음과 같은 세 가지 이유 때문에 받아들일 수 없게 된다. 첫째, 예수님은 이미 모든 음식이 깨끗하다고 공식적으로 선언하시며(7:19) 유대인과 이방인을 차별하는 벽을 허무셨다. 따라서 본문에서 유대인과 이방인을 차별한다면, 이는 주님 자신이 하신 말씀을 어기는 꼴이 된다. 둘째, 본문의 문맥과 어긋난다. 문맥에 의하면 예수님은 음식에 관한 논쟁을 마치신 후에 곧바로 이방인 지역으로 가셔서 더러운 귀신 들린 딸을 둔 여인을 치료하신다. 내레이터는 '더러운'이란 단어를 의도적으로 사용하여, 앞 단락과 본문이 아주 긴밀하게 결합되어 있다는 점을 강조한다. 그러므로 만약 주님이 이 여인을 치료하시지 않는다면, 앞뒤 단락이 연결되지 않는다. 셋째, 예수님의 행위가 모순된다. 주님은 마가복음의 앞부분에서 이미 여러 차례 이방인을 치료하셨다. 두로와 시돈 지역에서 온 많은 병자들을 고쳐 주셨고(3:7-12), 거라사인 지역에서는 귀신 들린 사람을 고쳐 주셨다(5:1-20). 그런데 거라사인 지역에 살던 군대 귀신 들렸던 사람은 수로보니게 여인의 딸보다 더 심각한 상태였다. 그래서 만일 유대인들을 다 고치신 후에 이방인을 고쳐 주신다는 의미로

복음서, 그 차이를 읽다

이 비유를 해석하면, 예수님이 이전에 고쳐 주신 이방인의 사례들은 설명할 방도가 없다.

이렇게 보면 '자녀를 먼저 배불리 먹인다.'는 말은 앞으로 일어날 일이 아니라, 이미 일어난 '과거'의 사건을 의미한다.[12] 다시 말하면 5,000명이나 되는 유대인을 '배불리' 먹이고 풍족하게 남은 기적을 뜻한다(6:30-44). 실제로 예수님이 언급하신 '배불리 먹다(7:27)'에 해당하는 헬라어 '코르타조(chortazo)'가 유대인 5,000명을 배불리 먹이신 사건(6:42)과, 이방인 4,000명을 배불리 먹이신 사건(8:8)에 공통으로 등장한다. 주님은 유대인을 배부르게 먹이신 것처럼, 이방인도 차별 없이 배부르게 먹이신다. 27절의 앞부분을 이렇게 해석하면, 뒷부분은 자연히 자녀인 유대인이 배불리 먹고 떡이 남았기 때문에, 남은 떡을 '지금' 이방인에게 나누어 주겠다는 뜻으로 이해할 수 있다. 예수님이 던진 이 비유는 문자 그대로 해석하면 안 된다. 타인의 반응을 떠보기 위한 아이러니이기 때문이다.[13] 예수님은 여인의 반응을 살펴보기 위해 자신의 의도와 정반대로 말씀하셨다. 하지만 수로보니게 여인에게는 듣는 귀와 통찰력이 있었다(4:9, 23).

예수님의 비유를 들은 여인은 이렇게 답한다.

주여 옳소이다마는 상 아래 개들도 아이들이 먹던 부스러기를 먹나이다(28절).

---

12   Robert A. Guelich, *Word Biblical Commentary*, vol. 34a (Dallas: Word Books, 1989), 388.

13   Kelly R. Iverson, *Gentiles in the Gospels of Mark* (New York: T&T Clark, 2007), 52.

헬라어 원문을 직역하면 다음과 같다.

주님, 그 말이 맞습니다. 하지만 식탁 바로 아래에 있는 작은 애완견들은 어린 아이가 먹다가 흘리는 부스러기를 받아먹습니다(JMNT).

여인은 주님의 말씀을 자신에게 적용한다. 먼저 예수님을 '주님(퀴리오스)'이라 부르는데, 이는 노예나 종이 자신의 주인을 부를 때 주로 쓰인다. 이 단어가 마가복음에서 본문을 제외하면 총 19번 사용되었는데, 그중에서 이방인이 예수님을 향해 '주님'이라 부른 사례는 이 경우가 유일하다. 이 여인이 예수님을 이렇게 불렀다는 사실은 정말로 놀랍다. 여인은 예수님이 애정을 담은 '강아지(퀴나리온)'라는 단어를 사용하시는 것을 보고, 자신이 애완견이라면 예수님은 당연히 주인이 되신다는 점을 간파한 후, 주님이라고 고백한다.

그녀는 자녀와 강아지의 차이를 인정하고, 예수님이 언급하신 자녀, 개, 떡 외에 식탁과 부스러기를 덧붙이고, 강아지의 위치를 애완견에 맞게 식탁 아래로 재설정한다. 예수님 당시 유대인에게 있어서 개(쿠온)는 썩은 고기나 쓰레기를 먹어 치우는 청소부로 취급되었다. 그러나 유복한 헬라인 가정에서는 강아지를 애완동물로 키웠다.[14] 만약 이 여인이 부유한 상류층이었다면 예수님의 비유를 더 잘 이해할 수 있었을 것이다. 예

---

14 Craig S. Keener, *Bible Background Commentary* (Downers Grove: IVP, 2014), 146.

복음서, 그 차이를 읽다

수님은 수로보니게 여인이 이해할 수 있는 가장 적절한 방법으로 주님과 이방인의 관계를 설명해 주셨고, 여인은 그 의미를 정확하게 파악했다.

여인의 대답을 들은 주님은 기쁜 마음으로 그녀의 요청을 허락하시며 이렇게 말씀하신다.

> 이 말을 하였으니 돌아가라 귀신이 네 딸에게서 나갔느니라(29절)

이 문장에서 "이 말을 하였으니"라는 구절은 주님이 여인의 소원을 들어준 근거인데, 원문에 의하면 이 부분이 강조되어 있다(Rotherham). 예수님은 여인이 비유의 의미를 정확하게 파악한 후, 민첩하고 지혜롭게 대답했기 때문에 기적을 베풀어 주셨다. 수로보니게 여인은 어린아이가 떨어뜨리는 작은 부스러기라도 자신의 필요를 충족시켜 줄 것으로 믿었다. 마태복음과 마가복음을 비교하면 예수님이 여인의 딸을 고쳐 주신 이유가 다르다. 마태복음의 경우에는 여인이 큰 믿음을 가지고 있었기에 이를 칭찬하며 고쳐 주셨다. 반면에 마가복음에는 믿음에 대한 언급이 없다. 오히려 예수님의 비유를 듣고 대답을 잘 했기 때문에 고쳐 주셨다.

그러면 어떤 점에서 여인이 대답을 잘 했다는 것일까? 우리는 다음과 같은 두 가지 가능성을 생각할 수 있다. 첫째, 수로보니게 여인은 "자녀로 먼저 배불리 먹게 할지니(27절)"라고 하신 예수님의 말씀이 '미래'의 사건이 아니라, '과거'의 사건을 의미한다는 사실을 깨달았다. 즉 오병이어 사건을 통해 이미 유대인 5,000명이 넘는 무리가 배불리 먹고 열두 바구니가 남았기 때문에, 이제 이방인에게도 기회를 주겠다고 허락하시는 것으로 판단했다.

둘째, 그녀는 예수님이 사용하신 단어를 약간 바꾸어 자신에게 적용했다. 예수님은 "자녀의 떡을 취하여 개(강아지)들에게 던지는 것이 마땅치 아니하니라." 하고 단언하셨다. 그런데 여인은 어린아이의 상에서 떨어지는 부스러기를 애완견이 받아먹는 장면을 상상한다. 자세히 보면 단어가 바뀌었다(마태복음은 이와 다르다.). '자녀'가 '어린아이'로, '강아지'가 '애완견'으로, '던지는' 행위가 식탁에서 '떨어지는' 상황으로 변화되었다. 여기서 단어 선택이 아주 중요하다. '자녀'에 해당하는 헬라어 '테크논(*teknon*)'은 '후손', '자녀', '아들'을 의미하는데, 이는 사랑으로 엮인 다정한 관계를 함축한다. 반면 어린아이로 번역된 헬라어 '파이디온(*paidion*)'은 '작은 아이', '갓난아이', '유아'를 의미한다. 마가복음에서는 어린아이처럼 하나님 나라를 받들지 않으면 천국에 들어가지 못한다고 선언하는 장면(10:15)에서 이 단어가 사용된다. 현대인은 '어린아이(갓난아이)'라는 단어를 떠올리면 주로 좋은 이미지를 연상한다. 순수함, 때가 묻지 않고 소박한 상태, 단순함 등을 생각한다. 하지만 고대 사회에서는 그렇지 않았다. 어린아이는 사회적으로 완전히 무력한 존재였다. 높은 유아 사망률로 인해 많은 어린아이가 어른이 되기 전에 죽었고, 가난한 이방인 민족은 아

복음서, 그 차이를 읽다

이를 부양할 능력이 없으면 버리는 것이 예사였다.[15]

27절에 나타난 예수님의 말씀과 28절에 기록된 여인의 대답을 잘 비교해 보자. 예수님의 비유에서는 유대인과 이방인의 차이가 '자녀와 강아지'의 형태로 존재한다. 그런데 여인의 대답에서는 그것이 '어린아이(갓난아이)와 애완견'의 차이로 바뀐다. 도대체 무엇이 다를까? 자녀와 강아지의 경우에는 자녀의 '우선권'이 분명히 존재한다. 그러나 어린아이로 바뀌면 자녀의 우선권이 사라진다.[16] 1세기 고대 사회에서 어린아이는 무력함 그 자체였다. 어떤 권리, 요구, 우선권도 주장하지 못하는 존재였다. 오직 가장(家長)의 통제 아래 있을 때 목숨이 겨우 유지되는 존재였다. 이렇게 보면 어린아이는 우선권이 없다는 점에서 애완견과 별 차이가 없다. 수로보니게 여인의 주장에 의하면, 자녀가 먼저 먹고 떡이 남아야 개에게 돌아가는 상황이 아니다. 어린아이가 떡을 먹는 것과 동시에 애완견이 떨어지는 떡을 받아먹는다. 강아지는 자녀가 먹다 남은 음식을 던져 주어야 먹는다. 하지만 애완견은 주인과 함께 생활하기 때문에 식탁에서 떨어지는 부스러기를 그대로 받아먹는다. 더욱이 어린아이인 경우에는 먹는 음식보다 오히려 흘리는 음식이 더 많다. 아니 일부러 음식을 애완견에게 주기까지 한다. 수로보니게 여인의 창조적 상상력이 얼마나 뛰어나고 기발한가! 분명히 예수님은 여인의 대답을 들으며 매우 흐뭇해하셨을 것이

---

15 같은 책, 153.

16 Sharyn Dowd, *Reading Mark* (Macon: Smyth & Helwys, 2000), 77.

다. 자신이 듣고 싶었던 바로 그 말이었기 때문이다. 주님은 이미 앞 단락에서 음식에 관한 규정을 철폐하며 유대인과 이방인을 차별하는 벽을 허무셨고, 이제 본격적으로 이방인을 돕기 위해 이 여인을 만나셨다. 그런데 이 여인이 주님의 마음을 읽고 그분이 원하시는 대답을 하고 있지 않은가!

30절은 결론인데, 회복된 아이의 상태를 확인해 준다.

여자가 집에 돌아가 본즉 아이가 침상에 누웠고 귀신이 나갔더라.

마태는 "그때로부터 그의 딸이 나으니라(15:28)." 하는 문장으로 간단하게 마무리하는데, 마가는 카메라를 들고 여인의 집까지 따라가 아이가 잠든 모습을 클로즈업한다. 주님의 말씀이 얼마나 강력한지를 체험하게 한다. 이러한 묘사를 보면 마태는 유대인을 주 대상으로 하기 때문에 이방인의 영역으로 들어가는 것을 약간 꺼리는 느낌을 준다. 그러나 마가는 이방인을 대상으로 하고 유대인과 이방인의 벽을 이미 허문 상황이기 때문에, 주저하지 않고 유대인이 더럽다고 여기는 이방 여인의 집까지 따라간다. 그것도 조금 전까지 더러운 귀신이 활동하던 그 장소로 말이다. 내레이터는 아이가 침상에 '누웠고' 귀신이 나갔다고 설명한다. 여기서 '누워 있다'에 해당하는 헬라어는 아무렇게나 내팽개쳐진 분위기를 암시한다. 따라서 이 단어를 보면, 귀신이 아이에게서 나가며 심한 발작을 일으

복음서, 그 차이를 읽다

키고, 아이의 몸을 침대 위에 내동댕이친 상태로 황급히 떠난 것을 알 수 있다. 원격 치료에 의해 선포된 주님의 말씀이 귀신을 완전히 제압했기 때문이다.

정리하기 지금까지 살펴본 내용을 토대로 마가복음의 저자가 원래의 독자들에게 전해 주고 싶었던 메시지가 무엇인지 하나씩 정리해 보자.

첫째, 마가는 "모든 음식물이 깨끗하다."는 예수님의 선언을 자신이 속한 공동체 구성원들에게 들려주고 싶었을 것이다. 아마 마가복음의 최초 독자인 헬라인 그리스도인들은 유대인이 지키던 음식법에 대해 의아해했을 것이며, 그들도 반드시 이 법을 따라야 하는지 궁금하게 여겼을 것이다.[17] 그래서 마가는 이 문제에 대한 분명한 해답과, 예수님의 선언이 지니는 상징적 의미, 즉 유대인과 이방인을 가로막고 있던 벽이 사라졌다는 것을 분명히 보여 준다. 본문이 그 증거다.

둘째, 예수님은 바리새인과의 논쟁에서 인간의 마음에 자리 잡고 있는 온갖 악한 요소들을 열거한 후, 이러한 것들이 사람을 더럽게 한다고

---

17 Grant R. Osborne & Philip W. Comfort, *Life Application Bible Commentary: Mark* (Carol Stream: Tyndale, 1994), 204.

확언하신다. 주님의 시각에서 보면 음식물이 아니라 인간의 마음이 문제다. 유대인이든 이방인이든 예외가 없다. 본문은 인간의 더러운 마음을 치료하실 수 있는 분이 주님뿐이라는 진리를 확실히 한다. 주님은 수로보니게 여인의 마음과, 더러운 귀신에게 사로잡힌 그녀의 딸을 동시에 치료하심으로써, 치료하시는 하나님의 이미지를 선명하게 보여 주신다.

셋째, 수로보니게 여인의 필사적인 반론을 보며 감탄하시는 예수님의 모습은, 신앙 때문에 핍박을 당하던 최초의 독자들에게 큰 격려가 되었을 것이다. 그들의 인내와 믿음이 결국 주님을 기쁘시게 할 것이라고 생각했을 것이기 때문이다. 이 여인의 이야기는 일반적으로 예수님께 나아오는 사람들이 보여 주는 패턴과 다른 양상을 보인다. 보통의 경우에는 이런 식으로 진행된다. 누군가가 예수님을 찾아와 질문을 던지거나 문제를 제기한다. 그러면 주님은 그 문제에 대한 해답을 주시든지 아니면 도리어 반문하신다. 그 결과로 질문을 던진 장본인은 당황하며 떠나가거나, 아니면 이해하지 못해 자세한 설명을 요구한다. 하지만 이 여인은 예수님의 비유를 완전히 이해하고, 그분을 적극적으로 논쟁에 끌어들이며 끈질기게 씨름한다. 예수님이 하신 말씀에서 실마리를 얻고 상황을 재조정하여 도리어 주님을 놀라게 한다.

넷째, 마태복음이 믿음을 강조한다면, 마가복음은 여인의 재치 있는 '말(로고스)'에 초점을 둔다. 물론 여인의 말은 궁극적으로 예수님의 말씀

복음서, 그 차이를 읽다

에 기초한다. 주님이 힌트를 주셨기 때문이다. 마가복음에서 로고스는 주로 예수님의 메시지(2:2; 4:33), 예수님에 관한 메시지(1:45; 9:10), 또 하나님의 말씀(7:13)을 의미한다. 저자는 본문을 통해 신앙의 뿌리, 하나님의 은혜, 그리고 인간 삶의 원리가 하나님의 말씀에 기초한다는 진리를 보여 준다. 내레이터는 이 여인과의 말싸움에서 예수님이 진 것처럼 묘사한다. 그렇다면 정말로 주님이 진 것일까? 아니다. 일부러 져 주는 것이다. 하나님과 씨름하여 승리한 야곱의 경우가 바로 그렇지 아니한가!

다섯째, 본문은 여인의 딸을 묘사하며 더러운 귀신에게 사로잡혔다고 설명하고(25절), 예수님이 그녀를 치료하시는 통쾌한 장면을 보여 준다. 여기서 '더러운'에 해당하는 헬라어 '아카다르톤(*akatharton*)'은 비유적으로 '생각이나 삶이 더러운' 상태를 암시한다. 그런데 사복음서 중에서 유독 마가복음에 이 단어가 많다. 사복음서에서 총 19번 사용되었는데, 마가복음에서 무려 11번, 마태복음에서는 단 두 번 사용되었다. 그 까닭이 무엇일까? 아마 1세기 고대 로마에 살던 최초의 독자들은 로마 황제에 의한 핍박을 당하면서 도덕적으로 타락한 로마 사회의 추한 모습을 수차례 목격했을 것이다. 그 결과 이들은 당연히 귀신과 사탄의 영향력을 절감했을 터이고, 주님의 능력으로 이 악령의 역사가 사라지기를 간절히 원했을 것이다. 마가복음의 저자 역시 더러운 귀신을 제압하는 주님의 원격 치유가 다시 한 번 일어나기를 진심으로 소망하였을 것이다.

적용 하기　본문에서 몇 가지 일반적인 원리를 찾아 우리 삶에 적용해 보자.

첫째, 예수님은 유대인과 이방인을 차별하던 벽을 허무셨다. 그리고 이 이방 여인의 마음과 그 딸의 질병을 치유하시기 위해 약 160km나 되는 장거리 여행을 하시며 민족적, 문화적, 종교적, 성적 편견과 장벽을 뛰어넘으셨다.[18] 나를 구원하시기 위해 하나님은 어떤 모험을 하셨는가? 그 은혜를 묵상해 보라. 이제 내가 그분의 은혜를 다른 사람에게 전하기 위해 허물어야 할 장벽은 무엇인가?

둘째, 수로보니게 여인은 "자녀로 먼저 배불리 먹게 할지니"라는 예수님의 말씀에서 희망을 보았고, '강아지'라는 표현에서 자신을 끌어들이시는 주님을 발견했다. 그리고 그것을 자신에게 적용했다. 지금 내 삶에 적용해야 할 하나님의 말씀이 있는가? 그 말씀 속에 답이 있다. 성경 말씀 한 구절 한 구절을 대충 읽지 말라. 유진 피터슨은 교회의 성도들이 마치 신문 기사를 읽듯이 성경을 읽는 모습을 보고 실망했다고 토로하며, 성경이 바로 얼음을 깨는 도끼와 같다고 역설한다. 성경을 그냥 읽는 수준이 아니라, 그 말씀이 우리의 신경 조직, 상상력, 삶의 각 영역 하나하나에 이르기까지 영향을 미치게 해야 한다고 주장한다.[19] 하나님의 말씀을 대

18　Lyman Coleman, *The NIV Serendipity Bible* (Grand Rapids: Zondervan, 1989), 1265.

19　Eugene H. Peterson, *Eat This Book* (Grand Rapids: Eerdmans, 2009), 8-9.

하는 나의 자세를 점검해 보라.

셋째, 본문에 나타난 예수님은 인간의 더러운 영역을 치료해 주시는 분이시다. 더러운 귀신에게 사로잡힌 수로보니게 여인의 딸은 정화되어야 할 우리의 영적 상태를 상징한다. 나의 삶에서 정화되어야 할 영역은 어디인지 살펴보라.

넷째, 이 여인은 시혜롭게 대답하여 주님의 칭찬을 받았다. 그녀는 자녀를 먼저 배불리 먹인다는 말씀이 이미 성취되었다는 것을 깨달았고, 주님의 뜻이 무엇인지를 간파했다. 바꿔 말하면 약속의 성취와 하나님의 뜻에 집중했기에 수수께끼와 같은 주님의 비유를 이해할 수 있었다. 하나님의 약속이 현실에서 어떻게 이루어지는지를 주의 깊게 관찰하며, 모든 일에서 주님의 뜻을 추구하라.

다섯째, 본문에 의하면 주님과 이방인의 관계는 주인과 강아지의 관계다. 아니 사실은 강아지보다 훨씬 더 못한 존재다. 따라서 그분이 우리에게 양식을 주실 때 비로소 우리는 살아갈 수 있다. 그렇기에 그분이 우리의 주인이시다. 지금 나의 모습은 어떠한가? 주님이 없어도 충분히 살아갈 수 있다고 확신하는가? 예수님을 나의 주인으로 여겨 그분의 지시에 따르고 있는가? 아니면 강아지와 주인의 관계가 완전히 바뀌어 주님을 강아지 정도로 여겨, 필요한 경우에만 찾는가?

여섯째, 수로보니게 여인과 그녀의 딸이 치료 받은 사건은 하나의 기적적인 치유라기보다 오히려 정치적 사건에 더 가깝다. 주님이 하신 말씀과 보여 주신 행동이 너무 파격적이기 때문이다. 주님이 음식에 관한 규례를 철폐하신 것은, 1세기 유대인들이 자신의 정체성을 보호하기 위해 세운 보호막을 흔드는 엄청난 사건이다.[20] 예수님은 이 여인에게 기적을 베풂으로써 조금 전에 자신이 하신 말씀을 그대로 행동으로 옮기셨다. 예수님의 관점에서 보면, 이 여인과의 만남은 그분 자신을 함정에 빠뜨릴 악조건을 다 가지고 있다. 그럼에도 불구하고 주님은 묵묵히 하나님의 뜻을 실천하셨다. 나의 경우는 어떠한가? 어떤 대가를 치른다 해도 성경 말씀을 실천할 준비가 되어 있는가?

---

20 Tom Wright, *Mark for Everyone* (Louisville: John Knox, 2004), 95.

복음서, 그 차이를 읽다

* '개' 취급당한 여인 이야기 비교 *

공통점	1) 이방인 지역에서 이방 여인을 만나신 예수님 2) 자녀와 개의 비유를 통해 유대인과 이방인의 관계를 암시 3) 여인을 집에서 기르는 애완견으로 묘사함 4) 여인의 요구를 들어주심	
	마태복음	**마가복음**
분량	8절(마 15:21-28)	7절(막 7:24-30)
특징	바리새인과 대조되는 여인의 믿음을 강조(유대인과 이방인의 차별이 그대로 존재)	이방 여인을 고쳐 주기 위해 의도적으로 찾아가신 예수님(유대인과 이방인의 벽이 사라짐), 여인의 지혜 강조
차이점	1) 문맥(바리새인과 여인의 대비) 2) 여인을 "가나안" 여인으로 묘사(유대인과의 적대적 성격 강조) 3) "그런데 보라."라는 표현을 사용(22절): 철천지원수인 가나안 여인이 예수님께 나아왔다는 사실을 강조	1) 문맥(유대인과 이방인의 벽을 허무신 예수님): "모든 음식물은 깨끗하다(19절)." 2) 여인을 헬라인이요 수로보니게 족속으로 묘사: (이방인이기에 더럽다는 점을 이중으로 강조) 3) "더러운 귀신 들린" 여인의 딸: ('더럽다'는 의미를 여러 차례 암시하며 앞 단락과 연관성 강조)

	마태복음	마가복음
차이점	4) 여인이 예수님을 "다윗의 자손"이라 칭함	4) 이방 지역 방문을 아무도 모르게 하시려는 예수님(24절): (메시아적 비밀, 문학적 강조 효과)
	5) "흉악하게" 귀신 들린 여인의 딸	5) 이방인에게도 기회가 있음을 적극적으로 암시: ("자녀로 먼저 배불리 먹게 할지니")
	6) 제자들이 여인을 도와주자고 간청함	6) 유대인의 우선권이 사라짐 (어린아이와 개의 관계)
	7) 예수님의 무관심 강조(침묵과 무시하는 듯한 상황이 지속됨)	7) 이야기 중간부터(27절) 대화체 사용
	8) 유대인의 우선권 강조: ("이스라엘 집의 잃어버린 양"에게 보내심을 받은 예수님)	8) "아이들"의 상에서 떨어지는 부스러기 강조: 어린아이와 애완견이 동시에 먹는다는 점을 암시
	9) 예수님께 "절하며" 경배하는 여인의 모습을 강조(25절)	9) 여인의 재치와 지혜를 강조: ("이 말을 하였으니 돌아가라.")
	10) 여인의 믿음을 보고 감탄하시는 예수님(28절)	10) 여인의 딸이 치료를 받은 현장에 대한 자세한 묘사

	마태복음	마가복음
차이점	11) 여인의 믿음으로 인해 소원을 들어줌: ("여자여 네 믿음이 크도다.") 12) 여인의 딸이 치료를 받은 현장에 대한 묘사가 없음 13) 처음부터 대화체로 시작: 예수님과 여인이 나눈 대화가 본문의 핵심 14) 주인과 개의 관계 강조("주인의 상"에서 떨어지는 부스러기) 15) 신앙의 뿌리가 유대인에게 있음을 강조 16) 가르치시는 예수님의 모습 (마태복음의 주요 특징)	

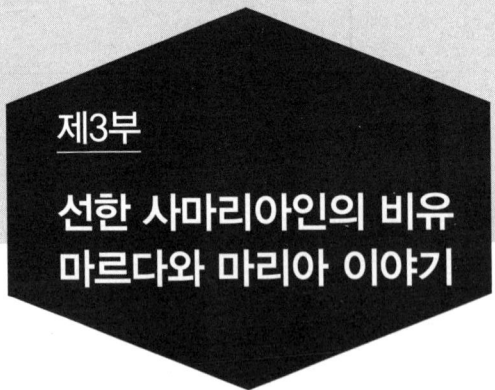

제3부

선한 사마리아인의 비유
마르다와 마리아 이야기

최근 들어 심심치 않게 '선한 사마리아인 법'을 제정하자는 말이 나온다. 심장이 멎은 택시 기사를 그대로 두고 골프 여행을 간 비정한 승객 이야기를 접하고, 많은 사람이 충격을 받아 필요성을 더욱 절실히 느끼는 것 같다. 누가복음에만 나오는 선한 사마리아인의 비유는 기독교인은 물론 일반인에게도 널리 알려져 있어서, 이제 선한 사마리아인이 보통명사로 사용되기에 이르렀다. 그래서 어려움에 처한 이웃을 돕는 착한 사람을 으레 선한 사마리아인이라 부른다.

이 비유를 본문으로 하여 설교하는 상당수의 설교자들이 "가서 너도 이와 같이 하라(눅 10:37)."는 말씀을 액면 그대로 받아들여, 우리도 일상에서 사마리아인처럼 살아야 한다고 힘주어 말한다. 당연히 그리스도인은 누구에게나 선을 베풀고 이웃을 내 몸처럼 사랑해야 한다. 그렇다면 누가복음의 저자가 이 비유를 통해 제시하는 메시지가 과연 이것일까? 그렇지 않다. 본문의 문맥을 보면, "가서 너도 이와 같이 하라."는 예수님의 명령이 그분이 원래 의도하신 메시지가 아니다. 주님이 실제로 율법교사에게 "가서 그렇게 살아 영생을 얻어라." 하는 뜻으로 말씀하시지 않았기 때문이다.

선한 사마리아인의 비유는 우리에게 너무 잘 알려져 있으면서도 그 핵심이 심하게 왜곡되어 있다. 문맥을 무시한 채 비유 자체만을 해석하기 때문에 이런 오해가 발생한다. 이 비유(10:25-37)는 바로 뒤에 이어지는 마르다와 마리아 이야기(10:38-42), 그리고 그 앞뒤 단락(10:21-24; 11:1-13)과 아주 밀접하게 연결되어 있다. 따라서 이 전체를 함께 다루어야 비유가 주는 교훈을 제대로 파악할 수 있다. 자신의 목숨을 걸고 인종적, 문화적 장벽을 초월하여 강도 만난 자를 도와준 착한 사마리아인의 이야기, 그리고 예수님을 영접한 마르다와 마리아의 아름다운 이야기, 지금 그 속으로 들어가 보자.

제6장

누가의 메시지:
가서 너도 이와 같이 하라(?)

(눅 10:25-37)

²⁵⁾어떤 율법교사가 일어나 예수를 시험하여 이르되 선생님 내가 무엇을 하여야 영생을 얻으리이까 ²⁶⁾예수께서 이르시되 율법에 무엇이라 기록되었으며 네가 어떻게 읽느냐 ²⁷⁾대답하여 이르되 네 마음을 다하며 목숨을 다하며 힘을 다하며 뜻을 다하여 주 너의 하나님을 사랑하고 또한 네 이웃을 네 자신 같이 사랑하라 하였나이다 ²⁸⁾예수께서 이르시되 네 대답이 옳도다 이를 행하라 그러면 살리라 하시니 ²⁹⁾그 사람이 자기를 옳게 보이려고 예수께 여짜오되 그러면 내 이웃이 누구니이까

³⁰⁾예수께서 대답하여 이르시되 어떤 사람이 예루살렘에서 여리고로 내려가다가 강도를 만나매 강도들이 그 옷을 벗기고 때려 거의 죽은 것을 버리고 갔더라 ³¹⁾마침 한 제사장이 그 길로 내려가다가 그를 보고 피하여 지나가고 ³²⁾또 이와 같이 한 레위인도 그 곳에 이르러 그를 보고 피하여 지나가되

³³⁾어떤 사마리아 사람은 여행하는 중 거기 이르러 그를 보고 불쌍히 여겨 ³⁴⁾가까이 가서 기름과 포도주를 그 상처에 붓고 싸매고 자기 짐승에 태워 주막으로 데리고 가서 돌보아 주니라 ³⁵⁾그 이튿날 그가 주막 주인에게 데나리온 둘을 내어 주며 이르되 이 사람을 돌보아 주라 비용이 더 들면 내가 돌아올 때에 갚으리라 하였으니 ³⁶⁾네 생각에는 이 세 사람 중에 누가 강도 만난 자의 이웃이 되겠느냐 ³⁷⁾이르되 자비를 베푼 자니이다 예수께서 이르시되 가서 너도 이와 같이 하라 하시니라

살펴 보기 우선 본문의 문맥부터 살펴볼 필요가 있는데, 누가복음 10장 21절부터 11장 13절까지를 하나의 단위로 보아야 한다.[1] 누가복음 10장 21-24절은 70인의 제자가 전도 사역을 마치고 예수님께 돌아와 결과를 보고하자, 주님이 성령으로 충만하여 하나님께 감사 기도를 드리시는 장면이다. 그리고 10장 25-42절은 '선한 사마리아인의 비유'와 '마르다와 마리아 이야기'이며, 마지막 11장 1-13절은 기도에 대한 가르침으로 되어 있다. 각 단락의 내용을 간단하게 정리하면 다음과 같다.

1) 10:21-24(예수님의 감사 기도)

    ① 성령으로 기뻐하시는 예수님

    ② 지혜롭고 슬기 있는 자들에게는 숨기시고,

      어린아이에게는 나타내시는 아버지 하나님(21절)

    ③ 오직 예수님의 계시를 통해 하나님을 알게 됨(22절)

    ④ 보는 눈과 듣는 귀를 가진 복된 제자들(23-24절)

2) 10:25-37(선한 사마리아인의 비유)

    ① 영생에 관한 율법교사의 질문(25절)

    ② 하나님을 사랑하고 이웃을 사랑하라(27절)

    ③ 선한 사마리아인 이야기

---

1   이두희, "설교를 위한 성서 연구: 하나님 사랑과 이웃 사랑(눅 10:21-11:13)," 「성서마당」 26 (2010): 57-69.

3) 10:38-42(마르다와 마리아 이야기)

　　① 예수님의 발치에 앉아 말씀을 듣는 마리아(39절)

　　② 많은 일로 염려하고 근심하는 마르다(40절)

4) 11:1-13(기도에 관한 교훈)

　　① 아버지 하나님과의 관계(1-4절)

　　② 구하는 자에게 좋은 것, 성령을 주시는 하나님(5-13절)

이 부분은 각 단락이 굉장히 긴밀하게 엮여 있어서, 따로 해석하면 의미가 완전히 달라진다. 그러면 어떻게 연결되어 있는지 점검해 보자.

첫째, 이 대목은 예수님이 성령으로 기뻐하시며 아버지 하나님께 기도하시는 장면(10:21-22)으로 시작하여, 우리가 아버지 하나님께 기도할 때 그분이 성령을 주신다는 가르침(11:13)으로 끝난다. 다시 말하면 '아버지'와 '기도' 그리고 '성령'에 대한 언급이 사마리아인의 비유와 마리아 이야기를 감싸고 있다. 이러한 기법을 문학에서는 '인클루지오(inclusio)'라고 한다. 이는 유사한 단어나 구가 문단의 처음과 끝에 나오면서 전체 문단을 하나로 묶어 주는 문학 기법을 말한다. 이러한 인클루지오는 문단을 묶어 주는 단어나 구를 통해 그 문단의 주제를 알려 준다.[2] 주님은 여기서 하나님을 '아버지', '내 아버지'라고 부르는데, 아버지와 아들 간의 관계가

2　오덕호, 『문학-역사비평이란 무엇인가?』 (서울: 대한기독교서회, 2000), 69.

이처럼 친밀하게 표현된 적은 없다.[3]

둘째, 보는 눈과 듣는 귀에 대해 언급한다. 23-24절에서 예수님은 제 자들을 바라보시며 보는 것을 '보는' 그들의 눈과, 듣는 바를 '듣는' 그들의 귀가 복이 있다고 선언하신다. 즉, 하나님 나라의 임재를 체험한 제자들의 눈과 귀가 복되다고 단언하신다. 이 진리를 증명하듯, 선한 사마리아 인의 비유에서는 '보는 이미지(31-33절)', 마르다와 마리아 이야기에서는 '듣는 이미지(39절)'가 차례로 등장한다.

셋째, 지혜롭고 슬기 있는 자와 어린아이가 좋은 대조를 보인다. 여기서 지혜롭고 슬기 있는 자는 스스로 교만하여 모든 것을 안다고 착각하는 자들이고, 어린아이는 겸손하게 예수님을 따르는 제자를 가리킨다. 예수님은 21절에서 하나님의 뜻에 대해 언급하며, 하나님이 교만한 자들에게는 천국의 비밀을 숨기시고 어린아이에게는 드러내신다고 말씀하신다. 이를 입증하듯, 선한 사마리아인의 비유에서는 율법교사가 예수님을 시험하며 자신의 의(義)를 드러내려 하고, 주님은 하나님 나라의 비밀을 살짝 숨기신다. 반면에 어린아이처럼 예수님의 발치에 앉아 말씀을 듣는 마리아에게는 비밀을 알려 주신다.

넷째, 이 대목은 제자도와 영생을 얻는 문제에 관해 언급한다. 예수님은 전도를 마치고 돌아온 제자들에게 그들의 이름이 하늘에 기록된 것으로 인해 기뻐하라고 명령하며, 그렇게 되게 하신 하나님께 감사한다(20-

---

3   Harold W. Attridge, *The HarperCollins Study Bible* (New York: HarperOne, 2006), 1785.

복음서, 그 차이를 읽다

21절). 그리고 사마리아인의 비유에서 영생을 얻는 방법을 율법교사에게 제시하고, 마리아의 이야기에서는 그녀가 좋은 편을 택했다고 칭찬하며 제자에게 주어지는 영생을 소개한다.

이런 흐름에서 보면 선한 사마리아인의 비유와 마르다와 마리아 이야기가 새롭게 다가온다. 내러티브 관점에서 누가복음 10장 21절-11장 13절을 다음과 같은 구조로 다시 정리할 수 있다.

1) 서론: 예수님의 감사 기도(10:21-24)

　　'성령'으로 기뻐하시는 예수님

　　'지혜롭고 슬기 있는 자들'에게는 숨기시고,

　　'어린아이'에게는 드러내심

　　'보는 눈'과 '듣는 귀'를 가진 제자들

2) 본론: 두 편의 이야기(10:25-42)

　　예시1: 선한 사마리아인의 비유(10:25-37)

　　　　'지혜롭고 슬기 있는 자(율법교사)'

　　　　보는 눈

　　예시2: 마르다와 마리아 이야기(10:38-42)

　　　　'어린아이(마리아)'

　　　　듣는 귀

3) 결론: 기도에 관한 교훈(11:1-13)

　　'성령'을 얻기 위해 아버지께 간청하라

문학적 문맥에 의하면 예수님의 감사 기도(10:21-24)는 서론에 해당하고, 사마리아인의 비유와 마리아 이야기(10:25-42)는 본론으로, 하나님 나라의 비밀을 숨기시고 드러내시는 각각의 사례에 해당한다.[4] 그리고 기도에 관한 내용(11:1-13)은 결론으로, 영생을 얻기 위해 성령을 사모하라고 요청하는 교훈으로 볼 수 있다.

일부 학자들은 사마리아인의 비유와 마리아 이야기를, 율법교사가 언급한 두 계명(10:27), 즉 하나님을 사랑하고 이웃을 내 몸처럼 사랑하라는 하나님의 명령에 대한 각각의 예로 간주한다.[5] 이들의 주장에 의하면 사마리아인의 비유는 이웃 사랑, 마리아의 이야기는 하나님 사랑을 보여 주는 표본이 된다. 물론 좁은 문맥(10:25-42)에서 보면 이렇게 해석할 수도 있다. 하지만 조금만 범위를 넓혀 보면, 이 두 편의 이야기가 21-24절에 대한 예시가 된다는 사실을 알 수 있다. 만약 앞의 주장처럼 마리아 이야기를 하나님 사랑에 대한 예로 간주한다면, 단락의 흐름이 이상해진다.[6] 그 이유는 선한 사마리아인의 비유(10:25-37)에서 하나님 사랑과 이웃 사

---

4   Herman Hendrickx, *The Third Gospel for the Third World*, vol. 3-A (Collegeville: Liturgical, 2000), 54-55; Piotr Blajer, "The Parable of the Good Samaritan (Luke 10:25-37): Its Function and Purpose within the Lukan Journey Section" (Ph. D. diss., Catholic University of America, 2012), 126-27.

5   R. Alan Culpepper, *The New Interpreter's Bible*, vol. IX (Nashville: Abingdon, 1995), 232.

6   누가복음이 '말씀을 듣고 실천하는' 제자의 삶을 여러 차례 강조한다는 점을 고려할 때(6:47; 8:15, 21; 11:28), 마리아가 '주님의 말씀을 들었다(10:39).'는 사실을 하나님 사랑의 증거로 제시하는 것은 누가복음의 전체적인 흐름과도 어울리지 않는다. Barbara E. Reid, *Choosing The Better Part?: Women in the Gospel of Luke* (Collegeville: Liturgical, 1996), 145.

복음서, 그 차이를 읽다

랑을 '하나'로 묶어 영생을 얻는 조건으로 제시하고(10:27), 예수님도 두 번이나 이렇게 하면 영생을 얻는다고 선언하시기 때문이다(28, 37절). 본문과 병행 단락이라 할 수 있는 마태복음 22장 34-40절과 마가복음 12장 28-31절에서는 예수님이 첫째 되는 계명과 둘째 되는 계명을 분리하여 설명하신다. 그러나 누가는 율법교사의 대답을 통해 이 두 계명을 하나로 묶는다. 즉 이웃 사랑과 하나님 사랑을 '동일한' 차원으로 기술한다. 따라서 누가의 시각에서 보면 이웃을 사랑하지 못하는 사람은 결국 하나님을 사랑하지 못하는 사람이 된다. 이렇게 보면 이 두 계명에 관한 언급은 사마리아인의 비유와 함께 끝나는 것으로 보아야 한다. 이 점을 시각적으로 확인하려면, 주요 성경 역본에서 단락을 어떻게 구분하는지 점검하면 된다. 우리말 성경을 비롯한 대부분의 주요 영어 성경 역본은 ① 10장 25-37절을 선한 사마리아인의 비유, ② 38-42절을 마르다와 마리아 이야기로, 단락을 구분한다. 대표적으로 NKJV, NIV, NIRV, GNT, NRSV, MSG, NCV, GW, CEV, ERV, NET, 개역개정, 공동번역, 표준새번역, 쉬운성경, 우리말성경 등을 들 수 있다.

만약 사마리아인의 비유가 이웃 사랑, 마리아 이야기가 하나님 사랑에 대한 예시가 되려면, 단락 구분이 위와 달라야 한다. 다시 말하면 다음과 같이 ① 10:25-29(가장 중요한 두 계명), ② 10:30-37(선한 사마리아인의 비유), ③ 10:38-42(마르다와 마리아 이야기)로 되어야 마땅하다. 그래야 자연스럽다. 영어 성경 중에서 NLT, NJB를 비롯한 극히 일부 역본이 이런 식으로 단락을 구분하고, NAS 역본도 이와 유사한 형태를 따른다. 그런데 단락을 이렇게 나누면 흐름이 어색해진다. 왜냐하면 25절부터 37절까지 하나로 이어지는, 예수님과 율법교사의 대화가 중간에서 끊어지기 때문이다. 따라서 이 두 에피소드를 10장 21-24절에 대한 예시로 보는 편이 훨씬 좋다. 그렇게 볼 만한 충분한 근거가 있기 때문이다(이 대목에 나타난 누가의 서술 전략에 대해서는 다음 단락과 마리아의 이야기에서 상세히 다루기로 한다.).

누가복음에 기록된 예수님의 감사 기도(10:21-24)는 마태복음에도 언급되어 있다. 그런데 문맥이 판이하다. 그렇다면 누가복음과 마태복음의 문맥이 어떻게 다를까? 누가복음에는 ① 하나님이 지혜롭고 슬기 있는 자들에게는 숨기시고 어린아이에게는 나타내신다는 내용(21-22절)과, ② 제자들의 보는 눈과 듣는 귀가 복되다고 선언하시는 내용(23-24절)이 하나로 묶여 있다. 하지만 마태복음에는 이 둘이 따로 떨어져 있다. ①은 마태복음 11장 25-27절에, ②는 마태복음 13장 16-17절에 나뉘어 기록되어 있다. 마태복음에서는 복음을 듣고도 회개하지 않은 고라신과 벳새다에 대해 예수님이 심판을 선언하신 후에 ①이 이어진다. 그리고 ②는 '씨 뿌리는 자의 비유'를 설명하는 대목에서 등장한다. 이렇게 보면 누가는 ①과 ②를 하나로 엮음으로써 자신의 관점을 분명하게 표출한다. 여기서 ①은 지혜롭고 슬기 있는 자와 어린아이, ②는 보는 눈과 듣는 귀를 각각 대조한다. 누가복음의 내레이터는 이 단락 직후에 사마리아인의 비유와 마리아 이야기를 차례로 서술한다. 그러므로 이 두 편의 이야기는 ①

복음서, 그 차이를 읽다

과 ②에 대한 구체적인 사례가 된다.

또 하나의 차이점이 있다. 누가복음은 '성령'에 관해 언급하며 성령의 사역을 강조한다. 선한 사마리아인의 비유 바로 앞 단락에 나오는 누가복음 10장 21절을 병행 구절(마 11:25)과 비교하면, 성령을 강조하는 누가의 시각이 한층 뚜렷해진다.

> 그 때에 예수께서 성령으로 기뻐하시며 이르시되 천지의 주재이신 아버지여 이것을 지혜롭고 슬기 있는 자들에게는 숨기시고 어린아이들에게는 나타내심을 감사하나이다(눅 10:21).

> 그 때에 예수께서 대답하여 이르시되 천지의 주재이신 아버지여 이것을 지혜롭고 슬기 있는 자들에게는 숨기시고 어린아이들에게는 나타내심을 감사하나이다(마 11:25).

이 두 구절을 비교하면 밑줄 친 부분만 다르고 나머지는 똑같다. 내용을 보면 예수님이 감사 기도를 드리는 장면인데, 누가복음은 성령으로 인해 기뻐하시는 주님의 모습을 의도적으로 강조한다.

'마르다와 마리아 이야기' 뒤에 이어지는 단락(11:1-13) 역시 마태복음과 다르다. 누가복음의 내용은 크게 두 가지다. 하나는 예수님이 가르쳐 주신 주기도문(11:2-4)이고, 다른 하나는 간청하며 기도하는 자에게 하나님이 '성령(좋은 것)'을 주신다는 내용(11:5-13)이다. 하지만 마태복음에서는 주기도문(마 6:9-13)과, 좋은 것을 주시는 하나님에 대한 언급(마 7:7-11)이 따로 떨어져 있다. 게다가 누가복음은 마태복음과 다르게, '좋은 것'이란 단어 대신에 '성령'이란 용어를 의도적으로 삽입한다. 그리고 가장 결정적인 차이는, 마태복음에는 없는 '간청함(눅 11:8)'이란 단어를 소개한다는 점이다. 여기서 '간청함'이란 단어는 굉장히 중요하다. 왜냐하면 이 단어에 해당하는 헬라어가 '대담함'과 '뻔뻔함'을 의미하며, '대담함'과 '뻔뻔함'을 보여 주는 행위가, '선한 사마리아인의 비유'와 '마르다와 마리아 이야기'에서 차례로 등장하기 때문이다(이 점에 대해서는 마리아의 이야기를 설명하는 대목에서 한 번 더 언급하기로 한다.).

결론적으로, 누가복음의 내레이터는 사마리아인의 비유와 마리아 이야기를 하나로 결합시키고, 그 앞뒤 단락에 '성령(10:21; 11:13)'과 '기도(10:21; 11:1, 2, 9, 13)'라는 용어를 의도적으로 배치하여 기도와 성령의 중요성을 강조한다.[7] 본문을 수평적 관점에서 마태복음과 비교하면 이 점이 명백하게 드러난다.

이런 문맥을 바탕으로 선한 사마리아인의 비유를 점검해 보자. 사실 예수님이 들려주신 이 비유는 30-36절에 기록되어 있다. 그런데 이 비유가 율법교사의 질문에 대한 대답으로 주어졌기 때문에, 여기서는 25-37

---

7 10장 21절에 나오는 '이르시되'라는 표현은, 뒤에 이어지는 내용을 보면 '기도하시되'의 의미로 보아야 한다. 실제로 VOICE 역본은 21절의 앞부분을 이렇게 번역한다. "그때 예수님이 성령으로 인해 굉장히 기뻐하시며 다음과 같이 환희에 젖어 기도하셨다."

절을 대상으로 하여 분석하기로 한다. 먼저 본문의 구조를 살펴보자. 25-37절을 두 부분으로 나눌 수 있는데, 모두 동일한 패턴이다.[8]

제1라운드: 25-28절

   * 율법교사의 질문: 25절

      무엇을 하여야 영생을 얻으리이까?

   * 예수님의 질문: 26절

      율법에 무엇이라 기록되었느냐?

   * 율법교사의 대답: 27절

      "하나님을 사랑하고, 이웃을 네 몸 같이 사랑하라."

   * 예수님의 명령: 28절

      이를 행하라. 그러면 살리라.

제2라운드: 29-37절

   * 율법교사의 질문: 29절

      내 이웃이 누구니이까?

   * 예수님의 대답과 질문: 30-36절

      선한 사마리아인의 비유

      누가 강도 만난 자의 이웃이냐?

---

8   Charles H. Talbert, *Reading Luke* (Macon: Smyth & Helwys, 2002), 127.

* 율법교사의 대답: 37상

　자비를 베푼 자니이다.

* 예수님의 명령: 37하

　가서 너도 이와 같이 하라.

25절은 본문의 배경인데, 어떤 율법교사가 일어나 예수님을 시험하며 "내가 무엇을 하여야 영생을 얻으리이까?"라고 질문했다고 기술한다. 영생을 얻는 방법에 관한 율법교사의 질문은 본문의 앞 단락에 나오는 예수님의 선언(10:20)과 밀접하게 연결된다. 이는 율법교사가 자신의 "이름이 하늘에 기록"될 수 있는 방법을 묻고 있기 때문이다. 개역개정판 성경은 "어떤 율법교사가 일어나"라는 구절로 이 문장이 시작된다. 하지만 헬라어 원문은 '그런데 보라'라는 어구로 이 문장이 시작된다. 이는 독자의 관심을 촉구하는 표현인데, 지금부터 새로운 장면이 시작된다는 것을 암시한다. 아울러 앞으로 전개될 내용이 바로 21절에서 언급한, '지혜롭고 슬기 있는 자'의 경우에 해당한다는 점을 시사한다. 내레이터는 주님께 나아온 사람이 다름 아닌 '율법교사'라고 밝힌다. 율법교사란 모세의 율법을 전문으로 해석하고 연구하는 학자로, 지금으로 말하면 종교학 교수 혹은 성경학자에 해당한다.[9] 성경은 이들을 서기관이라고도 부른다.[10] 그런데

9　Eugene Peterson, *Tell It Slant: A Conversation on the Language of Jesus in His Stories and Prayers* (Grand Rapids: Eerdmans, 2008), 35.

10　서기관이란 예수님 당시 고대 사회에서 문서를 편집하고 복사하며 가르치는 일을 맡아 하던 사람을 일컫는다. 고대 사회에서는 글을 읽고 쓸 줄 모르는 사람이 많았기 때문에 서기관이 이

복음서, 그 차이를 읽다

본문은 그가 '지혜로운 자'라는 점을 강조하기 위해 의도적으로 그의 전문성을 부각시키며 율법교사란 단어를 사용한다. 누가복음에서 '율법교사'란 단어(7번)보다 '서기관'이란 단어(14번)가 훨씬 많이 사용된다. 그렇지만 본문에서 일부러 이 단어를 쓴 것을 보면 우리는 본문이 앞 단락과 직결된다는 것을 확실히 알 수 있다.

율법교사가 예수님께 질문한 의도는 주님을 시험하기 위함이었다. '시험하다'에 해당하는 헬라어 '에크페이라조(ekpeirazo)'는 '철저히 시험하다', '테스트하다'의 뜻을 지닌나. 이 단어는 신약성경에서 총 네 번 사용되는데, 모두 악의를 가지고 하나님을 시험하는 상황을 보여 준다. 본문을 제외하면 마귀가 예수님을 시험하는 장면, 광야에서 이스라엘 백성이 하나님을 시험한 장면을 설명하는 데 사용된다(마 4:7; 눅 4:12; 고전 10:9). 이렇게 보면 율법교사가 예수님께 질문한 의도는 결코 순수하지 못하다. 그는 악한 의도를 품고 예수님을 책잡으려고 시도한다. 영어 성경 VOICE, GNT 역본은 그가 '예수님을 함정에 빠뜨리기 위해' 질문했다고 번역하고, TLB 역본은 '예수님의 정통성을 테스트하기 위해' 질문했다고 처리한다.

25절을 직역하면 다음과 같다.

러한 일들을 거들어 주었다. 그런데 이들은 그 이상의 일을 했다. 공식적으로 하나님의 율법을 해석하는 일을 맡았기 때문이다. 특히 이런 일을 할 때, 서기관을 '율법교사'라 불렀다. 따라서 율법교사란 용어는 이들이 율법 전문가임을 암시한다. Ron Rhodes, *Understanding the Bible from A to Z* (Eugene: Harvest, 2003), 186.

그런데 보라! 〈어떤 율법교사〉가 일어나 예수님을 시험하며 이렇게 질문했다.

"선생님! 내가 〈무엇을 하여야〉 〈영생〉을 얻을 수 있겠습니까?"(Rotherham)

헬라어 원문에 의하면 이 문장에서 '어떤 율법교사', '무엇을 하여야', '영생'이란 부분이 강조되어 있다. 그런데 이 질문에 문제가 있다. 예수님이 이미 10장 20-24절에서 오직 그분의 계시를 통해서만 하나님을 알 수 있고, 하나님의 은혜로 영생이 주어진다는 진리를 선포하셨기 때문이다. MSG 역본은 10장 20절을 이렇게 번역한다.

너희가 위대한 승리를 얻은 것은 너희가 악을 지배했기 때문이 아니라, 하나님이 너희를 다스리시고 그분이 너희와 함께하셨기 때문이다. 너희가 하나님을 위해 하는 일이 아니라, 하나님이 너희를 위해 하신 일. 바로 그것이 너희가 기뻐해야 할 제목이다.

주님의 말씀에 의하면 인간이 하나님을 위해 무언가를 하는 것보다, 하나님이 우리를 위해 하신 일을 깨닫는 것이 더 중요하다. 하지만 이 율법교사는 하나님 나라에 들어가기 위해 자신이 무언가를 해야 하는 것으로 착각한다. 그는 하나님의 은혜의 개념을 이해하지 못한다.[11] 이런 시각에서 보면 율법교사의 질문은 그의 무지를 드러내며, 이는 결국 21절에서

---

11   Grant R. Osborne & Philip W. Comfort, *Life Application Bible Commentary: Luke* (Carol Stream: Tyndale, 1997), 278-79.

언급한 것처럼, 스스로 지혜롭다고 여기는 사람이 오히려 깨닫지 못하는 경우를 보여 주는 좋은 사례가 된다.

율법교사로부터 질문을 받은 예수님은 "율법에 무엇이라 기록되었으며 네가 어떻게 읽느냐?(26절)" 하고 되물으신다. 쉽게 말하면 율법에 어떻게 기록되어 있고, 그것을 어떻게 해석하는지를 물으신다. 그가 율법 전문가이기 때문이다. 그러자 그는 신명기 6장 5절과 레위기 19장 18절을 인용하여 답한다. 마음과 목숨과 힘과 뜻을 다하여 하나님을 사랑하고, 이웃을 자기 몸처럼 사랑하는 것이라고 응답한다. 이 구절은 경건한 유대인이 매일 두 번씩 반복하여 암송하던 말씀이다.[12] 율법교사의 대답을 들은 예수님은 "네 대답이 옳도다. 이를 행하라. 그러면 살리라." 하고 말씀하신다(28절). 여기서 '행하라'에 해당하는 헬라어 '포이에이(poiei)'가 현재 명령형인데, 이는 하나님과 이웃을 끊임없이 사랑해야 한다는 점을 함축한다. JMNT, AMP 역본은 원문의 의미를 반영하여 "습관적으로 이렇게 행하라. 그러면 살리라."로 처리한다. 영생을 얻는 방법을 묻는 율법교사의 질문에 예수님은 이런 처방을 내리신다. 그렇다면 과연 인간이 이렇게 살 수 있을까? 언제나 이웃을 자기 몸처럼 사랑하고, 항상 목숨과 힘과 뜻과 마음을 다해 하나님을 사랑하는 것이 가능하겠는가 말이다. 물론 율법의 요구대로 하나님과 이웃을 완벽하게 사랑하면 누구든지 구원을 얻는다. 다시 말해 도덕적으로 완벽한 사람은 하나님 나라에 들어갈

---

12   Robert H. Stein, *The New American Commentary: Luke* (Nashville: Broadman, 1992), 316.

자격이 있다. 그런데 문제는 타락한 인간이 율법의 요구를 충족시킬 수 없다는 데 있다.[13]

예수님의 처방을 들은 율법교사는 자기를 옳게 보이려고 "그러면 내 이웃이 누구입니까?(29절)"라고 묻는다. 이 문장에서 '자기를 옳게 보이려고'라는 구절의 의미가 무엇일까? 만약 이 의미를 파악하면 그가 질문을 던진 속셈을 짐작할 수 있을 것이다. '옳게'에 해당하는 헬라어 원형은 '디카이오오(*dikaioo*)'인데, 이는 '의롭게 하다', '의롭다고 간주하다'의 뜻이다. 이 단어가 누가복음에 다섯 번 등장하는데, 바리새인이나 율법교사와 관련하여 쓰일 때에는 언제나 부정적 의미를 전달한다. 누가복음의 내레이터는 바리새인들과 율법교사들이 스스로 사람 앞에서 '옳다(디카이오오)' 하는 자들이나, 하나님을 '의롭다(디카이오오)' 여기지 아니하며 그분의 뜻을 저버렸다고 혹평한다(7:29-30; 16:15). 이러한 흐름에서 보면 율법교사는 이웃이 누구인지를 진정으로 알고 싶어서가 아니라, 자신의 의를 자랑하며 예수님과의 대결에서 주도권을 잡기 위해, 그리고 자신에게 구원의 가능성이 조금이라도 있다는 안도감을 얻기 위해, 예수님께 질문한다. 영어 성경에서는 29절을 다음과 같이 다양하면서도 재미있게 번역한다.

율법 학자는 예수님의 이 대답을 듣고 좌절했다. 자신이 예수님보다 더 영리하

13   고영민, 『원문 번역 주석 성경 신약』 (서울: 쿰란, 2015), 456.

다는 것을 보여 주고 싶었는데, 그렇게 하지 못했기 때문이었다. 그래서 "누가 나의 이웃입니까?" 하고 물었다(VOICE).

율법교사는 자신이 일부 계층의 사람들을 사랑하지 않는 것을 정당화하고 싶었다. 그래서 "어떤 이웃을 말씀하십니까?"라고 물었다(TLB).

율법교사는 빠져나갈 구멍을 찾으며 "그러면 선생님은 이웃을 어떻게 정의하시겠습니까?"라고 물었다(MSG).

엘스워스 칼라스는 율법교사의 속셈을 이렇게 파헤친다.

율법교사는 예수님이 하시는 말씀이 옳다는 것을 알았다. 그러나 이 계명을 철저히 지킨다는 것은 쉬운 일이 아니었기에 빠져나갈 구멍을 찾고 싶었다. 어쩌면 우리들 대부분이 그런 것처럼 그도 율법을 지키기 쉽도록 조금 축소하고 싶었다. 이웃의 범위를 제한하면 문제를 쉽게 해결할 수 있을 것 같았다. 우리가 사랑하기에 그다지 어렵지 않은 사람으로 이웃을 한정하면, 이웃을 사랑하라는 계명을 지키는 것이 그렇게 어려운 일은 아닌 것 같았다. 그래서 "내 이웃이 누구입니까?"라고 물었다.[14]

---

14   엘스워스 칼라스, 『거꾸로 본 성경이야기』, 안효선 옮김(서울: 에스라서원, 1998), 13.

신약시대의 유대인들은 이웃을 동족, 즉 같은 종교를 가진 자로 한정했고, 특히 바리새인들은 사마리아인이나 이방인을 이웃의 범주에서 제외시켰다. 율법교사도 분명히 사마리아인이 이웃이 될 수 없다는 전통 사상에 젖어 있었을 것이다.[15] 게다가 그는 자신이 언급한 하나님 사랑과 이웃 사랑에 관한 계명을 인간이 완벽하게 지킬 수 없다는 점을 누구보다도 잘 알고 있었다. 그래서 자신의 실패를 만회하기 위해 두 번째 질문을 던졌다. 그는 계명을 실천하려는 자세보다 학문적인 토론을 더 원했고, 토론을 통해 자신의 의를 드러내고 싶어 했다. 율법교사의 두 번째 질문은 한마디로 그의 오만한 생각을 폭로한다.

예수님은 율법교사의 속셈을 간파하시며 선한 사마리아인의 비유를 말씀하신다. 하나님의 말씀을 실천하려고 노력하기보다 이웃의 범위를 제한하려는 교만한 율법교사에게, 그의 생각이 잘못되었다는 것을 알려주기 위해 강도 만난 사람의 이야기를 들려주신다.

어떤 사람이 예루살렘에서 여리고로 내려가다가 강도를 만난다. 강도들은 그의 옷을 벗기고 때려 거의 죽은 상태로 만든 후 버리고 달아난다(30절). 예루살렘에서 여리고까지는 약 27km로 길이 가파르고 암석이 많았으며 강도가 자주 출몰하였다.[16] 예루살렘은 해발 700m 고지대에 위치해 있고, 여리고는 해수면보다 250m 낮은 곳에 위치해 있다. 따라서 가

---

15 고영민, 『원문 번역 주석 성경 신약』 (서울: 쿰란, 2015), 456.

16 William Hendriksen, *The Gospel of Luke* (Edinburth: Banner of Truth, 1982), 593.

복음서, 그 차이를 읽다

파르고 굴곡이 심한 골짜기가 많았으며, 특히 혼자서 여행하는 자들과 상인을 노리는 강도가 들끓어 수백 년 동안 이 길은 '피의 길'로 불렸다. 예루살렘에서 여리고로 내려가는 길은 지금의 표현으로 하면 자정에 할렘 가를 통과하는 상황과 비슷하다고 할 수 있다.[17]

본문은 강도 만난 사람이 누구인지 구체적으로 밝히지 않는다. 하지만 사마리아인이 그를 도와준 현장을 예수님이 상세히 언급한 것을 보면 유대인이었을 가능성이 크다.[18] 아울러 여리고가 제사장이 많이 모여 사는 '제사장의 도시'였다는 점을 감안하면, 그가 사회의 엘리트였을 것으로 추측할 수도 있다.[19] 강도들은 그의 소지품은 물론이고 옷까지 빼앗아 갔다. 이는 신약시대 당시 대부분의 유대인들이 여분의 옷을 가지고 있지 않아서, 옷을 귀중품으로 여겨 빼앗아 갔다는 것을 암시한다.[20] 이 장면에 등장하는 강도는 세 사람 이상일 확률이 높다. "강도를 만나매"에서 '만나

---

17 Darrell L. Bock, *The NIV Application Commentary: Luke* (Grand Rapids: Zondervan, 1996), 300.

18 본문에 강도 만난 사람의 정체나 신분에 대한 설명이 전혀 없기 때문에, 사실 그가 '사마리아인'일 가능성도 완전히 배제할 수는 없다. 예수님이 다른 등장인물(제사장, 레위인, 어떤 사마리아인)의 신분은 밝히면서도, 유독 강도 만난 사람의 신분에 대해 일절 언급하지 않은 것은 다분히 의도적이다. 만약 강도 만난 자가 사마리아인이라면, "인종과 문화, 그리고 경계를 초월하여 이웃을 도와야 한다."는 주장이 이 비유의 핵심이라는 관점은 설득력을 잃는다. Piotr Blajer, "The Parable of the Good Samaritan (Luke 10:25-37): Its Function and Purpose within the Lukan Journey Section" (Ph. D. diss., Catholic University of America, 2012), 160-61.

19 Herman Hendrickx, *The Third Gospel for the Third World*, vol. 3-A (Collegeville: Liturgical, 2000), 64.

20 Craig S. Keener, *Bible Background Commentary* (Downers Grove: IVP, 2014), 207-8.

다'에 해당하는 헬라어 '페리핍토(*peripipto*)'가 포위된 상황을 암시하기 때문이다. 이러한 점을 반영하여 JMNT 역본은 "그가 산적들에게 완전히 포위된 채 옷을 뺏기고 심하게 맞아 거의 죽은 상태였다."라고 처리한다. 이처럼 섬뜩한 범행 현장에 대한 묘사는 오히려 뒤에 등장하는 사마리아인의 대담하면서도 따스한 마음을 더욱 돋보이게 한다.

마침 그때 어떤 제사장이 그 길로 내려가다가 강도 만난 자를 보고 피해서 지나가고, 레위인 역시 그를 보고 피해서 지나간다(31-32절). 여리고에는 제사장이 많이 살고 있었기 때문에 제사장과 레위인들은 성전을 오갈 때 이 길을 자주 이용했다. 강도 만난 사람과 마찬가지로 제사장도 이 길을 따라 내려가고 있었다. '내려가고 있었다'는 표현으로 보아 아마 성전에서 봉사하는 일을 마치고 집으로 돌아가는 중이었을 것이다. 그는 강도 만난 자를 보고 피하여 지나갔다. '피하여 지나갔다'는 말은 헬라어 원문에 의하면 '다른 쪽으로 지나갔다', '반대편으로 돌아갔다'는 의미다. 제사장과 레위인은 강도 만난 자를 보고 그냥 지나치지 않았다. 오히려 방향을 바꾸어 길 반대쪽으로 비켜 갔다. 원문에 의하면 31절과 32절은 동일한 구조를 취한다. 더욱이 강조하는 부분도 일치한다. 원문을 직역하면 이렇다.

《우연히》 〈한 제사장이〉 그 길로 내려가다가 그를 보더니 〈길 반대쪽으로〉 지나가 버렸다. 《마찬가지로》 〈한 레위인도〉 그곳에 와서 그를 보더니 〈길 반대쪽으로〉 지나가 버렸다(Rotherham).

복음서, 그 차이를 읽다

원문에서 강조된 부분이 '우연히', '마찬가지로', '한 제사장', '한 레위인', '길 반대쪽으로'이다. 내레이터는 마치 노래의 후렴구를 읊듯이, 제사장과 레위인의 냉담한 태도를 비웃으며 신속하게 진행한다. 이러한 단어선택과 문장 구조는 제사장과 레위인이 어떻게 강도 만난 자와 거리를 두고 싶어 했는지를 시각적으로 잘 보여 준다.[21] 아울러 하나님의 말씀을 모범적으로 지켜야 할 당사자들이 오히려 하나님의 말씀에 '역행("반대쪽으로")'하고 있다는 점을 고발한다.

제사장과 레위인은 왜 강도 만난 자를 도와주지 않고 일부러 피해서 지나갔을까? 우리는 여기서 두 가지 가능성을 생각하게 된다. 첫째, 곤경에 빠진 자를 도와주다가 자신들도 강도를 만나지 않을까 두려워했기 때문일 수 있다. 둘째, 만약에 강도 만난 자가 죽은 것처럼 보였다면, 혹시 시체를 만짐으로써 자신이 더럽혀지는 것을 방지하고자 피했을 가능성도 있다. 율법에 의하면 제사장은 죽은 자를 만짐으로써 자신을 더럽혀서는 안 되었다(레 21:1-3). 레위인은 성전에서 제사장을 돕는 사람으로 오늘날의 부목사와 같은 신분인데, 이들이 지켜야 할 규칙은 제사장만큼 엄격하지는 않았지만, 그 역시 부정하게 되고 싶지 않았을 것이다.[22] 제사장과 레위인이 강도 만난 자를 죽었다고 여겼는지 아니면 살아 있다고 생각했는지 본문은 언급하지 않는다. 어쨌든 그들은 곤경에 처한 자를 도와야

---

21 James L. Resseguie, *Narrative Criticism of the New Testament* (Grand Rapids: Baker, 2005), 195.

22 Charles R. Swindoll, *Swindoll's New Testament Insights on Luke* (Grand Rapids: Zondervan, 2012), 279.

할 의무가 있었다. 그에게 다가가 확인한 후, 만약 죽었다면 자신이 더러워지는 것을 무릅쓰고 장사 지내 주어야 했고, 아니면 곤경에 처한 그를 도와주어야 했다.[23] 누가복음의 저자는 마땅히 이웃을 도와야 할 제사장과 레위인이 피해서 지나갔다는 점을 강조함으로써, 스스로 지혜롭다고 여기는 자들이 이웃을 사랑하지 않는다는 사실을 꼬집는다.

마침내 그 현장에 한 사마리아인이 도착한다. 사마리아인은 그를 보고 불쌍히 여겨 가까이 가서 기름과 포도주를 상처에 붓고 싸맨 후, 자신이 타고 가던 짐승에 그를 태워 주막으로 데리고 가서 돌보아 준다(33-34절).[24] 사마리아인 역시 제사장이나 레위인처럼 정결법을 중요시했다. 물론 그들처럼 엄격하게 준수하지는 않았지만 말이다. 아무튼 그는 여러 위험과 불편을 감수하며 강도 만난 자를 도와주었다. 이 대목이 예수님 당시의 유대인들에게 얼마나 충격적이었는지를 알려면 역사적 문화적 배경을 알아야 한다. 사마리아는 예루살렘의 북쪽에 위치한 고대 북왕국 이스라엘의 성읍이었다. 그런데 기원전 722년 앗수르가 북왕국 이스라엘을 멸망시킨 후 민족 혼합 정책을 폈기 때문에, 사마리아인들은 민족적으로 또 종교적으로 혼혈이 되어 순수성을 상실하였다. 그 결과 유대인은 사마

---

23 Klyne R. Snodgrass, *Stories with Intent: A Comprehensive Guide to the Parables of Jesus* (Grand Rapids: Eerdmans, 2008), 355.

24 기름과 포도주를 상처에 붓고 싸매는 행위는 고대에 가장 널리 사용되던 외과적 치료법이었다. 특히 이런 처치는 구타로 인해 상처가 생겼을 때 사용하는 최고의 치료법으로 받아들여졌다. 제임스 M. 프리만, 『성경 속의 생활 풍속 따라잡기 신약편』, 남송현 옮김(서울: 아가페, 1999), 177.

복음서, 그 차이를 읽다

리아인을 이방인 취급하며 증오하였고, 그 지역에 들어가는 것조차 꺼렸다. 몇몇 자료에 의하면 유대인들은 사마리아인과 함께 식사하는 것을 돼지와 함께 식사하는 것과 동등하게 여길 정도였다고 한다.[25]

사마리아인의 등장은 예수님의 비유를 듣는 유대인 청중이나 독자들에게 큰 충격을 주었을 것이다. 제사장과 레위인의 행위와 정반대로 행동했기 때문이다. 이러한 대조는 내러티브의 속도에서도 그대로 반영되어 나타난다. 30절부터 32절까지는 속도가 매우 빠르게 진행된다. 제사장과 레위인의 행동을 요약하며 별 감정이 없이 신속하게 진행한다. 그들이 그곳에 이르러, 강도 만난 자를 보고, 피해서 지나갔다고 간략하게 서술한다. 그러나 사마리아인의 행동을 묘사하는 33절부터는 속도가 약간 느려지고, 그의 행동을 하나씩 상세히 설명하며 심지어 내면까지 묘사한다. 이는 본문에 사용된 단어만 보아도 알 수 있다. 내레이터는 제사장과 레위인의 행동을 묘사하는 데 사용된 단어보다 두 배나 많은 단어를 사용하여 사마리아인을 묘사한다. 헬라어 원문으로 보면, 제사장과 레위인 두 사람을 묘사하는 데 사용된 단어는 겨우 26개에 불과하나, 반면 사마리아인의 경우에는 무려 60개의 단어가 사용되고 있다.

사마리아인은 강도 만난 자를 '보고' 불쌍히 여겼다. 제사장과 레위인도 강도 만난 자를 보았다. 그런데 그들은 어떤 반응도 보이지 않았다. 진

---

25   대럴 L. 보크, 『키워드로 푸는 성경 사복음서』, 유상섭 옮김(서울: 디모데, 2005), 294.

정으로 보아야 할 것을 볼 수 없었기 때문이었다. 반면에 사마리아인은 보는 즉시 반응했다. 이 차이는 바로 예수님이 누가복음 10장 21-24절에서 언급한 말씀에 기인한다. 즉 스스로 지혜롭고 슬기 있다고 생각하는 자들은 보아야 할 것을 보지 못하고, 어린아이와 같이 자신을 낮추는 자는 보게 된다는 선언이다. 본문에 등장하는 율법교사 역시 제사장과 같은 부류다. 그는 예수님의 충격적인 말씀을 듣고도 깨닫지 못한다. 스스로 지혜롭다고 착각하기 때문이다.

10장 33절에서, '불쌍히 여기다'에 해당하는 헬라어 '스플랑크니조마이(splagchnizomai)'는 '창자가 움직이며 동정심을 갖게 되다'의 뜻을 지닌다. 고대인들은 사랑과 연민의 감정이 창자에 자리 잡고 있다고 보았기 때문에, 창자가 움직일 때 동정심을 갖게 된다고 여겼다.[26] 그런데 이 단어가 예수님과 하나님의 마음을 암시한다는 점을 주목해야 한다. 이 단어는 신약성경에 총 12번 등장하는데, 본문을 제외하면 아홉 번이 예수님과, 두 번이 하나님과 관련되어 사용된다. 예수님은 5,000명과 4,000명의 군중을 먹이실 때(마 14:14; 15:32; 막 6:34; 8:2), 각종 병자들을 고쳐 주실 때(마 9:36; 20:34; 막 1:41; 9:22; 눅 7:13) 불쌍히 여기는 마음으로 기적을 행하셨다. 그리고 하나님과 관련되어 사용된 경우는 1만 달란트 빚진 자를 불쌍히 여겨 탕감해 준 주인의 이야기(마 18:27)와, 돌아온 탕자를 보고 측은히

---

26 Bernard B. Scott, *Re-Imagine the World: An Introduction to the Parables of Jesus* (Santa Rosa: Polebridge, 2001), 62.

복음서, 그 차이를 읽다

여긴 아버지의 이야기(눅 15:20)에서 드러난다.

이렇게 보면 본문에 등장하는 사마리아인은 '예수님'의 모습, 또 예수님과 하나 되어 그리스도의 마음을 품고 살아가는 '제자'의 모습을 형상화한다. 사마리아인은 강도 만난 사람의 상처에 응급조치를 취한 후, 그를 주막으로 데려가 정성껏 돌보아 주었다. '돌보아 주다'에 해당하는 헬라어 '에피멜레오마이(epimeleomai)'는 보살핌을 받는 대상을 향한 따스한 마음과 관심을 함축한다. 이 단어가 신약성경에 세 번 사용되었는데, 본문 34-35절에서 각각 한 번씩 사용된 경우를 제외하면 디모데전서 3장 5절이 유일하다. 바울은 디모데전서에서 교회 감독의 자격에 대해 언급하며, 직분을 맡은 자가 하나님의 교회를 '돌보는' 문제에 대해 충고한다. 사마리아인은 마치 교회 감독이 교회를 정성껏 보살피듯 강도 만난 자를 보살펴 주었다. 그는 부상당한 자를 밤새도록 자신이 직접 돌보았다[27](사마리아인이 다친 사람을 유대인 마을에 있는 주막으로 데려가 돌보아 준 행위는, 그에게 있어서 목숨을 거는 일이었다. 왜냐하면 마을 사람들이 언제 그에게 복수할지 모르는 위태로운 상황이었기 때문이다.[28]).

더욱이 그는 간호한 것으로 만족하지 않았다. 자신의 일 때문에 주막을 떠나게 되자 이튿날 주인에게 두 데나리온의 돈을 주며 정성껏 돌보아 달라고 부탁하였고, 만약 비용이 더 들면 돌아오는 길에 갚겠다고 약속했

---

27 Alfred Edersheim, *The Life and Times of Jesus the Messiah* (Grand Rapids: Eerdmans, 1953), 1147.
28 케네스 E. 베일리, 『중동의 눈으로 본 예수』, 박규태 옮김(서울: 새물결플러스, 2016), 456-57.

다. 헬라어 원문의 의미를 살려 35절을 직역하면 다음과 같다.

〈다음 날 아침〉, 그는 주막 주인에게 두 데나리온을 꺼내 주며 이렇게 말했다. 이 사람을 잘 돌보아 주십시오. 《만약 소비되는 것이 더 있다면 그것이 무엇이든지》《내가》돌아올 때 갚겠습니다(Rotherham).

이 문장에서 '다음 날 아침', '만약 소비되는 것이 더 있다면 그것이 무엇이든지', '내가'라는 부분이 강조되어 있고, 특히 마지막 문장에 나오는 두 표현이 더욱 강조되고 있다. 사마리아인은 강도 만난 자에게 '무한한' 의무감을 느끼며 그에게 필요한 온갖 조치를 강구하고, 자신이 책임을 지겠다고 약속한다. 당시 유대인 사회에서 한 데나리온이 노동자의 하루 품삯이었다는 점을 감안하면, 아마 두 데나리온은 최소한 2주 이상 주막에서 머물 수 있는 비용이었을 것이다.[29] 그는 이 비용 외에 앞으로 더 추가되는 비용까지 반드시 갚겠다고 확약한다. 우리는 이 장면에서 아이러니한 모습을 본다. 이스라엘 사회에서 존경을 받으며 자신의 목소리를 내는 제사장과 레위인은 아무 말 없이 슬그머니 피해 달아난다. 반면에 무시당하며 자기주장조차 펴지 못하는 사마리아인은 당당하게 책임을 지겠다고 선언한다. 이 비유에서 사마리아인은 말하는 유일한 사람으로, 또 행동하

---

29   Klyne R. Snodgrass, *Stories with Intent: A Comprehensive Guide to the Parables of Jesus* (Grand Rapids: Eerdmans, 2008), 347.

복음서, 그 차이를 읽다

는 주체로 묘사된다.[30]

우리는 35절에서 한 가지 특이한 점을 발견할 수 있다. 앞부분과 다르게 내레이터가 직접화법으로 사마리아인과 주막 주인의 대화를 그대로 보여 주기 때문이다. 예수님이 들려주신 이 비유에서 30절부터 34절까지는 사건이나 행동을 '요약'하는 형태로 이야기가 비교적 빠르게 진행된다. 그런데 35절은 사마리아인이 말하는 내용을 그대로 인용함으로써, 그의 목소리를 생생하게 들려주며 내러티브의 진행 속도를 굉장히 늦춘다. 왜 내레이터는 유독 35절만 이렇게 치리했을까? 충분히 앞부분처럼 요약하는 방식으로 서술할 수 있었을 텐데 말이다. 서사학적 관점에서 보면 내재된 저자는 결정적인 행위가 서술되는 대목에서 이러한 장면 묘사 기법을 사용하여 자신의 관점을 표출한다.[31] 이렇게 보면 여기에 나타난 사마리아인의 진술은 굉장히 중요하다. 한번 이렇게 가정해 보자. 만약 율법교사가 사마리아인처럼 행동하여 영생을 얻게 되기를 예수님이 진정으로 원하셨다고 한다면, 사실 34절에서 이야기를 끝내고 그에게 마지막 질문(36절)을 던져도 무방하다. 그렇게 해도 인종과 문화, 그리고 경계를 초월하여 이웃을 사랑해야 한다는 메시지가 충분히 전달되기 때문이다. 아니 오히려 이렇게 해야 율법교사가 좀 더 수월하게 주님의 명령을 받아들일 수 있다. 그런데 예수님은 의도적으로 35절, 즉 그 '이튿날'의 상황을 추가

---

30 James L. Resseguie, *Narrative Criticism of the New Testament* (Grand Rapids: Baker, 2005), 192-93.

31 D. F. 톨미, 『서사학과 성경 내러티브』, 이상규 옮김(서울: 기독교문서선교회, 2008), 137.

하며 사마리아인이 보여 주는 완벽한 이웃 사랑과 헌신적인 태도를 제시한다. 이를테면 율법교사가 더욱 수용하기 어려운 방향으로 이야기를 끌고 간다. 아마 율법교사는 35절의 내용을 들으며, 도저히 자신은 그렇게 할 수 없을 것이라고 생각했을 것이다.

비유를 들려주신 예수님은 율법교사에게 "이 세 사람 중에 누가 강도 만난 자의 이웃이 되겠느냐?(36절)" 하고 물으신다. 여기서 우리는 중요한 차이점을 발견한다. 분명히 율법교사는 예수님께 "내 이웃이 누구입니까?(29절)"라고 물었다. 그런데 주님은 "누가 강도 만난 자의 이웃이냐?" 하고 되물으신다. 율법교사의 질문에서 '나'는 주체가 되고 '이웃'은 객체가 된다. 그러나 예수님의 질문에서는 '강도 만난 자'가 중심이 된다. 주님은 이 비유를 통해 율법교사의 사고방식이 잘못되었다는 것을 폭로하신다. 율법교사의 관점에서 보면 '누가 나의 이웃인가?' 하는 문제는 전적으로 상대방에게 달려 있다. 하지만 주님은 누구나 다른 사람, 특히 곤경에 처한 자에게 이웃이 될 책임이 있다는 점을 지적하신다.[32] 사실 율법교사의 생각은 예수님 당시 유대인들이 갖고 있던 통념에 기인한다. 그들은 이웃을 동료 유대인으로 한정했으며 사마리아인이나 이방인을 이웃의 범주에서 제외시켰다. 한마디로 그들은 자기 의와 교만에 사로잡혀 스스로

32　John MacArthur, *The MacArthur Bible Commentary* (Nashville: Thomas Nelson, 2005), 1299.

복음서, 그 차이를 읽다

를 구별했다.[33] 그러나 주님은 이러한 통념을 철폐하고 이웃의 개념을 새롭게 정의하신다. 이웃에는 경계가 없으며, 사회적 지위, 인종, 종교, 지역을 따지지 않고 다른 사람에게 동정과 자비를 베푸는 자가 진정한 이웃이라고 선언하신다.

예수님의 질문을 받은 율법교사는 마지못해 "자비를 베푼 자입니다 (37절)."라고 대답한다. 이 대목에서 그의 대답을 눈여겨볼 필요가 있다. 그는 "누가 강도 만난 자의 이웃이냐?"라고 묻는 예수님의 질문에 "사마리아인입니다."라고 대답하지 않고, "자비를 베푼 자입니다."라고 응답했다. 다시 말하면 "사마리아인입니다."라고 말하는 것이 더 자연스러운 상황인데도 이렇게 하지 않았다.[34] 왜 그랬을까? 율법교사는 유대인들이 사람으로 여기지 않는 '사마리아인'이란 단어를 입에 담기조차 싫었기 때문에 이렇게 했다. 더욱이 그를 본받아야 한다고 생각했기 때문에 심한 거부감과 굴욕감을 느꼈을 것이다.

사마리아인에 대해 여전히 배타적인 태도를 취하는 율법교사에게 주님은 "가서 너도 이와 같이 하라."고 명령하신다. 이 문장에서 '(행)하다'에 해당하는 헬라어 '포이에오(poieo)'가 현재 명령형인데, 이는 지속적으로 행하는 것을 암시한다. 예수님은 율법교사에게 사회적, 인종적, 종교적, 문화적 경계를 따지지 말고, 어려움에 처한 사람을 발견하면 언제나

---

33 Alfred Edersheim, *The Life and Times of Jesus the Messiah* (Grand Rapids: Eerdmans, 1953), 1146.

34 Robert H. Stein, *The New American Commentary: Luke* (Nashville: Broadman, 1992), 318.

자비를 베풀라고 강하게 요구한다. 그렇게 해야 구원을 얻기 때문이다. JMNT 역본은 원문의 의미를 반영하여 "이제 가서 네 자신이 습관적으로 이렇게 행하라."로 번역한다. 그렇다면 예수님의 말씀에서 강조점이 어디에 있을까? 원문에 의하면 '너도'와 '이와 같이'라는 부분이 강조되고 있는데, 그중에서도 특히 '너도'가 제일 강조되어 있다(Rotherham). 주님은 빠져나갈 구멍을 찾기 위해 요령을 부리는 율법교사의 목덜미를 낚아채듯 그에게 일격을 가한다. 누가의 내러티브는 율법교사가 주님의 명령을 따랐는지 안 따랐는지 아예 언급하지 않는다. 오히려 독자의 추측에 맡기며 독자들을 이야기 속으로 끌어들여 스스로 결단하게 한다. 이러한 의미에서 이 비유는 끝이 열려 있다. 아마 누가복음의 저자는 앞으로 선한 사마리아인이 계속 등장하여 새로운 이야기가 끝없이 펼쳐지기를 고대하며, 이렇게 마무리하고 있는지 모른다.

이 비유는 처음부터 끝까지 충격으로 가득 차 있다. 첫째, 제사장과 레위인의 행위가 예수님 당시의 청중이나 독자들을 놀라게 했을 것이다. 왜냐하면 이들은 유대 종교 지도자로서 레위기 19장 18절에 기록된 이웃 사랑의 계명을 누구보다 잘 알고, 또 실천할 것이라고 예상되는 사람이었기 때문이다. 둘째, 사마리아인의 등장 자체가 청중을 놀라게 했을 것이다. 당시 유대인의 관습은 사회 계층을 보통 셋으로 나누어, 제사장, 레위인, 일반 이스라엘 백성으로 구분했다.[35] 따라서 이 비유를 듣는 사람들은 당연히 마지막에 일반 유대인이 나오리라고 짐작했을 것이다. 그런데 전혀 예상하지 못했던 사마리아인이 등장했다. 셋째, 사마리아인의 선한 행위가 독자들에게 엄청난 충격을 주었을 것이다. 이는 사마리아인이 혼혈족으로 유대인들로부터 굉장한 멸시를 받고 있었기에, 그가 긍휼을 베풀 것이라고 누구도 상상하지 못했기 때문이다. 더욱이 본문의 바로 앞 장에서 예수님 일행이 사마리아인 마을을 통과하려 할 때 그들이 심하게 반대했으므로, 사마리아인에 대한 제자들의 감정은 극도로 좋지 않은 상태였다. 오죽하면 예수님의 제자인 야고보와 요한이 하늘로부터 불을 내리게 하여 그들을 불사르고 싶다며 저주했을까(9:51-56). 틀림없이 이 비유를 듣던 청중은 사마리아인이 나타났다는 말을 들었을 때, 강도 만나 죽어가는 사람에게 소망이 없다고 생각했을 것이다.

넷째, 이웃에 대한 예수님의 정의(定義)가 유대인들에게 큰 충격을 주었을 것이다. 율법교사가 예수님께 "내 이웃이 누구입니까?"라고 물었을 때, 이 질문에는 이웃이 아닌 사람이 존재한다는 생각이 내포되어 있었다. 실제로 신약시대의 유대인들은 사마리아인과 이방인을 이웃의 범주에서 제외시켰다. 그런데 주님은 사마리아인을 이웃의 범주에 포함시켰다. 다섯째, 사마리아인을 본보기로 삼아 곤경에 처한 자를 도우라는 명령을 들은 율법교사는 경악할 만한 충격을 받았을 것이다. 유대인들이 더

---

35 Herman Hendrickx, *The Third Gospel for the Third World*, vol. 3-A (Collegeville: Liturgical, 2000), 68.

럽다고 여겨 사람 취급을 하지 않던 사마리아인을 본받으라는 예수님의 명령은, 그가 도저히 수용할 수 없었을 것이다.

충격으로 가득 찬 이 비유는 율법교사의 잘못된 가치관과 사고방식에 강한 자극을 준다. 이렇게 보면 본문에 묘사된 충격적인 장면 하나하나는 스스로 지혜롭다고 여기는 율법교사의 그릇된 사고를 깨우치기 위한 '충격요법'이라 할 수 있다. 예수님은 선한 사마리아인의 비유를 통해 다음과 같은 네 가지의 목적을 달성하신다. 첫째, 율법교사의 사고방식이 잘못되었다는 점을 지적하신다. 그는 처음에 이웃의 범위를 좁히기 위해 주님께 물었다. 그러나 주님은 오히려 이웃의 범위를 확장시키며 경계 자체를 허물고 있다. 둘째, 율법교사가 품고 있던 사마리아인에 대한 증오심을 폭로하신다. "이 세 사람 중에 누가 강도 만난 자의 이웃이냐?"라고 묻는 예수님의 질문에 율법교사는 "자비를 베푼 자니이다."라고 대답함으로써, 사마리아인에 대한 그의 적대감을 표출한다. 셋째, 율법교사가 지금까지 이웃을 제대로 사랑하지 않았다는 점을 입증하신다.[36] 그는 이미 자신의 마음속에 선을 그어 놓고 이웃이 될 만한 자격이 있는 사람은 사랑하고, 그렇지 못한 사람은 사랑할 필요가 없다고 생각했다. 넷째, 예수님은 "내 이웃이 누구입니까?"라고 묻는 율법교사의 질문 자체를 무효화하신다.[37] 분명히 이 비유는 율법교사의 질문에 대한 대답으로 주어졌다. 그

---

36 Craig A. Evans, *Luke* (Grand Rapids: Baker Books, 1990), 176.

37 Gordon D. Fee & Douglas Stuart, *How to Read the Bible for All Its Worth* (Grand Rapids:

복음서, 그 차이를 읽다

런데 주님은 "누가 강도 만난 자의 이웃이냐?"라고 되묻고 있다. 만일 예수님이 율법교사의 질문을 무시하지 않으셨다면, "그러면 누가 네 이웃이냐?" 하고 질문했어야 마땅하고, 이에 대해 율법교사는 "나의 주변에 있는 곤경에 처한 사람입니다."라고 대답했어야 했다.[38] 하지만 주님은 그의 질문에 대답하지 않으시며, 그가 가장 받아들이기 힘든 상황을 제시하신다.

정리하기 우리는 이 비유를 읽으며 한 가지 중요한 질문을 던져야 한다. 주님은 왜 영생을 얻는 방법을 묻는 율법교사에게 그분 자신이 하나님이며, 자신을 통해 구원을 얻는다고 분명하게 밝히지 않으셨을까?[39] 사실 누가복음에서 영생을 얻는 방법에 대해 예수님이 율법교사에게 명령하신 것처럼, 하나님과 이웃을 끊임없이 사랑해야 구원을 얻는다고 말씀하신 적이 없다. 단지 본문과 유사한 상황을 18장에서 찾을 수 있을 뿐이다. 누가복음 18장에서는 어떤 부자 관리가 예수님께 나아와 본문에 등장하는 율법교사처럼 "내가 무엇을 하여야 영생을 얻으리이까?(18절)"라고 질문한다. 이때 주님은 십계명에 나오는 몇 가지 계명을 열거하며 이를 지키라고 명하신다. 이 말을 듣고 그가 어려서

Zondervan, 2014), 161.

38 김창선, 『공관복음서의 예수』(서울: 비블리카 아카데미아, 2012), 254.

39 Darrell L. Bock, *The NIV Application Commentary: Luke* (Grand Rapids: Zondervan, 1996), 301.

부터 다 지켰다고 말하자, 주님은 한 가지 부족한 것이 있다고 말씀하시며 "네게 있는 것을 다 팔아 가난한 자들에게 나눠 주고, 나를 따르라(22절)." 하고 지시하신다(헬라어 원문에 의하면 22절에서 '한 가지'와 '네게 있는 것을 다'라는 부분이 강조되어 있다.). 그런데 이 명령은 부자인 그가 제일 듣고 싶지 않은 말이었다(23절, MSG). 그래서 심히 근심하자, 예수님은 제자들에게 구원은 오직 하나님의 능력에 의해 이루어진다는 진리를 선포하신다(27절). 예수님이 부자 관리에게 요구하신 말씀 역시 본문에 나오는 율법교사의 경우와 마찬가지로 일종의 '충격요법'이다. 즉 그의 잘못된 사고 방식을 깨우치기 위한 처방이다. 왜냐하면 바로 뒤에 이어지는 삭개오 이야기(19:1-10)에서는 그가 부자였지만 모든 재산을 다 팔아야 한다고 요구하지 않고, 즉석에서 그의 집에 구원이 임했다고 선언하시기 때문이다.

누가복음에서 이 두 경우(본문과 부자 관리)를 제외하면, 주님은 도움을 청하는 이들에게 적극적으로 자신을 제시하셨다. 예수님의 발에 향유를 부은 한 여인(7:50), 예수님의 옷에 손을 댄 혈루증을 앓던 여인(8:48), 사마리아인 나병환자(17:19), 그리고 여리고 근처에 있던 한 시각 장애인(18:42). 이들은 모두 주님으로부터 "네 믿음이 너를 구원하였다."는 선언을 듣고 기쁘게 떠났다. 게다가 주님은 회당장 야이로에게도 "두려워하지 말고 믿기만 하라. 그리하면 딸이 구원을 얻으리라." 하고 말씀하신 후에 죽었던 딸을 살려주셨다(8:50). 본문에 나오는 율법교사의 경우와 얼마나 대조적인가? 물론 여기서 예수님의 발에 향유를 부은 여인은 영적 구원을 받았고, 나머지 인물들은 일차적으로 육체적 질병에서 구원을 얻었다.

그렇지만 복음서에서 기적을 통한 육체적 치료가 영적 구원에 대한 은유라는 점을 감안하면, 모두 동일한 차원으로 볼 수 있다.[40]

따라서 우리가 앞에서 던진 질문을 고려하지 않는다면, 이 비유의 결론은 당연히 10장 37절("가서 너도 이와 같이 하라.")이 되고, "인종과 문화 그리고 경계를 초월하여 이웃을 사랑하라."는 선언이 비유의 핵심이라고 단정하게 된다. 실제로 대부분의 설교자와 신학자들이 이렇게 해석한다. (하지만 앞에서도 지적했듯이, 만약 강도 만난 사람이 '사마리아인'이라고 가정한다면, 이러한 주장은 설득력을 잃는다.) 정말로 예수님은 율법교사가 선한 사마리아인처럼 행동하여 구원 받게 되기를 원하셨을까? 그렇지 않다! 율법교사가 그렇게 하는 것이 불가능하기 때문이다. 만일 이 비유에서 예수님이 강도 만난 사람을 '사마리아인'으로, 그를 도와준 사람을 '유대인'으로 설정했다면, 이 율법교사를 포함한 대부분의 유대인들은 훨씬 수월하게 주님의 명령을 받아들였을 것이다.[41] 아니 오히려 이렇게 해야 인종과 문화를 초월하여 이웃을 사랑해야 한다는 교훈이 큰 부담 없이 전달되고, 예수님 당시의 청중이었던 유대인들에게 더 잘 어울린다. 하지만 주님은 이렇게 하지 않으시고 율법교사에게 있어서 불가능한 상황을 처방으로 내리셨다. 이와 관련하여 조지 블레어는 마태복음의 저자가 이 비유와 같은 아름다운 이야기를 그의 책에 포함시키지 않은 이유에 대해, 그것은

---

40 데이빗 K. 라워리 & 대럴 L. 박, 『공관복음서 신학』, 류근상 옮김(고양: 크리스천, 2011), 173.

41 Arthur A. Just Jr, *Luke* (Saint Louis: Concordia, 1997), 454; 윤철원, 『누가복음서 다시 읽기』 (서울: 이레서원, 2002), 245.

마태가 이 이야기를 듣고 반감을 가졌기 때문이라고 지적한다. 바꿔 말하면 유대인이 본받아야 할 인물로 사마리아인이 제시된 상황을 좋지 않게 생각했고, 이러한 내용이 유대인 독자들에게 도움이 안 된다고 판단했기에 누락시켰을 것이라고 설명한다.[42]

주님은 율법교사에게 자신이 하나님이라는 진리를 제시하지 않으시며, '일반 은총' 차원에서 누구나 구원을 얻을 수 있는 방법을 소개하신다. 즉, 율법에 기록된 대로 온 마음과 뜻을 다해 하나님을 사랑하고 이웃을 사랑하면 구원을 얻는다고 선포하신다(이는 누가복음 10장 21절 말씀처럼 하나님이 교만한 자들에게 진리를 숨기시기 때문이다.). 그렇다면 그가 지키지 못할 것을 뻔히 아시면서 왜 그런 말씀을 하셨을까? 주님은 하나님의 은혜를 인정하지 않고, 오로지 인간의 노력으로 구원을 받을 수 있다고 착각하는 율법교사에게, 어디 한번 행위를 통해 율법의 요구를 충족시켜 보라고 도전장을 내미신다.[43] 만약 율법교사가 "이를 행하라 그러면 살리라(28절)." 하는 주님의 명령을 듣고, "오, 주님, 죄인인 제게 자비를 베풀어 주소서!"라고 외쳤다면, 주님은 분명히 "수고하고 무거운 짐 진 자들아 다 내게로 오라(마 11:28)." 하고 초청하셨을 것이다.[44] 왜 주님께서 이렇게 말씀하셨을 것이라고 생각할까? 그것은 누가복음 10장 21-22절과 병행 구

---

42   George A. Blair, *The Synoptic Gospels Compared* (Lewiston: Edwin Mellen, 2003), 242.

43   *Robertson's Word Pictures of the New Testament*, Luke 10:28.

44   William Hendriksen, *The Gospel of Luke* (Edinburth: Banner of Truth, 1982), 592.

절인 마태복음 11장 25-27절 다음에 이 말씀이 이어지기 때문이다. 쉽게 말하면 '선한 사마리아인의 비유'가 들어간 그 자리에 마태복음의 이 말씀, 즉 예수님의 초청이 이어진다. 직접 확인해 보자.

> 그 때에 예수께서 대답하여 이르시되 천지의 주재이신 아버지여 이것을 지혜롭고 슬기 있는 자들에게는 숨기시고 어린아이들에게는 나타내심을 감사하나이다 옳소이다 이렇게 된 것이 아버지의 뜻이니이다 내 아버지께서 모든 것을 내게 주셨으니 아버지 외에는 아들을 아는 자가 없고 아들과 또 아들의 소원대로 계시를 받는 자 외에는 아버지를 아는 자가 없느니라 <u>수고하고 무거운 짐 진 자들아 다 내게로 오라 내가 너희를 쉬게 하리라</u>(마 11:25-28).

주님은 여기서 회개하지 않는 자들에게 어떤 심판이 임할지를 경고하신 후, 회개하고 주님께 나아오는 자들에게 참된 평안을 약속하신다.

이렇게 보면 예수님이 말씀하신 "가서 너도 이와 같이 하라."는 명령은 일종의 '풍자'다.[45] 겉보기에는 율법교사에게 가서 선한 사마리아인처럼 자비를 베풀어 구원을 받으라고 지시하는 것처럼 들리지만, 실제로는 그의 교만을 폭로하며 인간의 행위를 통해 영생을 얻으려는 시도 자체를

---

45 Charles W. Hedrick, *Parables as Poetic Fictions: The Creative Voice of Jesus* (Eugene: Wipf & Stock, 1994), 115-16; Charles R. Swindoll, *Swindoll's New Testament Insights on Luke* (Grand Rapids: Zondervan, 2012), 282.

좌절시키신다. 이 점에 대해 케네스 베일리는 선한 사마리아인의 비유가 자기 의를 내세우는 자들이 어떻게 실패하는지를 보여 주고, 결국 인간의 힘으로는 구원을 얻을 수 없다는 사실을 입증한다고 지적한다. 그 이유는 예수님의 요구 사항이 율법교사의 능력을 넘어서기 때문이다. 예수님이 그에게 지시하신 내용은 쉽게 말하면, "이 3미터나 되는 장벽을 뛰어넘어야 한다."고 말한 것과 같다.[46] 도날드 그레이 반하우스도 다음의 예화를 통해 누가복음 10장 28절에 나타난 예수님의 의도가 무엇인지를 소개한다.

당신이 탄 배가 대서양에서 파선했다고 가정해 보라. 주님이 구출하러 갔을 때 당신은 이렇게 질문한다. "육지에 닿기 위해 내가 무엇을 해야 합니까?" 이때 주님은 다음과 같이 말씀하신다. "당신은 육지에서 수천 킬로미터 떨어져 있다. 마음과 정성과 힘을 다하여 수영하라. 그러나 만약 당신이 두 손을 들고 소망이 없다고 고백하면 내가 구출해 줄 것이다."[47]

분명히 주님은 율법교사에게 "가서 너도 이와 같이 하라."고 말씀하시며 속으로 이렇게 외치셨을 것이다.

너는 사마리아인처럼 행동할 수 없다. 이미 죽었기 때문이다. 네게는 너를 사

---

46   케네스 E. 베일리, 『중동의 눈으로 본 예수』, 박규태 옮김(서울: 새물결플러스, 2016), 445.
47   짐 타운젠드, 『그리스도의 네 가지 모습』, 조은혜 옮김(서울: 죠이선교회, 1994), 61 재인용.

랑하고 치료하며, 자비를 베풀어 주고 비용을 대신 지불하며, 숙소를 제공하고 다시 회복시켜 줄 누군가가 필요하다. 내가 바로 그 사람이다. 그런데 너희는 내가 죄인과 어울린다는 명목으로 나를 경멸하는구나. 사실은 내가 율법을 완성하는 자이고 하나님의 자비를 베풀어 줄 유일한 사람인데 말이다. 나는 네 이웃이며, 자비와 치료 그리고 생명을 제공해 줄 수 있다. 만약 내가 네 안에 거한다면, 너는 율법 때문이 아니라, 나의 사랑으로 인해 자극을 받아 자비를 베풀며 결국 영생을 얻게 될 것이다.[48]

예수님은 충격으로 가득 찬 이 비유를 통해 율법교사의 마음을 두드리시며 잘못된 선입견을 깨뜨리려고 노력하셨다. 하지만 그는 이런 충격을 받고도 고집을 꺾지 않았다. 그는 마땅히 자신의 죄를 고백하고 주님을 의지했어야 했다.

다시 한 번 강조하지만, '선한 사마리아인의 비유'의 결론은, "착한 사마리아인처럼 좋은 이웃으로 살아야 한다." "선한 사마리아인처럼 살아야 영생을 얻는다."가 아니다. 오히려 "나(예수님)와 하나가 되어 내가 니를 '연주하면', 너는 이 시대에 착한 사마리아인처럼 살게 되고 그 믿음의 열매가 드러날 것이다."이다[49](만약 "선한 사마리아인처럼 좋은 이웃으로 살아야 한다."는 주장이 이 비유의 결론이라고 가정한다면, 선한 사마리아인의 비유와

---

48   Arthur A. Just Jr, *Luke* (Saint Louis: Concordia, 1997), 454.
49   백동조, 「믿는다는 것」, 『슬로 바이블』 (서울: 두란노, 2015), 205.

바로 뒤에 이어지는 마르다와 마리아 이야기는 '문맥'이 통하지 않는다.). 이처럼 반복해서 말하는 이유는, 오늘날 이 비유의 의미가 잘못 전달되는 경우가 비일비재하기 때문이다.

이 비유의 의미가 왜곡되어 전달되는 또 하나의 예를 소개하고 싶다. 지금도 다음과 같이 설교하는 분이 간혹 있다.

> 이 사람이 무엇 때문에 예루살렘에서 여리고로 내려갔는지는 알 수 없으나, '내려갔다'는 말 속에 불행이 함축되어 있습니다. 예루살렘은 성전이 있는 곳이고, 예배와 기도가 있으며, 그리스도인들의 만남이 있는 영역입니다. 반면에 여리고는 세상적인 것이 풍부한 곳입니다. 한마디로 '예루살렘'은 '영적' 도시이고 '여리고'는 '세속적인' 도시입니다. 그러므로 예루살렘을 떠나서 여리고로 내려갔다는 말은, 상징적 의미에서 하나님을 버리고 세상으로 내려갔다는 말입니다. 그렇기 때문에 강도를 만났습니다.

선한 사마리아인의 비유를 이렇게 해석해서는 안 된다. 본문의 문학적 문맥과 역사적 문맥을 완전히 무시한 채 설교자의 입맛에 맞춰 엉뚱한 메시지를 전달하기 때문이다. 이런 식의 알레고리적 해석은 과거 한때 유행했던 방법으로, 지금은 더는 통용되지 않는다.[50] 예루살렘은 높은 지대에 위치해 있고 여리고는 낮은 지대에 있기 때문에, 길 자체가 급경사이

---

50 리처드 L. 슐츠, 『문맥, 성경 이해의 핵심』, 김태곤 옮김(서울: 아가페북스, 2014), 69-70.

복음서, 그 차이를 읽다

고 내려가게 되어 있다. 그리고 제사장들이 여리고 지역에 많이 거주했기 때문에 성전 봉사 임무를 마치고 집으로 돌아갈 때에는 당연히 이 길을 통과할 수밖에 없다. 내레이터는 이야기의 배경으로 이 사실을 언급할 뿐이다. 그러므로 '예루살렘', '여리고', '내려갔다'는 표현에 상징적 의미를 부여하면 안 된다(만약 이 사람이 여리고에서 예루살렘으로 '올라가고' 있었다면, 강도를 만나지 않았을까?).

마지막으로 하나님 사랑과 이웃 사랑의 실천 문제를 고찰해 보자. 마음과 목숨과 힘을 다하여 하나님을 사랑하고, 이웃을 내 몸과 같이 사랑하라는 하나님의 말씀은 더할 나위 없이 소중하다. 그러기에 예수님은 이 두 계명이 '율법과 선지자의 강령'이라고 말씀하셨다(마 22:40). 따라서 이 계명을 완벽하게 지키면 당연히 구원을 얻는다. 선한 사마리아인처럼 살아야 한다는 주님의 명령 역시 마찬가지다. 그렇다면 그리스도인은 믿음으로 구원을 얻기 때문에 이 계명을 지키지 않아도 되는가? 선한 사마리아인처럼 살지 않아도 되는가? 절대로 그렇지 않다. 하나님의 은혜로 구원을 얻는다고 해서 율법의 효력이 없어지거나 무용지물이 되지 않기 때문이다.

예수님이 들려주시는 비유는 듣는 대상에 따라 다음과 같은 두 가지의 기능을 수행한다. 스스로 교만하여 자신의 의를 드러내려는 사람에게는 충격을 가하여 인간의 한계를 느끼게 하고, 기존의 잘못된 가치관을 포기하게 한다. 아울러 다른 사람을 바라보는 기준에 의문을 제기하게 하여, 자신과 완전히 다른 가치관을 갖고 있는 예수님을 새롭게 평가하게 한다. 반면에 이미 새로운 세계를 구축하기 시작한 신앙인의 경우에는 변화를 위한 촉매제가 되어 더 확고한 신앙을 갖도록 도와준다.[51] 예수님의 마지막 말씀 "가서 너도 이와 같이 하라."가 이런 이중 역할을 한다. 율법 교사에게는 이 말이 일종의 '풍자'가 되어 인간의 나약함을 절감하게 하지만, 그리스도의 제자에게 있어서는 오히려 성령의 능력을 힘입어 '당당하게' 도전하도록 힘을 북돋운다. 그렇다면 어떻게 해야 선한 사마리아인처럼 살 수 있을까? 누가복음의 내레이터는 이 비유 바로 뒤에 이어지는 마리아 이야기를 통해, 사회 문화적 장벽을 초월하여 하나님의 사랑을 실천하는 제2의 선한 사마리아인을 소개한다.

 우리는 본문에서 다음과 같은 몇 가지의 교훈을 얻어 삶에 적용할 수 있다.

첫째, 하나님은 스스로 지혜롭고 슬기가 있다고 생각하는 자들에게는 하나님 나라의 비밀을 숨기시고 어린아이에게는 드러내신다. 이러한 '역전'이 누가복음에서 다루는 주요 주제 중 하나다. 이 주제는 마리아의 찬가에서도 그대로 드러난다(1:46-55). 주님은 교만한 자를 흩으시며 비천

---

51 Charles H. Talbert, *Reading Luke* (Macon: Smyth & Helwys, 2002), 131.

한 자를 높이신다. 지금 나의 상황은 어떠한가? 혹시 나 자신을 자랑하려는 욕심 때문에 하나님의 은혜를 무시하고 있지는 않은가?

둘째, 예수님은 이 비유를 통해 율법교사가 가지고 있는 고정관념을 깨뜨리기 위해 노력하신다. 그가 낡은 신념을 버리고 새로운 세계관을 갖도록 하기 위함이다. 그렇지만 그는 말씀 앞에서 자신의 실상을 제대로 보지 못하고 계속해서 빠져나갈 궁리만 한다. 하나님의 말씀이 이런 역할을 한다. 때로는 불과 같이 때로는 방망이 같이 우리의 마음과 영혼을 두드리며 충격을 가한다(렘 23:29). 잘못된 요소를 제거하기 위함이다. 하나님의 말씀을 대하는 나의 자세는 어떠한가? 주님이 주시는 도전에 나는 어떤 반응을 보이는가?

셋째, 비유에 등장하는 제사장과 레위인, 그리고 사마리아인은 '모두' 강도 만난 자를 본다. 그런데 제사장과 레위인은 그를 보고 피해서 지나가고, 오직 사마리아인만이 그를 보고 불쌍히 여겨 도와준다. 세 사람 모두 동일한 장면을 보았지만 사마리아인만이 반응을 보여 자신의 소유물을 지혜롭게 사용했다. 사마리아인에게 있어서 보는 행위는 동정의 원천이었다. 신앙생활이 느낌이나 감정 차원에 머물러서는 안 된다. 하나님의 말씀을 듣고 새로운 깨달음을 얻었다면 반드시 구체적인 행동을 통해 반응해야 한다. 즉, 하나님의 영광을 드러내며 살아야 한다. 사마리아인은 자신이 가지고 있는 기름과 포도주, 나귀와 돈을 지혜롭게 사용하여 자신이 믿는 바를 그대로 실천했다. 주변을 바라보는 나의 시선과 재물을 사용하는 방법을 점검해 보라.

넷째, 이 비유에는 여러 인물이 등장한다. 강도 만난 자, 제사장, 레위인, 사마리아인, 주막 주인. 이 중에서 나와 동일시될 수 있는 인물은 누구인가? 찰스 헤드릭은 강도 만난 '어떤 사람'의 익명성을 강조하며, 이 인물의 익명성이 이야기에 보편성을 부여한다고 본다. 그는 이 이야기를 읽는 독자는 누구나 자신을 강도 만난 자와 동일시할 수 있다고 지적하며, 비유에 나오는 강도 만난 자는 '모든 사람(every man)'이라고 주장한다.[52] 그렇다면 어떤 점에서 내가 강도 만난 자인가?

다섯째, 예수님은 우리에게 사마리아인을 표본으로 제시하며 그를 본받으라고 요청한다. 본문에 등장하는 사마리아인은 당시의 편견과 사회 문화적 장벽을 무너뜨린다. 오늘 내가 버려야 할 선입견이나 편견이 있다면 적어 보라.

여섯째, 율법교사는 "내 이웃이 누구입니까?"라고 예수님께 질문했다. 그는 이웃이 아닌 사람이 있다고 단정하고, 최대한 자신에게 유리하

---

52 Charles W. Hedrick, *Parables as Poetic Fictions* (Peabody: Hendrickson, 1994), 103-4. 여기서 말하는 '모든 사람(every man)'은 이 비유에 등장하는 모든 인물을 포함한다. 이렇게 보면 비유에 나오는 제사장과 레위인, 심지어 율법교사까지도 강도 만난 자와 동일시될 수 있다.

복음서, 그 차이를 읽다

게 이웃의 개념을 정리하려고 했다. 하지만 주님은 그의 질문을 바꾸어 "누가 강도 만난 자의 이웃이냐?"라고 물으셨다. 쉽게 말하면 누구나 다른 사람, 특히 곤경에 처한 자에게 이웃이 될 책임이 있다는 점을 지적하셨다. 그렇다면 오늘 나는 누구에게 이웃이 되어야 하는가?

제7장

누가의 메시지:
이 좋은 편을 택하였으니

(눅 10:38-42)

38)그들이 길 갈 때에 예수께서 한 마을에 들어가시매 마르다라 이름하는 한 여자가 자기 집으로 영접하더라 39)그에게 마리아라 하는 동생이 있어 주의 발치에 앉아 그의 말씀을 듣더니 40)마르다는 준비하는 일이 많아 마음이 분주한지라 예수께 나아가 이르되 주여 내 동생이 나 혼자 일하게 두는 것을 생각하지 아니하시나이까 그를 명하사 나를 도와 주라 하소서 41)주께서 대답하여 이르시되 마르다야 마르다야 네가 많은 일로 염려하고 근심하나 42)몇 가지만 하든지 혹은 한 가지만이라도 족하니라 마리아는 이 좋은 편을 택하였으니 빼앗기지 아니하리라 하시니라

Q 살펴 보기

'선한 사마리아인의 비유'와 '마르다와 마리아 이야기'는 아 주 긴밀하게 엮여 있어서 둘 중 어느 하나가 빠지면 완벽한 짝을 이루지 못한다.[1] 그러므로 사마리아인의 비유를 제대로 이해하려면 반드시 이 두 이야기를 동시에 살펴보아야 한다.

문학적 측면에서 보면 이 두 이야기는 절묘한 조화를 이룬다. 첫째, 주인공이 각기 남녀로 설정되어 있어서 균형을 이룬다. 선한 사마리아인 의 비유에 등장하는 사마리아인은 남성이고, 마르다와 마리아 이야기에 등장하는 인물은 모두 여성이다. 둘째, 보는 장면과 듣는 장면이 짝을 이 룬다. 사마리아인의 비유에서는 제사장과 레위인 그리고 사마리아인이 '보는' 상황을, 마리아의 이야기에서는 그녀가 주님의 말씀을 '듣는' 상황 을 제시한다. 셋째, 사회적 약자(弱者)가 두 이야기의 주인공이다. 신약시 대 당시 유대인 사회에서 사마리아인은 경멸의 대상이었고, 여성 역시 남 성의 권위에 눌려 인간다운 대접을 받지 못했다. 넷째, 주인공 사마리아 인과 마리아가 당시의 사회 문화적 통념을 깨고 있다. 사마리아인은 청중 의 예상을 뒤엎고 자신을 경멸하는 유대인을 정성껏 보살펴 주었으며, 마 리아는 남성 제자만이 차지할 수 있는 랍비의 발치에 앉아 말씀을 듣는 다. 다섯째, 사마리아인과 마리아는 각각 남성과 여성을 대표하는 제자 의 표본으로 제시된다. 율법교사는 사마리아인을, 마르다는 마리아를 본 받을 필요가 있다고 성경은 말한다. 여섯째, 내러티브의 속도 면에서 이

---

1   R. Alan Culpepper, *The New Interpreter's Bible*, vol. IX (Nashville: Abingdon, 1995), 231.

복음서, 그 차이를 읽다

두 이야기는 뚜렷한 대조를 보인다. 선한 사마리아인의 비유에서 제사장과 레위인에 관한 언급은 각기 한 문장으로 요약되어 빠른 속도로 처리된다. 반면에 주인공 사마리아인에 대한 설명은 세 절(33-35절)에 걸쳐 상세하게 소개된다. 그런데 마르다와 마리아 이야기에서는 정반대의 현상이 나타난다. 본보기로 제시된 마리아의 행동 묘사는 한 문장으로 요약되어 빠르게 진행된다. 반면에 책망을 들은 마르다의 행동은 비교적 상세하게, 그것도 대화체로 길게 서술된다. 일곱째, 이 두 이야기는 공히 누가복음의 주요 서술 기법 중의 하나인 역진(逆轉)의 원리를 따른다. 선한 사마리아인의 비유에서 이웃에게 사랑을 베풀 것으로 기대했던 제사장과 레위인은 피해서 달아나고, 도움을 베풀지 않을 것으로 예상했던 사마리아인은 뜻밖의 행동으로 사람들을 놀라게 한다. 마르다와 마리아 이야기에서는 예수님의 칭찬을 받을 것으로 생각했던 마르다는 책망을 받고, 오히려 아무 일도 하지 않은 것처럼 보이는 마리아는 최고의 찬사를 듣는다.

본문의 구조를 살펴보며 한 절씩 점검해 보자.

1) 38절: 예수님을 자기 집으로 초청한 마르다
2) 39-40절: 마르다와 마리아의 대조적인 모습, 마르다의 불평
3) 41-42절: 마르다를 향한 예수님의 권면

38절은 이야기의 배경인데, 예수님과 그의 제자들이 '길을 갈 때에' 한

마을에 들어가시니 마르다라는 여성이 자기 집으로 영접했다고 설명한다. 누가복음의 내레이터는 이 마을의 이름을 밝히지 않고, 곧바로 마르다와 마리아의 행위에 대해 언급하며 이들의 대조적인 모습에 관심을 갖게 한다. 그러나 요한복음 11-12장에 의하면 이 마을은 예루살렘에서 가까운 베다니이고, 이 두 여성은 나사로의 자매들이다. 여기서 '길을 갈 때에(on their way, NIV)'라는 표현에 주목할 필요가 있다. 원문에 의하면 38절에서 이 부분이 제일 강조되기 때문이다. 내레이터는 다른 설명을 다 생략한 채 예수님 일행이 길을 가고 있었다는 사실을 부각시킨다. 그 이유가 무엇일까? '길을 가다'에 해당하는 헬라어 '포루오(poreuo)'는 '여행하다', '삶을 영위하다'라는 뜻을 지닌다. 그런데 이 단어가 '~를 따르다', '~를 추종하다'의 의미를 동시에 지닌다. 실제로 누가복음 21장 8절에서는 '추종하다'의 뜻으로 쓰인다. 이와 관련하여 존 도나휴는 본문에 나오는 길과 여행 이미지가 예수님을 따르는 '제자도'의 길을 상징한다고 지적한다.[2] 여기서의 길은 문자적으로는 예수님과 제자들이 예루살렘을 향해 올라가는 길을 의미한다. 그러나 상징적인 면에서는 예수님을 따르는 제자로서의 삶의 여정을 암시한다. 이러한 지적은 바로 앞에서 언급한 사마리아인의 모습, 또 바로 뒤에 소개되는 마리아의 태도와 잘 어울린다.

39절은 마르다의 동생 마리아를 소개하는데, 그녀의 특징 한 가지만 간략하게 지적한다. 즉 주님의 발치에 앉아 말씀을 들었다고 기록한다.

---

2   John R. Donahue, *The Gospel in Parable* (Philadelphia: Fortress, 1990), 135.

헬라어 원문을 직역하면 이렇다.

> 〈마르다〉에게 마리아라는 여동생이 있었다. 그런데 마리아는 《주님의 발치에 자리를 잡고 앉아》 그분의 말씀을 듣고 있었다(Rotherham).

원문에 의하면 내레이터는 이 문장에서 '마르다'와 '주님의 발치에 자리를 잡고 앉아'라는 부분을 강조한다. 그런데 '주님의 발치에 자리를 잡고 앉아'라는 표현이 특히 더 강조되어 있다. 본문은 마리아가 말씀을 들었다는 사실보다, 발치에 앉았다는 점을 더욱 부각시킨다. 그 이유가 무엇일까? 현대인은 이 대목을 읽으며 마리아가 집중하여 듣는 장면만을 상상한다. 하지만 예수님 당시 유대인의 관습을 이해하면 이 구절은 아주 의미심장하게 다가온다. 이는 '랍비의 발치에 앉는다.'는 표현이, 그의 '제자'가 되었다는 것을 알려 주는 전형적인 표현이기 때문이다.[3] 랍비의 발치는 랍비의 정식 남성 제자가 앉는 자리이기에 여성은 절대로 앉을 수 없었다. 그렇지만 마리아는 사회적 전통을 무시하며 주님의 발 앞에 앉아 태연하게 말씀을 듣는다. 이와 걸맞게 예수님도 다른 랍비와는 달리 그녀의 '뻔뻔한' 행동을 허용한다. 말씀을 배우는 일이 1세기 유대인 여성에게 허용되지 않았다는 점을 고려할 때, 마리아의 태도는 사회적 관습에 역행

---

3   Tom Wright, *Luke for Everyone* (Louisville: John Knox, 2004), 131. 사도행전 22장 3절은 바울이 가말리엘의 '발치'에 앉아 교육을 받은 것으로 설명한다.

하는 혁명적인 행동이며, 유대인 남성들에게 큰 충격을 주었을 것이다.[4] 이 문장에서 '듣더니'로 번역된 헬라어가 미완료 능동태인데, 이는 마리아가 굉장히 적극적이며 능동적인 자세로 몰두해 있음을 암시한다. "그녀는 주님의 말씀 한마디 한마디를 놓치지 않고 경청하고 있었다(MSG)." 그녀의 듣는 태도는 10장 24절에 나오는 제자들의 듣는 행위를 상기시킨다.

마리아의 상황을 간략하게 설명한 내레이터는 마르다의 행동을 비교적 상세하게 묘사하며, 그녀의 심적 상태까지 넌지시 알려 준다(40절). 마르다는 준비하는 일이 많아 마음이 분주했다. '마음이 분주하다'에 해당하는 헬라어 '페리스파오(perispao)'는 '사방으로 끌어당기다'의 뜻인데, 그녀가 정신적으로 여러 곳에 신경을 쓰느라 굉장히 바쁘게 허둥대는 모습을 보여 준다. 그렇다면 무엇 때문일까? 그녀는 예수님과 제자들을 대접하기 위해 홀로 많은 음식을 준비하며 큰 부담을 느꼈을 것이다. 그러면 이게 전부일까? 문맥을 보면 그렇지 않다. 그녀는 분명 자신의 눈앞에 펼쳐진 '충격적인' 상황을 보며 짜증을 냈을 것이다. 이 점에 대해 톰 라이트는 이렇게 지적한다.

누가는 마르다와 마리아 이야기를 통해 이스라엘에서 남녀를 뚜렷하게 구분

---

4   Herman Hendrickx, *The Third Gospel for the Third World*, vol. 3-A (Collegeville: Liturgical, 2000), 81; Craig S. Keener, *Bible Background Commentary* (Downers Grove: IVP, 2014), 208.

복음서, 그 차이를 읽다

하던 기존의 선을 흐릿하게 하며 그 경계선을 다시 그린다. 마르다가 부엌에서 하는 힘겨운 일이 그녀로 하여금 불평하게 한 진정한 문제가 아니었다. 물론 그것도 대단히 실제적인 문제였지만, 마르다를 당황하게 한 주된 원인은 아니었다. 또 일부 학자들의 주장처럼 자매가 모두 예수님께 애틋한 감정을 느꼈다거나, 예수님의 발치에 앉아 있는 마리아의 흠모하는 자세에 대해 마르다가 질투심을 느낀 상황도 아니었다. 누가는 그런 감정이 있었는지에 대해 전혀 언급하지 않는다. 진짜 문제는 마리아가 남자 행세를 하고 있다는 점이었다.[5]

마르다의 관점에서 보면, 마리아는 식사를 준비해야 하는 전통적인 여성의 역할을 무시하고, 바쁜 언니를 도와야 한다는 가족의 의무를 소홀히 하며, 무엇보다도 뻔뻔스럽게 남자 행세를 함으로써 자신의 가문을 수치스럽게 한다. 따라서 마르다는 마리아를 여성의 영역인 부엌으로 끌어들이기 위해 아주 강하게 주님께 도움을 요청한다. 즉, 동생인 마리아에게 명하여 혼자 힘들게 일하는 자신을 도와주게 해 달라고 부탁한다. 그녀는 자신의 요청을 예수님이 기꺼이 허락해 주시리라 기대한다. 헬라어 원문을 보면 '예'라는 답을 기대하는 구조로 문장이 이루어져 있다.[6] 이렇게 보면 마르다의 요구에는 다음과 같은 세 가지의 암시가 깔려 있다. 첫째, 사회적 전통을 무시하며 남성 행세를 하는 마리아에 대한 책망, 둘째, 이러한 사실을 알면서도 이를 용납하는 예수님에 대한 원망, 셋째, 음식

---

5   톰 라이트, 『모든 사람을 위한 누가복음』, 이철민 옮김(서울: IVP, 2011), 194.

6   Darrell L. Bock, *Luke* (Grand Rapids: Baker Books, 1996), 1040.

을 준비하는 자신의 행위가 옳다는 것을 드러내고 싶은 욕구다. 우리는 여기서 마르다가 지닌 중대한 문제점을 발견할 수 있다. 그녀는 자신이 잘하고 있다고 생각할 뿐 아니라, 심지어 주님을 가르치려고 한다.

41-42절에 나타난 예수님의 대답은 마르다를 비롯한 모든 독자들을 놀라게 한다. 아마 독자들은 이 대목을 읽으며 심한 갈등을 느낄 것이다. 마르다가 요청한 내용이 당시의 사회적 관습에서 보았을 때 지극히 당연하고, 더욱이 그녀가 예수님과 제자들의 식사를 준비하며 분주하게 일하기 때문이다. 만약 마르다가 음식을 장만하지 않는다면 그 자리에 있는 사람들은 굶게 될 판이다. 이런 상황에서 주님은 그녀가 여러 가지 일로 인해 '염려하며' '근심한다'고 지적하며, 한 가지 중요한 것을 잊었다고 충고한다. '염려하다'에 해당하는 헬라어 '메림나오(merimnao)'는 근심과 걱정으로 인해 마음이 동요된 상태를 암시한다. 이 단어가 누가복음에서 총 다섯 번 사용되는데, 나머지 네 번은 모두 12장에 등장하며 한결같이 부정적 의미를 함축한다(11, 22, 25, 26절).

42절의 첫 문장은 정확한 원문의 형태가 애매하기 때문에 대부분의 신학자와 성경주석가들이 해석하는 데 어려움을 겪는다.[7] 사본에 따라 약간의 차이를 보이기 때문이다. 크게 다음과 같이 세 가지로 나누어 정리할 수 있다.

---

7   Pheme Perkins, *Introduction to the Synoptic Gospels* (Grand Rapids: Eerdmans, 2007), 216.

1) 몇 가지만 하든지, 아니면 오직 한 가지만 필요하다.

   (개역개정, JMNT)

2) 필요한 것은 거의 없다. 아니 오직 한 가지만 필요하다.

   (CLV, NIV, BBE, Rotherham, LEB)

3) 정말로 필요한 것은 오직 한 가지다.

   (공동번역, 현대인의 성경, 우리말성경, YLT, GNT, KJV, NIV, NAS,

   NKJV, RSV, NLT, ESV)

개역개정판과 JMNT 역본은 1번 번역을 취하는데, 영어 성경에서 이렇게 번역된 역본은 거의 없다. 이 문장에서 '몇 가지'는 마르다가 준비하는 음식을, 오직 '한 가지'는 마리아처럼 주님의 제자가 되어 그분의 말씀을 듣고 행동으로 옮기는 것을 의미한다. 여기서 예수님은 마리아의 태도를 음식에 비유하여, 주님의 말씀을 듣고 실천하는 것이 그분이 원하시는 유일한 음식이라는 진리를 넌지시 알려 주신다. 영어 성경 중 일부 역본 (CLV, NIV, BBE, Rotherham)은 2번 번역을 취한다. 이 경우에 예수님은 물질적인 음식보다 본질적인 면에서 정말로 필요한 것이 무엇인지를 마르다에게 가르치신다. 그런데 헬라어 원문에 의하면 이 번역에서 뒤에 나오는 '오직 한 가지'라는 표현이 제일 강조되어 있다(Rotherham). 공동번역을 비롯한 대부분의 주요 영어 성경 역본은 3번 번역을 취한다. 따라서 이 관점을 따르는 것이 제일 타당하다고 여겨진다(NIV 역본은 사본에 따라 2번과 3번이 가능하다는 점을 각주를 통해 설명한다.). 42절을 대표적인 몇몇 역본으로 살펴보면 이렇다.

본질적으로 꼭 필요한 것은 오직 한 가지인데, 마리아가 그것을 선택했다. 그것이 바로 식사의 주요리(主料理)다. 그러니 그녀는 그것을 빼앗기지 않을 것이다(MSG).

정말로 염려할 가치가 있는 것은 오직 하나다. 마리아는 그것을 발견했기 때문에 빼앗기지 않을 것이다(NLT).

그러나 정말로 필요한 것은 오직 하나다. 마리아는 그 좋은 몫을 선택했기 때문에 결코 빼앗기지 않을 것이다(WNT).

그리스도인에게 꼭 필요한 '유일한' 한 가지는 주님의 정식 제자가 되어 말씀을 듣고 실천하는 것이다.[8] 누가복음의 내레이터는 이미 8장 21절에서 '말씀을 듣고 행하는 삶'이 얼마나 중요한지를 역설했다. 8장 21절을 마태복음이나 마가복음에 나오는 병행 구절과 비교하면, 누가복음의 저자가 강조하는 핵심이 확연히 드러난다.

예수께서 대답하여 이르시되 내 어머니와 내 동생들은 곧 하나님의 말씀을 듣

---

8   Robert C. Tannehill, *The Narrative Unity of Luke-Acts: A Literary Interpretation* (Philadelphia: Fortress, 1991), 136.

복음서, 그 차이를 읽다

고 행하는 이 사람들이라 하시니라(눅 8:21).

누구든지 하늘에 계신 내 아버지의 뜻대로 하는 자가 내 형제요 자매요 어머니
이니라 하시더라(마 12:50).

누구든지 하나님의 뜻대로 행하는 자가 내 형제요 자매요 어머니이니라(막
3:35).

주님은 마리아가 '좋은 편'을 택했기 때문에 빼앗기지 않을 것이라고
단언하신다. 이 문장에서 '좋은'에 해당하는 헬라어 '아가덴(agathen)'은 비
교급 또는 최상급으로 번역될 수 있다.[9] 이러한 의미를 반영하여 REB,
NET 역본은 "마리아가 가장 좋은 것을 선택했기 때문에 결코 빼앗기
지 아니하리라."로 번역한다. 대부분의 영어 성경도 '바로 그 옳은 것(the
right thing, GNT)', '바로 그 좋은 편(the good part, NAS)', '바로 그 좋은 몫
(the good portion, RSV)'으로 번역함으로써, 마리아가 선택한 것이 가장 좋
은 것임을 시사한다. 42절에서 '편'에 해당하는 헬라어 '메리스(merís)'는
'부분', '몫', '일부'를 뜻하는데, 분깃이나 기업의 의미로 보는 것이 좋다.[10]
실제로 이 헬라어 단어가 골로새서 1장 12절에서도 사용되는데, 성도가
앞으로 받게 될 '기업의 부분'을 가리킨다. 이런 시각에서 보면 마리아가

---

9   Robert H. Stein, *The New American Commentary: Luke* (Nashville: Broadman, 1992), 321.
10   John Nolland, *Word Biblical Commentary*, vol. 35b (Dallas: Word Books, 1993), 605-6.

선택한 '좋은 편'은 그녀가 예수님의 제자가 되어 과감하게 말씀을 실천하고, 결국 이로 인해 영생을 소유하게 된다는 사실을 암시한다.

예수님을 대접하기 위해 부지런히 음식을 준비하는 마르다와, 아무 일도 하지 않고 단지 예수님의 발치에 앉아 말씀을 경청하는 마리아. 겉으로 드러난 상황을 보면 마르다가 칭찬을 받아야 하고, 예수님은 마리아에게 명령하여 부엌으로 가서 언니를 돕게 해야 마땅하다. 이렇게 해야 갈등이 사라진다. 그렇다면 주님은 왜 마르다를 책망하셨을까? 본문에서 주님은 '아무 일도 하지 않으며' 말씀을 듣는 마리아를 칭찬하고, '음식을 장만하는' 마르다의 행위 자체를 책망하시지 않는다. 다시 말하면 '공간적으로' 예수님의 발 앞에 나아와 말씀을 듣는 행위가 식사 준비보다 더 중요하다고 말씀하시지 않는다. 이 점을 이해하지 못하면 본문의 핵심을 놓친다. 그 이유는 지금 이 상황에서 식사 준비가 반드시 필요하기 때문이다.

예수님은 마리아가 주님의 '제자'가 되기 위해 사회적 통념을 깨뜨리며 나아온 그 결단 자체를 칭찬하시고, 제자가 됨으로써 영생을 소유하게 된다는 진리를 알려 주신다. 이는 단지 거실에 앉아 말씀을 듣는다거나, 부엌에서 음식을 장만하는 차원을 넘어선다. 예수님이 말씀하시는 요점은 (무슨 일을 하든지) '제자로서의 태도와 마음 자세를 갖고 하느냐?'이다. 그래서 예수님은 사마리아인의 비유에 등장하는 율법교사처럼, 스스로 옳다고 여겨 주님을 간접적으로 책망하고, 제자로서 행동하는 마리아를

복음서, 그 차이를 읽다

비난하며, 산만한 마음으로 염려하는 마르다의 그릇된 태도를 질책하신다. 이 점을 잘 이해해야 한다. 아마 주님은 마리아의 행동을 의미심장하게 보셨을 것이다. 그분이 이제 십자가를 지기 위해 예루살렘으로 향하고 있고, 자신이 이 세상을 떠난 후에도 마리아가 제자로서 당당하게 살아가기를 원하시기 때문이다. 주님은 마르다가 음식을 준비하면서도 제자로서의 마음가짐으로 일해 주기를 원하셨을 것이다. 틀림없이 마음속으로 율법교사에게 했던 것과는 다르게 진지한 어투로, "너도 이와 같이 하라." 하고 외치셨을 것이다.

마지막으로 본문의 해석과 관련하여 몇 가지 잘못된 견해를 짚고 넘어갈 필요가 있다. 적잖은 신학자들이 누가복음의 저자가 마리아와 마르다의 행동을 독자들에게 보여 주며, 어느 한 쪽을 선택하라고 요구하는 것으로 이해한다면, 이는 옳지 않다고 지적한다. 이들은 신앙생활에 있어서 둘 중 어느 하나가 아니라 둘 다 필요하며, 이 둘이 조화를 이루어야 한다고 역설한다. 따라서 이렇게 주장하는 학자들은 '마르다'와 '마리아'의 대조를, 섬김과 묵상, 행동형과 묵상형, 섬기는 자와 예배하는 자, 현실주의자와 이상주의자, 실천하는 사람과 비전을 보는 사람으로 구분한다[11](이렇게 보면 마르다는 행동형, 마리아는 묵상형 그리스도인을 대표한다.). 인간적

---

11 Tommy Tenney, *Chasing God Serving Man* (Shippensburg: Destiny Image, 2001), 33;
Warren W. Wiersbe, *The Wiersbe Bible Commentary* (Colorado: David C. Cook, 2007),
172.

관점에서 보면 아주 합리적인 말처럼 들린다.

그러나 본문을 이렇게 해석하면 안 된다. 만약 이 주장을 받아들인다면 다음 두 가지 사항을 설명할 길이 없다. 첫째, 예수님은 42절에서 꼭 필요한 것이 '오직 한 가지'라고 말씀하시며, '마리아'가 바로 그것을 선택했기 때문에 빼앗기지 않을 것이라고 선언하신다. 주님은 마르다가 아닌, 마리아의 태도를 표본으로 제시하신다. 둘째, 본문에 등장하는 마르다를 '행동형(섬김)', 마리아를 '묵상형'으로 분류하는 그 자체는, 이 이야기가 전달하는 메시지와 일치하지 않는다. 오히려 정반대다. 음식을 장만하는 마르다는 전형적인 여성의 역할을 대변한다. 다시 말하면 '수동적' 입장이다. 반면에 예수님의 발치에 앉아 말씀을 듣는 마리아의 행동은 충격적이고 대담하며, 전통적인 여성의 역할을 벗어난 '능동적' 이미지를 보여 준다. 어떻게 이런 마리아가 묵상형이며 이상주의자인가? 마리아의 모습은 행동형이며 동시에 묵상형이다. 결코 어느 한쪽이 아니다. 이런 의미에서 마리아는 선한 사마리아인의 비유에 등장하는 사마리아인과 동일하다. 주님의 제자로서 하나님의 말씀을 '실천'하기 위해 사회 문화적 장벽을 과감하게 넘어서기 때문이다. 다시 한 번 강조하지만 '마르다와 마리아 이야기'는 신앙생활의 다양한 사역이나 유형을 소개하지 않는다.[12]

이와는 약간 다르지만, 본문에서 예수님이 봉사나 섬김보다 '말씀 듣기'를 더 좋은 것, 또는 가장 좋은 것으로 권장하신다고 주장하는 학자들

---

12 Tom Wright, *Luke for Everyone* (Louisville: John Knox, 2004), 131-32.

복음서, 그 차이를 읽다

도 있다. 일부 설교자나 학자들이 본문을 이렇게 해석한다. 하지만 이런 견해도 바람직하지 못하다.[13] 만약 교회 공동체에서 이 원리를 따라야 한 다면, 어느 누가 기꺼이 다른 사람을 위해 식사를 준비하며 남을 섬기려 하겠는가? 이런 식의 해석은 39절에서 내레이터가 강조한 부분이 무엇인 지를 파악하지 못한 데서 기인한다. 누가복음의 저자는 섬김이나 봉사와 대조되는 '말씀 듣기'를 강조하지 않는다. 오히려 마리아가 예수님의 제자 로서, 개인의 체면이나 사회의 통념을 무시하고 적극적으로 하나님의 말 씀을 실천하는 당당한 태노를 부각시킨다(앞에서도 지적했듯이, 누가복음은 '말씀을 듣고 실천하는' 삶을 강조한다.).

🔖 **정리 하기** 얼핏 보면 '마르다와 마리아 이야기'는 누가복음의 흐름과 전 혀 어울리지 않는 것처럼 보인다. 본문 앞에 나오는 사마리 아인의 비유는 누구나 이웃에게 자비와 동정을 베풀 필요가 있다는 사실을 강조한다. 그리고 바로 뒤에 이어지는 11장 1-13절에서 도 곤경에 처한 이웃에게 음식과 호의를 베푸는 장면이 이어진다. 따라서 마리아의 이야기와 사마리아인의 비유를 나란히 놓고 보면, 마르다는 사 마리아인처럼 마땅히 칭찬 받을 만한 행동을 했고, 마리아는 어떤 점에서 제사장과 레위인처럼 행동한다. 이웃에게 자비를 베푸는 행위를 하지 않

---

13 John R. Donahue, *The Gospel in Parable* (Philadelphia: Fortress, 1990), 136.

고 오직 고상한 것만을 추구하기 때문이다. 그런데 예수님은 마리아를 칭찬하고 마르다를 책망하셨다. 누가복음의 내레이터는 문맥과 정반대되는 메시지를 전달하는 것처럼 보이는 본문을 바로 이 지점에 배치한다.[14] 도대체 그 이유가 무엇일까?

이 문제를 해결하려면 다음의 세 단계를 잘 거쳐야 한다. 첫째, 10장 21-24절에 나타난 예수님의 말씀을 잘 이해해야 한다. 하나님은 교만한 사람에게는 하나님 나라의 비밀을 숨기시고, 자신을 낮추는 어린아이에게는 나타내신다(21절). 이런 관점에서 보면 선한 사마리아인의 비유는 스스로 지혜롭다고 여기는 율법교사에게 예수님이 하나님 나라의 비밀을 숨기시는 이야기가 된다. 이와는 대조적으로 주님은 마리아에게 하나님 나라의 비밀을 들려주신다. 그녀는 어린아이처럼 아무 말 없이 주님의 말씀을 하나하나 놓치지 않고 경청한다. 마르다가 음식을 준비하며 짜증을 내고 예수님을 간접적으로 책망하는 태도와는 완전히 다르다.

둘째, '구원'과 '제자도'의 관점에서 이 두 이야기에 접근해야 한다. 사마리아인의 비유에서 예수님은 율법교사에게 하나님을 사랑하고 이웃을 자기 자신과 같이 사랑해야 영생을 얻는다고 단언하신다. 그리고 비유를 들려주신 후에도 "가서 너도 이와 같이 하라."고 선언하신다. 그런데 이 두 요구는 사실 타락한 인간에게 있어서 실천이 불가능하다. 그렇다면 인간이 구원을 얻을 수 있는 방법은 없는가? 내레이터는 마르다와 마리아

---

14 Richard W. Swanson, *Provoking the Gospel of Luke* (Cleveland: Pilgrim, 2006), 167.

복음서, 그 차이를 읽다

이야기가 바로 뒤에 이어지게 하여 그 해답을 제시한다. 이러한 구성에 대해 신학자 찰스 스윈돌은 이렇게 설명한다.

주님은 우리가 천국의 시민이 되려면 먼저 하나님이 은혜를 베풀어 주셔야 하고, 우리가 메시아를 믿어야 한다는 진리를 지금까지 분명하게 밝히셨다. 그런데 혼동을 일으킬 소지가 있었다. 예수님이 율법교사에게 던진 마지막 도전 (10:37)에 의하면, 영생을 얻기 위해 지나칠 정도로 많은 일을 해야 한다고 생각할 수 있기 때문이다. 그래서 누가는 예수님이 던지신 이 '가벼운 풍자(mild sarcasm)'를 독자들이 혹시 알아채지 못할까 봐, 자매들 사이의 언쟁을 통해 교훈을 준다. … 예수님과 율법교사의 대화, 그리고 마리아 이야기를 연결시킬 때 우리는 중요한 교훈을 얻는다. 우리는 하나님 나라의 시민이 되기 위해 율법에 순종하지 않는다. 오히려 하나님 나라의 시민이기 때문에 율법에 순종한다.[15]

그렇디! 율법교사의 생각처럼 영생을 얻기 위해 율법을 실천하는 것은 불가능하다. 그러나 마리아처럼 먼저 주님의 제자가 된 후에는 율법을 실천하는 일이 가능해진다. 한마디로 착한 사마리아인처럼 살 수 있다는 뜻이다. 그 이유는 성령을 통해 그렇게 할 수 있는 능력을 공급받기 때문이다. 본문의 문맥이 이 점을 분명히 한다.

---

15 Charles R. Swindoll, *Swindoll's New Testament Insights on Luke* (Grand Rapids: Zondervan, 2012), 282-85.

셋째, 성령의 능력을 기대해야 한다. 누가복음 10장 21절부터 11장 13절까지는 하나의 단위를 이룬다. 이 대목은 아버지와 아들의 관계(10:21-22; 11:13), 성령에 대한 언급(10:21; 11:13)으로 시작하고 끝을 맺는다. 시각적으로 보면 사마리아인의 비유와 마리아 이야기를 성령이 두 날개로 감싸고 있는 형태다. 이는 선한 사마리아인처럼 이웃 사랑을 실천하고 마리아처럼 예수님의 제자가 되는 것이, 성령의 사역이라는 점을 확실히 한다. 그 증거가 여기에 있다. 누가복음 11장 8절과 13절은 하나님의 은혜와 성령을 받기 위해 '간청하는' 기도를 해야 한다고 힘주어 말한다. '간청함(8절)'으로 번역된 헬라어 '아나이데이아(anaideia)'는 신약성경 중 유일하게 이곳에서만 사용되었다. 이 단어는 '두려움을 모르고 대담하게', '수치심을 상실할 정도로 뻔뻔하게'라는 의미다[16](개역개정판에 사용된 '간청'이란 단어는 원문의 의미를 제대로 전달하지 못한다. '간청'이란 단어가 간절하게 요청하는 행위만을 암시하기 때문이다.). 11장 5-8절에서는 굶주린 벗에게 먹을 것을 주기 위해 밤중에 친구의 집을 찾은 자가, 부끄러움을 무릅쓰고 대담하게 요구하여 떡을 얻어 오는 장면에서 이 단어를 사용한다.[17]

---

16 Craig S. Keener, *Bible Background Commentary* (Downers Grove: IVP, 2014), 209; 대럴 L. 보크, 『키워드로 푸는 성경 사복음서』, 유상섭 옮김(서울: 디모데, 2005), 296.

17 '간청함'의 의미와 관련하여, 누구의 간청을 말하는가에 대해 가끔 논쟁이 벌어지곤 한다. 이는 '요청하는 자'의 입장과 '요청 받는 자'의 입장에 따라 그 의미가 달라지기 때문이다. 만약 요청하는 자의 관점에서 해석하면, '(그가) 대담하면서도 뻔뻔하게 요청하기 때문에'가 된다. 반면에 요청 받는 자의 입장에서 이해하면, '주인이(하나님이) 수치를 당하지 않기 위하여' 또는 '주인이 자신의 명예를 지키기 위하여'가 된다. 사실 헬라어 원문에서 볼 때 이 두 가지가 모두 가능하다. 그렇지만 문맥을 고려하면 '요청하는 자'의 입장에서 보아야 한다. 실제로 거의 모든 우리말 성경과 영어 성경 역본이 하나같이 이렇게 번역한다. 오직 NLT를 비롯한 극히 일부

복음서, 그 차이를 읽다

EXB 역본은 이러한 '간청함'의 의미를 반영하여 11장 8절을 이렇게 번역한다.

> 내가 너희에게 말한다. 그 사람이 단지 친구이기 때문에 밤중에 일어나 그에게 떡을 주지는 않는다. 하지만 그가 <u>대담하게, 뻔뻔하면서도 끈질기게</u> 졸라대기 때문에, 일어나 필요한 만큼 그에게 떡을 줄 것이다.

그런데 정말로 놀라운 사실은, 이처럼 간청하는 태도가 선한 사마리아인과 마리아의 모습에서 각각 재현되고 있다는 점이다. 누가복음의 저자는 '간청'이란 단어를 사용하여 사마리아인의 비유와 마리아 이야기를 하나로 결합시킨다. 예수님의 비유에 등장하는 사마리아인은 아주 '대담하게' 행동한다. 그는 예루살렘에서 여리고로 내려가는 속칭 '피의 길'이라 불리는 위험천만한 길을 홀로 가면서도, 강도 만난 자를 보고 주저하지 않고 멈추어 서서 그를 돕는다. 그 자신도 언제 강도를 만나게 될지 모르는 불안한 상황에서 대담하게 이웃 사랑을 실천한다. 그리고 마리아는 수치심을 모르고 아주 '뻔뻔하게' 행동한다. 그녀는 여성이면서도 여성이 있어야 할 부엌으로 가지 않고, 사회적 규범을 무시한 채 남성 행세를 하며 예수님의 발치에 자리를 잡는다. 유대인들로부터 멸시를 받던 사마리

역본이 각주를 통해 '요청 받는 자'의 입장으로도 번역이 가능하다는 설명을 덧붙인다. 이 문제에 관해서는, 목회와신학 편집부, 『누가복음 어떻게 설교할 것인가』(서울: 두란노아카데미, 2007), 256 참고.

아인이 강도 만난 자를 도와주었을 때 청중이 충격을 받았던 것처럼, 마리아의 파격적인 행동을 보며 당시 유대인 사회는 큰 충격을 받았을 것이다.

주님은 간청하며 기도하는 자에게 하나님이 성령을 주신다고 약속하신다(11:13). 그런데 이 대목이 뭔가 좀 이상하다. 이 말씀은 마태복음 7장 11절에도 기록되어 있다. 이 두 구절을 비교해 보자.

> 너희가 악한 자라도 <u>좋은 것</u>으로 자식에게 줄 줄 알거든 하물며 하늘에 계신 너희 아버지께서 구하는 자에게 <u>좋은 것</u>으로 주시지 않겠느냐(마 7:11).

> 너희가 악할지라도 <u>좋은 것</u>을 자식에게 줄 줄 알거든 하물며 너희 하늘 아버지께서 구하는 자에게 <u>성령</u>을 주시지 않겠느냐(눅 11:13).

두 구절을 나란히 놓고 보면 누가복음의 말씀은 아무래도 어색하다. 누가 보더라도 '성령'이 들어갈 자리에 '좋은 것', 또는 '가장 좋은 것'이란 표현이 들어가야 자연스럽다. 마태복음의 경우처럼 말이다. 분명히 누가복음 11장 2-12절에 의하면 자녀가 생선과 알과 떡을 달라고 간구하는데, 느닷없이 하늘 아버지가 '성령'을 주신다니! 약간 어리둥절하다. 그렇다면 내레이터는 왜 이렇게 표현했을까? '좋은'이란 단어에 그 열쇠가 있다. 아버지 하나님은 간청하는 자녀에게 좋은 것을 주신다. 그런데 '좋은'에 해당하는 헬라어 단어가 마리아의 이야기에도 나온다. 그녀가 '좋은

복음서, 그 차이를 읽다

편'을 택했기 때문이다. 이 말은 마리아처럼 예수님의 제자가 되는 것이 좋은 것, 가장 좋은 것, 본질적으로 꼭 필요한 '한 가지'이고(10:42), 이것은 하나님의 성령을 통해 선물로 주어진다는 뜻이다. 이런 관점에서 보면 사마리아인이 대담하게 이웃 사랑을 실천하고, 마리아가 뻔뻔하게 예수님의 발치에 앉을 수 있었던 것은, 성령의 도움이 있었기 때문이다. 사마리아인이 강도 만난 자를 보았을 때 불쌍히 여기는 마음을 가졌고, 마리아가 주님의 말씀을 경청했다는 사실이 이를 증명한다.

지금까지의 내용을 바탕으로, 누가복음 10장 21절-11장 13절의 흐름을 도식화하여 종합적으로 정리하면 264쪽의 그림과 같다.

이 도식을 참고하며 누가의 서사 전략을 점검해 보자. 누가는 두 개의 에피소드, 즉 '선한 사마리아인의 비유'와 '마르다와 마리아 이야기'를 4중으로 단단히 엮고 있다. 첫째, 기도, 성령, 아버지와 아들 간의 관계라는, 단어와 상황 설정을 통해 두 개의 에피소드를 앞뒤에서 감싼다. 둘째, 지혜로운 자와 어린아이, 보는 눈과 듣는 귀를 대조하고, 율법교사와 마리아를 등장시켜 각각의 사례로 활용하여 이 두 이야기를 하나로 묶는다. 셋째, '간청함(대담함과 뻔뻔함)'이란 단어를 삽입하여 대담함(사마리아인)과 뻔뻔함(마리아)을 보여 주는 두 에피소드를 하나로 결합시킨다. 넷째, 아버지 하나님이 주시는 '좋은 것'과 마리아가 선택한 '좋은 편'에서, '좋은'이란 단어를 일치시킨다. 이는 사마리아인과 마리아가 보여 준 충격적인 선한 행위가 궁극적으로 성령의 사역이라는 점을 확실히 한다.

기도 성령 아버지와 아들 (10:21)	→	1) 지혜로운 자에게 숨기시고, 2) 어린아이에게 나타내심 (10:21-22)	→	1) 보는 눈 (복된 눈) 2) 듣는 귀 (복된 귀) (10:23-24)

→

| 〈예시 1〉
1) 선한 사마리아인
(10:25-37)
* 지혜로운 자
(율법교사)
* 숨김
* 보는 눈
* 대담함 | → | 〈예시 2〉
2) 마리아와 마르다
(10:38-42)
* 어린아이
(마리아)
* 나타내심
* 듣는 귀
* 뻔뻔함 | → | 간청하는 기도
(대담함과 뻔뻔함)
(아버지와 아들)
(11:1-13) |

→

| 좋은 것을
주시는 하나님
(마리아가 선택한 좋은 것)
(11:13) | → | 기도,
성령(좋은 것)을
주시는 하나님,
아버지와 아들
(11:13) |

복음서, 그 차이를 읽다

'선한 사마리아인의 비유'와 '마리아의 이야기' 앞뒤에 '성령'이란 용어가 배치된 것은 결코 우연이 아니다. 이 점을 확인하려면 누가복음에서 '성령'이란 단어가 사용된 용례를 살펴보면 된다. 누가복음에 '성령'이란 단어가 총 17번 사용된다. 그런데 이 중에서 무려 13번이 누가복음 1-4장에 등장한다. 구체적으로 말하면 세례 요한과 예수님의 출생 기사, 시므온에 대한 묘사와 예수님의 세례, 예수님이 시험을 받으시는 장면에서 집중적으로 사용된다. 나머지 네 번은 본문(10:21; 11:13), 성령을 모독하는 경우(12:10), 그리고 위기 상황에서 도움을 주시는 성령에 대해 언급하는 대목(12:12)이다.

누가는 자신의 복음서에서 딱 두 번, 즉 예수님의 시험 이야기(4:1, 14)와 본문에서 '성령'이란 용어를 의도적으로 삽입하여 이야기의 앞뒤를 감싼다. 다시 말하면 '인클루지오' 기법을 사용한다. 그가 이렇게 한 의도가 무엇일까? 누가는 인류의 대표자이신 예수님이 성령의 능력을 힘입어 마귀를 물리치시는 멋진 장면을 보여 준다. 아울러 주님의 제자들이 성령의 도움을 받아 사회 문화적 장벽을 초월하여 말씀을 실천하는 현장을 사마리아인과 마리아를 통해 보란 듯이 펼쳐 보인다. 누가복음의 저자가 누가복음과 사도행전에서 기도와 성령의 능력을 특히 강조한다는 사실을 고려할 때, 선한 사마리아인의 비유와 마리아 이야기는 누가복음의 꽃이요 핵심이라 할 수 있다. 이런 관점에서 보면 누가복음 10장 21절-11장 13절의 구성은 저자의 치밀한 서사 전략의 결정체다. 만일 본문의 이러한 문학적 짜임새를 무시한 채, 사마리아인의 착한 행위와 마르다의 섬김,

그리고 마리아의 듣는 행위만을 강조한다면, 과연 어떻게 될까?

이렇게 정리하면 모든 문제가 한꺼번에 풀린다. 예수님께 나아와 영생을 얻는 방법을 물었던 율법교사는 자신의 노력을 통해 구원을 얻으려고 생각한다. 그러나 예수님은 그것이 불가능하다고 지적하신다. 내레이터는 바로 뒤에 이어지는 마리아에 대한 묘사를 통해 구원을 얻는 유일한 방법을 제시한다. 아울러 '간청하는 기도'를 통해 성령을 받아 주님의 제자가 되면, 마리아와 착한 사마리아인처럼 당당하게 말씀을 실천하게 된다고 역설한다. 주님은 마르다에게도 이 진리를 가르쳐 주신다. 다시 말하면 무슨 일을 하든지 제자로서의 마음가짐으로 떳떳하게 하라고 요청하신다. 이런 의미에서 마리아는 '제2의 선한 사마리아인'이 된다.

누가는 생선과 계란과 빵을 구하는 것과 같은 하루하루의 사소한 일들 가운데서, 하나님이 성령을 통해 우리와 함께하시는 그 현장을 소개한다.[18] 이런 시각은 누가복음의 저자가 품고 있는 신학의 핵심이다. 그는 구원이 예수 그리스도를 통해 이루어지지만, 하나님의 구원 사역에서 성령이 얼마나 중요한 역할을 하는지를 강조한다. 따라서 독자들이 예수님의 지상 사역에 관한 내러티브를 읽으며, 마음속으로 '성령으로'라는 구절을 삽입하며 읽기를 간절히 요청한다.[19]

---

18 Eugene Peterson, *Tell It Slant: A Conversation on the Language of Jesus in His Stories and Prayers* (Grand Rapids: Eerdmans, 2008), 55.

19 Gordon D. Fee & Douglas Stuart, *How to Read the Bible Book by Book: A Guided Tour* (Grand Rapids: Zondervan, 2002), 289.

우리는 마르다와 마리아 이야기를 통해 다음과 같은 교훈을 얻고, 그것을 각자의 삶에 적용해 볼 수 있다.

첫째, 마리아가 예수님의 발치에 앉아 말씀을 들은 행위는 단순히 집중하여 가르침을 받는 차원이 아니다. 여성이 교육을 받을 수 없었던 1세기의 사회적 환경과, 남성 제자만이 랍비의 발 앞에 앉을 수 있었다는 당시 상황을 고려할 때, 그녀의 태도는 자신이 주님의 제자가 되었다는 것을 공적으로 선언한다. 나리이는 예수님의 제자가 되기 위해 자신의 체면과 사회 문화적 통념을 과감하게 넘어선다. 나의 경우는 어떠한가? 주님의 제자로서 이처럼 당당하게 환경에 구애받지 않고 살아가는가?

둘째, 예수님은 마리아의 파격적인 행위를 그대로 수용하시며 그녀를 제자로 인정해 주신다. 주님은 십자가를 지기 위해 예루살렘으로 향하는 이 길을 마지막으로 걸으며, 하나님 나라의 비전을 본 제자들을 하나씩 뒤에 남겨두신다.[20] 이제 그들의 삶이 바뀌고, 그들로 인해 사회가 새롭게 되기를 고대하시기 때문이다. 나의 경우는 어떠한가? 하나님이 나를 택하여 제자로 삼아 지금 이곳에 두셨다면, 내가 어떻게 살기를 원하시겠는가?

20　Tom Wright, *Luke for Everyone* (Louisville: John Knox, 2004), 132.

셋째, 하나님은 간청하는 자에게 성령을 주셔서 제자로 삼으시고, 선한 사마리아인처럼, 또 마리아처럼 말씀을 듣고 실천하는 주님의 제자가 되게 하신다. 여기에 사용된 '간청'이란 단어는 '대담함'과 '뻔뻔함'을 의미한다. 이는 절망적인 상태에 있는 거지가 보여 주는 필사적이며 끈질긴 행동을 암시한다.[21] 지금 나에게 이런 간절함이 있는가?

넷째, 음식을 장만하며 분주하게 일하는 마르다가 마리아의 도움을 요청한 행위는 지극히 당연하다. 그러나 선한 의도에도 불구하고 가장 중요한 것이 무엇인지를 잊었기 때문에 책망을 받았다. 정신없이 바쁘게 일하려 하지 말고, 먼저 삶의 우선순위를 바르게 정하라. 혹시 지금 나의 모습이 마르다와 같지는 않은가?

다섯째, 주님은 사마리아인의 비유를 통해 이웃의 경계를, 마리아 이야기를 통해 남녀의 경계선을 새롭게 그리신다. 예수님은 굉장히 개방적인 태도로 사람을 대하시며, 사회에서 소외된 가난한 자, 장애인, 사마리아인, 여인들을 중심부로 끌어들이신다. 그리스도인 역시 이러한 주님의 모습을 본받아야 한다. 나는 누구에게나 개방적인 태도로 대하는가? 소외된 사람들에 대한 나의 태도는 어떠한가? 그들에게서 새로운 가능성을 보는가?

---

21 John MacArthur, *The MacArthur Bible Commentary* (Nashville: Thomas Nelson, 2005), 1300.

복음서, 그 차이를 읽다

여섯째, 성경 말씀을 읽거나 교회에서 가르침을 받는 것은 영적인 일이기 때문에 소중하고, 자질구레한 집안일이나 직장일은 육적인 일이기 때문에 하찮다고 여기는가? 본문은 이렇게 가르치지 않는다. 절대로 거룩한 것과 세속적인 것을 구분해서는 안 된다. 마음가짐이 중요하다. 떡과 생선과 계란을 구하는 것과 같은 평범한 일상 속에서 목숨을 걸고 말씀을 실천하려는 자세, 이것이 제자가 선택해야 할 가장 좋은 몫이다. 지금 내가 추구하는 것과 비교해 보라.

Alfred Edersheim, *The Life and Times of Jesus the Messiah*

-> 『메시아: 그리스도의 생애와 시대』(서울: 생명의말씀사, 2012)

Arthur A. Just Jr, *Luke*

-> 『교부들의 성경 주해 신약성경 4: 루카 복음서』(서울: 분도출판사, 2011)

Bernard B. Scott, *Re-Imagine the World*

-> 『예수의 비유 새로 듣기』(서울: 한국기독교연구소, 2006)

Charles R. Swindoll, *Swindoll's New Testament Insights on Luke*

-> 『누가복음』(서울: 디모데, 2012)

Craig S. Keener, *Bible Background Commentary*

-> 『IVP 성경배경주석: 신구약합본』(서울: IVP, 2010)

Darrell L. Bock, *The NIV Application Commentary: Luke*

-> 『NIV 적용주석: 누가복음』(서울: 솔로몬, 2010)

David E. Garland, *The NIV Application Commentary: Mark*

-> 『NIV 적용주석: 마태복음』(서울: 솔로몬, 2011)

Donald A. Hagner, *Word Biblical Commentary*, vol. 33a

-> 『마태복음(상)』(서울: 솔로몬, 1999)

Eugene H. Peterson, *Eat This Book*

-> 『이 책을 먹으라』(서울: IVP, 2006)

Eugene Peterson, *Tell It Slant*

-> 『비유로 말하라』(서울: IVP, 2008)

George H. Guthrie, *Read the Bible for Life*

-> 『삶을 위한 성경읽기』(서울: 성서유니온선교회, 2013)

Gordon D. Fee & Douglas Stuart, *How to Read the Bible Book by Book*

-> 『책별로 성경을 어떻게 읽을 것인가』(서울: 성서유니온선교회, 2016)

Gordon D. Fee & Douglas Stuart, *How to Read the Bible for All Its Worth*

-> 『성경을 어떻게 읽을 것인가』(서울: 성서유니온선교회, 2016)

Grant R. Osborne & Philip W. Comfort, *Life Application Bible Commentary: Mark*

-> 『적용을 도와주는 마가복음』(서울: 성서유니온선교회, 2009)

J. Ellsworth Kalas, *Parables from the Back Side*, vol. 1

> 『거꾸로 본 성경 이야기 비유편』(서울: 에스라서원, 1998)

J. Scott Duvall & J. Daniel Hays, *Grasping God's Word*

-> 『성경해석』(서울: 성서유니온선교회, 2009)

John MacArthur, *The MacArthur Bible Commentary*

-> 『맥아더 성경 주석』(서울: 아바서원, 2015)

John Nolland, *Word Biblical Commentary*, vol. 35b

-> 『WBC 성경주석 누가복음』(서울: 솔로몬, 2005)

Joseph A. Fitzmyer, *The Anchor Bible, The Gospel According to Luke*

-> 『앵커 바이블 누가복음 1, 2』(서울: CLC, 2015)

Michael Green, *The Message of Matthew*

-> 『마태복음 강해』(서울: IVP, 2005)

Michael J. Wilkins, *The NIV Application Commentary: Matthew*

-> 『NIV 적용주석: 마태복음』(서울: 솔로몬, 2009)

Robert A. Guelich, *Word Biblical Commentary*, vol. 34a

-> 『마가복음(상)』(서울: 솔로몬, 2001)

Tom Wright, *Luke for Everyone*

-> 『모든 사람을 위한 누가복음』(서울: IVP, 2011)

Tom Wright, *Mark for Everyone*

-> 『모든 사람을 위한 마가복음』(서울: IVP, 2011)

Tom Wright, *Matthew for Everyone*, part 1

-> 『모든 사람을 위한 마태복음 1부』(서울: IVP, 2010)

Tommy Tenney, *Chasing God Serving Man*

-> 『균형의 영성』(서울: 토기장이, 2007)

Walter C. Kaiser, Jr. and others, *Hard Sayings of the Bible*

-> 『IVP 성경난제주석』(서울: IVP, 2017)

William Hendriksen, *The Gospel of Matthew II*

-> 『마태복음(하)』(서울: 아가페출판사, 2016)